TEMPS DE TRAVAIL, TEMPS DE VIVRE
Analyses pour une psychopathologie du temps

AUTRES OUVRAGES DE P. SIVADON ET A. FERNANDEZ-ZOÏLA

P. SIVADON et A. FERNANDEZ-ZOÏLA

1968   L'Etude des attitudes psychologiques des travailleurs nucléaires vis-à-vis du risque radioactif; 1 vol. 21 x 30 cm, Euratom, éd. Bruxelles (EUR 4198 f.).

Paul SIVADON

1933   Les psychoses puerpérales et leurs séquelles, Le François, Paris.
1948   Géographie humaine et psychiatrie, Masson, Paris.
1963   La rééducation corporelle des fonctions mentales (avec F. Gantheret), E.F.S., Paris.
1969   Psychopathologie du travail (avec R. Amiel), E.F.S., Paris (traduit en espagnol).
1973   Traité de Psychologie Médicale, 3 vol., P.U.F., Paris (avec collaborateurs, dont A. F.-Z.).
1979   La Santé Mentale, Privat, Toulouse (avec J. Duron), ouvrage couronné par l'Académie Française.

Adolfo FERNANDEZ-ZOÏLA

1952   La Cataplexie, Contribution à l'étude psycho-physiologique de l'émotion, S.G.I., Toulouse (épuisé).
1978   Le Livre, recherche autre d'Edmond Jabès, J.M. Place, Paris.
1979   Ruptures de vie et névroses; La maladie-langage post-traumatique, Privat, Toulouse.
1984   Blanchot, Jabès. Le temps de l'autre et l'écriture, Paris (sous presse).

 *PSYCHOLOGIE ET SCIENCES HUMAINES*

Paul Sivadon - Adolfo Fernandez-Zoïla

temps de travail, temps de vivre

analyses pour une psychopathologie du temps

PIERRE MARDAGA, EDITEUR
2, GALERIE DES PRINCES, 1000 BRUXELLES

© Pierre Mardaga, éditeur
37, rue de la Province, 4020 Liège
2, Galerie des Princes, 1000 Bruxelles
D. 1983-0024-21

Introduction
Le temps et le temps-de-travail

Le travail productif est le propre de l'homme. L'homme a créé le travail et le travail a progressivement créé l'homme. Le travail est une conduite humaine, une fonction psychologique. Des premiers gestes manuels, prélude à la dé-naturation, aux formes complexes du travail de la période contemporaine, beaucoup d'étapes ont été franchies. L'homme a acquis des techniques, forgé des outils, inventé des machines; il a appris à organiser l'espace de travail dont la dimension temporelle fait partie intégrante à plusieurs titres. Pour étudier les éclatements et les ruptures temporelles des formes actuelles du travail, il est nécessaire de savoir comment le temps s'est constitué, comment le temps de travail est devenu une question spécifique propre à l'homme moderne et à l'homme du futur. La distribution du temps personnel, les échanges avec le temps, engendrés par les manipulations instrumentales et par les conduites de travail, l'insertion de ces deux temporalités dans le cadre temporel des rapports de production, obéissent à une articulation plurielle dont les interactions se situent à plusieurs niveaux. Le temps humain et le temps des machines, les rythmes et les durées sont en constante réciprocité d'action. Des conflits se font jour: des retards, des dislocations, des déphasages. Le temps à soi, le temps des autres, le temps du monde social, le temps historique ne coïncident pas. La production de chacun de ces temps est diverse et de plus en plus diversifiée. La richesse acquisitive de l'homme l'amène chaque jour à des confrontations plus nombreuses, à des cassures plus fréquentes aussi.

Pour aborder la clinique psychopathologique du temps en fonction du travail et en fonction des rapports du temps des hommes et du temps de travail lui-même, il est nécessaire de bien connaître les divers aspects de ce temps de travail et les raisons de l'importance considérable qu'il a prise au cours de ces trois derniers siècles. Les hommes, les outils, les techniques, les conditions de travail ont évolué de même que les modes de production. Les formes récentes du machinisme industriel ont fait mieux apparaître les discordances avec les habitudes de travail antérieures. Un temps linéaire, éclaté et discontinu, particulier aux rapports de production contemporains cohabite plus ou moins étroitement avec des habitudes mentales et des dispositions affectives appartenant à une temporalité archaïque, linéaire, uniforme et continue, forgée en relation avec les tâches traditionnelles d'autrefois. Il nous faut essayer de saisir les grandes étapes de la formation du temps, des temps, pour suivre le dédale de leur dé-construction et les formes de leur discordance.

0.1. De l'animal à l'homme: Le langage. Le temps. L'histoire

« Le destin s'écrit à mesure qu'il s'accomplit, pas avant ».

J. Monod.

Des divers stades marquant l'évolution de l'animal à l'homme, seules seront retenues ici les caractéristiques particulières à l'entrée dans l'humain, biologiques et psychologiques, permettant de comprendre la nature de l'homme d'aujourd'hui dans sa complexité. A la nature initiale, bientôt dénaturée, s'ajoute le monde des artifices créés par l'homme, où le travail occupe la première place en tant qu'activité de transformation.

0.1.1. L'entrée dans l'humain: Sous ce titre, I. Meyerson a rassemblé en 1952, les traits spécifiques de l'activité humaine. Il nous propose un tableau de l'acquis actuel envisagé dans une perspective historique : sachant ce que nous sommes, nous pourrons mieux déceler ce que la phylogenèse a permis et les lignes d'évolution dans le futur.

I. Meyerson résume les caractères des comportements animaux sous quatre chefs: 1) ils sont, pour une très grande part, sinon uniquement, liés à des nécessités biologiques; 2) la prise sur la nature est, chez l'animal, directe; il n'y a ni instrument au sens strict (c'est-à-dire composition de deux ou plusieurs outils) ni transformation fabricatrice;

3) les comportements des animaux sont assez uniformes: peu de variations, apprentissage limité, jeu désintéressé possible mais pas de jeu inventif; 4) il n'y a pas chez l'animal de langage ni de système de signes permettant une communication ou une information objectivement décelables.

I. Meyerson évoque ensuite ce qui, chez l'homme, fait pendant à ces quatre groupes de faits. Il note que dans les conduites humaines 1) il y a une très forte proportion d'attitudes extra-biologiques et de comportements non nécessaires à la conservation de l'individu et de l'espèce; 2) l'homme se sert d'outils, d'instruments, de machines qu'il transforme sans cesse dans une activité fabricatrice; 3) les actes de l'homme sont riches en variétés et en variations; 4) l'homme dispose de systèmes de signes, de moyens collectifs et organisés de communication, d'information, de traduction de son expérience.

Meyerson, poursuivant plus loin son analyse, recense en neuf rubriques ce qui lui semble *spécifique des conduites humaines*. 1) Elles sont organisées en systèmes, continuées en séries; elles ont une structure temporelle, spatiale, sociale: les conduites humaines sont des actions; 2) Les actes des hommes sont (ou ont été) organisés en vue d'un effet producteur: ce sont des actes de travail; 3) Les conduites humaines sont actives-expérimentales vis-à-vis du milieu physique et social qu'elles modifient: l'homme est expérience; 4) L'expérience, l'action, le travail des hommes sont construction, œuvre: toute activité humaine aboutit à une forme organisée; 5) L'homme est suites d'œuvres et transformation à travers les œuvres: langues, religions, techniques, sciences, lois, arts; 6) Le domaine de l'expérience humaine tend à se diviser, à se singulariser, aboutit à des variations et à des différenciations: chaque secteur de l'humain devient spécifique et tend à le rester en affirmant ses différences; 7) L'homme vit dans un monde, dans des mondes médiats, ses conquêtes et ses constructions, les signes: l'homme est artifice et univers d'artifices; 8) L'homme est histoire: il conserve et assure la transmission de l'acquis, des instruments et des œuvres élaborées. L'histoire fait partie de la nature humaine, elle est spécifique du niveau humain, impliquant l'invention du temps et de la mémoire; 9) L'homme bâtit pour demain, il est propulsé vers l'avenir.

Cet ensemble de traits psychologiques met en évidence la créativité de l'homme par l'homme, *l'émergence avec et grâce à lui du temps et de l'histoire*. Nietzsche n'écrivait-il pas: «L'observation directe de soi-même ne suffit pas pour se connaître: nous avons besoin de l'histoire, car le courant aux cent vagues du passé nous traverse; et nous-mêmes ne sommes rien que ce que nous éprouvons de cette coulée, à chaque instant».

Dans son essai de psychologie comparée, publiée en 1958, F.J.J. Buytendijk souligne trois caractéristiques du comportement humain: son style d'exécution propre, les essais pour corriger les perturbations, l'expérimentation et la découverte de réactions nouvelles. Et en ce qui concerne plus particulièrement *le temps*, Buytendijk écrit: «L'homme *connaît* le passé et le futur, il a ainsi des souvenirs qu'il peut se représenter objectivement et il *sait* ce que peut apporter l'avenir, il sait par exemple que la mort viendra. L'animal n'a pas de souvenirs et pas de représentations de l'avenir. *Ainsi notre étude des concepts de temps et de temporel et du problème du temps qu'ils posent, éclaire la parenté profonde et la différence essentielle entre l'homme et les animaux*» (p. 70, n.s.).

Yveline Leroy, dans un essai comparatif sur les comportements animaux et les conduites humaines (1976), précise, en ce qui concerne *le temps*: «On peut dire que les synchroniseurs cosmiques imposent aux activités vitales des animaux une certaine rythmicité qui les dispense du même coup d'un sens de l'écoulement du temps» (pp. 20-21). Pour l'auteur, le comportement animal se caractérise par l'absence d'un sens de l'objet en soi, l'absence d'un sens du temps et l'absence d'une pensée structurante. «L'animal jouit d'une mémoire, mais cette mémoire s'applique à des faits et non à la chronologie de leur succession comme événements» (p. 24). Organisation perceptive *en systèmes de signaux basés sur des indices et des repères* mais sans système évolutif de signes ouvrant à une symbolique. Aussi «l'animal fait partie intégrante des biocénoses. Comme il est rivé au milieu, il est enfermé dans ses comportements, dans ses expériences, dans son espace, dans sa durée, dans sa vie sociale... A l'inverse, l'homme est capable de s'approprier tous les milieux, car l'accomplissement de ses fonctions vitales ne dépend pas directement des stimulations émanant de l'environnement» (p. 26). L'homme a d'abord vécu le déroulement des actes au présent puis il a peu à peu organisé le passé en traditions et histoire. «Depuis quelques décennies le temps futur devient une donnée matérielle à organiser» (p. 27). Y. Leroy souligne combien la diachronie et la différence deviennent dominantes: «L'histoire tend à perdre sa dimension comparative synchronique pour ne plus se perpétuer qu'à travers du différent diachronique» (p. 30). Mais une telle orientation n'a été possible que par le considérable développement du néocortex et par l'asymétrie hémisphérique qui marquent l'hominisation sur le plan neurobiologique. Sans pourtant négliger à un niveau microscopique que «le fait que chaque cellule recèle un ensemble de couples de gènes ou allèles non semblables constitue un mécanisme de production de différent et ce, d'autant plus que le nombre de couples d'allèles est élevé» (p. 29). Ainsi: «*le différent est une donnée génétique*» (p. 29, n.s.) car le trait fondamental de la vie reste de «*créer indéfiniment du différent*» (p. 29, n.s.).

Si la fonction fabricatrice, la temporalité et l'histoire signent la spécificité des conduites humaines, il faut essayer de situer leur place et leur articulation dans le processus d'hominisation, marqué par l'enrichissement de l'équipement neurobiologique.

0.1.2. Les mutations neuropsychiques: praxis humaine et cerveau

Tout au long du XIXe siècle se constitue peu à peu l'image d'un homme préhistorique en tant qu'émergence progressive à partir des primates. «L'homme apparaît clairement dans la variété de ses races et dans sa proximité zoologique avec les mammifères supérieurs. Il ne manque encore que *de restituer au temps humain sa profondeur réelle*» note A. Leroi-Gourhan (1964, p. 16, n.s.). Les données actuelles situent cette émergence à quelque cinq millions d'années et le premier para ou post-pithécanthrope correspondrait à l'homo habilis. L'homo erectus est à peine homme, mais la verticalité et l'appui sur le socle formé par les pieds, libèrent les mains dont l'activité contribuera indirectement à l'organisation du cerveau. A. Leroi-Gourhan écrit: «L'apparition de l'outil parmi les caractères spécifiques marque précisément la frontière particulière de l'humanité, par une longue transition au cours de laquelle la sociologie prend lentement le relai de la zoologie» (p. 129). «*L'outil cesse d'être un prolongement de l'anatomie, il s'individualise*». «La technique est à la fois geste et outil» (p. 164). La modification du crâne et l'augmentation du volume du cerveau vont de pair. L'homo sapiens s'affirme avec l'apparition du langage. Ainsi les caractères fondamentaux (station verticale, main, outil, langage) atteignent le palier humain actuel.

0.1.3. Les comportements dans le temps et le temps dans l'histoire

«Nous entendons par comportements l'ensemble des actions que les organismes exercent sur le milieu extérieur pour en modifier des états ou pour changer leur propre situation par rapport à lui... Ne consistant d'abord qu'en conduites sensori-motrices (perceptions et mouvements combinés), le comportement aboutit à des intériorisations représentatives, comme dans le cas de l'intelligence humaine où les actions se prolongent en opérations mentales» (p. 7). J. Piaget insiste récemment (1976) sur la fonction du comportement en tant que moteur du développement au sein des processus généraux de l'évolution vitale. Il évoque les récentes positions néo-darwiniennes où le hasard, l'aléatoire, le fortuit impliquent des réponses d'adaptabilité réciproque entre organisme et milieu. C'est ainsi que les données génétiques de J. Monod par exemple amènent à penser qu'en certains points de croisement «l'organisme choisit son milieu» par «assimilation génétique» (p. 14). L'évolution tend vers la multiplicité et la diversité sous l'influence d'une double sélection endogène et exogène permettant des mélanges et des combinaisons aléatoires d'une extrême variété. Le tronc linéaire du temps ne devient pas seulement arborescent mais il subit des éclatements dans sa structure intime avec éclosion de temporalités pluridimensionnelles où point l'événement, l'inattendu comme une mise en cause des structures figées. Mais «il reste qu'il doit se constituer une certaine correspondance entre la transformation du comportement et l'adaptation de la structure morphologique» précise J. Piaget (p. 61) ce qui implique l'interaction d'un facteur d'uniformité qui sédimente en automatismes et un *facteur de plasticité* qui favorise la variabilité (J. Paillard, 1976).

0.2. Le travail, une conduite

> *«L'homme au travail n'est pas que la somme des mouvements et des temps partiels et l'homme n'est pas que l'homme au travail».*
>
> I. Meyerson (1, p. 12).

Le mot travail vient, d'après L. Febvre, de «tripaliare, torturer avec le tripalium, la machine à trois pieux» (p. 19). Au XVIe siècle, le mot travail s'est substitué à labourer et à œuvrer. «Mais de ces origines, le travail, au XVIIe siècle gardait encore la marque. Il continuait à impliquer, parfois, gêne, accablement, souffrance, — humiliation aussi», note L. Febvre (p. 19). C'est dans la division du travail que s'enracine l'asymétrie sociale. Une dominante biologique semble la déterminer d'abord: la néoténie. Le petit enfant naît inachevé, sa survie requiert que d'autres travaillent pour lui. Dès les origines, écrit Leroi-Gourhan, «Le régime alimentaire humain implique deux ordres d'opérations très différentes: l'acquisition violente de la chair des grands animaux et l'acquisition plus paisible des petits animaux, des invertébrés, des végétaux. Dans tous les groupes primitifs connus vivants, la chasse revient normalement à l'homme, la cueillette à la femme» (p. 215). Cet auteur précise encore: «La croissance très lente de l'enfant rend les femmes naturellement moins mobiles et sur la base de sa double alimentation, il n'apparaît, pour le groupe primitif, pas d'autre solution organique que celle de la chasse masculine et de la cueillette féminine» (p. 215). Des résurgences persisteront, liées à cette exigence pérennisée (tyrannique a-t-on dit) du petit être sur la femme-mère sollicitée dans son oblativité agissante. Des échos de cette dichotomie restent perceptibles dans nos actuelles formes sociales de vie, dans l'instauration et le déroulement des rapports homme-femme dans la famille et dans la société en particulier.

A ce premier type de division du travail, appelé souvent «naturel» mais qui est en réalité déjà une des premières formes d'artifices ayant contribué en tant que telle au progrès de l'humain, va se superposer une division sociale du travail où se greffe aussi une exploitation organisée de certains hommes par d'autres actions humaines correspondant à des comportements qui se groupent et s'ordonnent en une discipline. Dans un texte de 1951 intitulé: «Comportement, travail, expérience, œuvre», I. Meyerson a pu écrire: «Le travail est *une action systématisée*, organisée en vue d'un effet producteur, faite en commun par les hommes, et destinée à créer des objets ou des valeurs ayant une utilité dans un groupe. C'est, de plus, une activité disciplinée, soumise à des contraintes de la matière et du milieu humain» (p. 78).

Laissons encore la parole à I. Meyerson qui écrivait en 1955: «La personne était, ou semblait être, extérieure au travail autrefois. Aujourd'hui, les deux fonctions convergent, des interférences s'établissent. Le moi n'est plus seulement source d'actes: il n'est agent moral que par les actes réglés et ordonnés du travail. Sa continuité devient celle de ses efforts créateurs et producteurs, et son statut social se lie de plus en plus à son activité efficace. La vie intérieure même devient le tissu spirituel de nos efforts, de nos attentes et de nos accomplissements. Le travail est entré dans la personne et tend à y prendre une assez grande place. Et réciproquement, quand il est heureux et libre dans son travail, l'homme a le sentiment d'exister davantage, d'être plus lui-même. L'évolution, cependant, apparaît inachevée; elle est freinée par toutes les difficultés du travail, économiques, sociales, techniques, psychologiques. L'homme pressent ce que le travail pourrait être pour lui, ce qu'il n'est pas encore» (p. 16). Le travail est donc fonction psychologique en tant qu'acte et série d'actes.

0.3. Temps, rythmes, multiplicités temporelles.

L'étude du temps humain rencontre une première difficulté: celle de savoir le séparer du temps physique. L'intérêt pour le temps humain est récent. Les philosophies, la physique, les mathématiques, l'astronomie, étudient le temps depuis toujours. Peut-être que TEMPS et ETRE sont si proches que certains, dont Heidegger, ont pu les «fondre» en un tout indissociable. Mais, déjà le temps est, dans une telle perspective philosophique, un temps de l'exister; humain donc.

Le temps physique concerne l'homme et l'homme au travail selon plusieurs paramètres: ceux qui servent à fixer les rythmes, les mouvements, les temps proprement dits, en tant que temps imposés-proposés. Ces temps sont, Bergson a produit cette démonstration, de l'ESPACE. Le temps physique est un «invariant» dans lequel évoluent, en toute relativité, les humains. Mais les humains produisent aussi un temps qui leur est propre. Le temps physique paraît UN, à l'échelle humaine; les temps humains sont multiples.

0.3.1. Rythmes, structures rythmiques et structures temporelles

Le rythme est un ordre dans le mouvement. Le mouvement touche le rythme et le temps. L'activité rythmique est une propriété naturelle des systèmes excitables soumis à des stimulations. Les systèmes vivants, l'homme biologique, possèdent des structures rythmiques liées à la matière vivante elle-même. La succession d'événements constitue aussi un mouvement qui, en tant que tel, concerne aussi le temps dans la temporalisation des durées. Cependant nous voudrions avec Fraisse (1956) séparer les structures rythmiques (fréquences d'un phénomène, alternances de tension et de détente, suites de stimulations) qui toujours marquent un ORDRE et une ordination ayant pour effet de découper le déroulement d'un espace en parties; et les structures TEMPORELLES qui s'appuient virtuellement sur les durées pour se manifester sous forme d'attitudes ou de conduites. Les rythmes subissent des organisations binaires, ternaires, etc... et des groupements selon leur variabilité continue/discontinue, formant des séquences, des cycles, des durées somme toute, ce qui les incorpore en quelque sorte au temps lui-même. Mais à un temps spatialisé, mesuré et mesurable, nombré, un temps dont «la rythmicité» en fait une CHRONOLOGIE, c'est-à-dire une temporalité repérée et repérable ayant pour dénominateur commun un découpage spatial qui donne le temps chronique ou chronologique qui nous sert de constante référence selon les temps conventionnels des heures, des jours, des semaines, des années, etc... Ainsi les rythmes des hommes rejoignent les rythmes des cycles astronomiques, première forme du temps. D'où l'importance des rythmes biologiques qui y sont attachés, rythmes, disons-le tout de suite, qui ne constituent qu'un des aspects du temps humain.

Les mouvements de rotation et de translation de la terre autour d'elle-même et autour du soleil, sont la référence première des biorythmes. A. Reinberg (1974), après bien d'autres chercheurs, a résumé l'ensemble des aspects de cette rythmique humaine et attiré l'attention sur le conditionnement imposé par les rythmes circadiens (de 24 heures) ou nycthéméraux à l'homme. L'alternance jour/nuit fonctionne tel un synchroniseur ou donneur de temps qui entraîne les activités et agit comme un régulateur inapparent. Une chronobiologie voit le jour, qui tient compte des phénomènes bio-périodiques et des cycles circadiens et saisonniers, pour établir des diagrammes concernant les effets des actions humaines et les effets des actes imposés à l'homme en fonction des circonstances de déroulement. Certains, dont Ch. Poirel (1975), ont essayé d'ébaucher des relations entre rythmes circadiens et activité mentale ou/et faits psychopathologiques.

La biorythmique humaine touche l'homme par son aspect le plus biologique : les échanges biochimiques cellulaires et intercellulaires dont les constantes ne sauraient être violées sous peine d'ouvrir à une pathologie. Les biorythmes sont l'arrière-fond dans lequel se bâtissent et se constituent les comportements des hommes. C'est dire que les modalités du VIVRE doivent en tenir compte; et que les modalités d'EXISTER ne peuvent en aucune façon les ignorer. Cependant le TEMPS n'est pas le rythme. Le temps humain appartient aussi à ce monde d'artifices humains qui en fait une originalité psychologique, sociale et spirituelle. Les structures temporelles se coulent sur et dans les actes humains, actes pour subsister, actes de travail, actes de loisir, et partout les faits humains qui en résultent produisent des temporalités qui inscrivent l'homme dans son EXISTER. Les structures temporelles rejoignent la spécificité même du temps, dans ce que celui-ci a de non spatial.

0.3.2. Les multiplicités temporelles

Le temps humain oscille entre deux positions : celle d'apparaître comme «*un cadre*», un temps spatialisé fourni par les montres et les calendriers, temps auquel l'homme devra s'adapter, et celle d'un temps-action fait par l'homme lui-même qui répond de son adéquation intérieure et extérieure. J.M. Guyau (1885) et Bergson (1890) ont mis l'accent sur le caractère inventif du temps humain, le posant ainsi comme différent de l'espace.

La terminologie temporelle n'est pas encore très précise. Nous poserons certaines balises pour orienter nos propos : ils tendent à montrer que l'adéquation endogène propre à chaque individu semble l'emporter sur la notion d'adaptation à un temps tout fait, celui des éphémérides qui n'est lui que de l'espace. Mais ce temps-espace est celui qui est proposé par les tranches temporelles dans lesquelles se coule le travail et aussi par les cadences dans lesquelles le travail doit être exécuté, aussi devrons-nous en tenir compte pour essayer de saisir le temps proprement humain à son émergence dans son adéquation au temps exogène ou dans ses possibles inadéquations ouvrant au psychopathologique.

Posons d'abord que les divers substantifs et adjectifs qui caractérisent le temps ne sont pas de simples synonymes. Parler de : notion, connaissance, sentiment, impression, de temps ou de perception du temps ou de la durée, ou encore de temps vécu, d'appréciation d'une durée, d'estimation du temps passé,... est-ce la même chose? Sans vouloir évoquer toutes les recherches effectuées dans ce domaine, nous essaierons de situer très sommairement l'essentiel pour exposer ensuite notre propre conception.

J. Piaget (1946) dans « Le développement de la notion de temps chez l'enfant » ainsi que dans « Les notions de mouvement et de vitesse chez l'enfant » (1946 aussi), montre le passage de l'acquisition de l'espace d'abord à l'acquisition du mouvement, et par là dans le rapport de l'espace et du mouvement (où entre déjà le temps) comment apparaît la *vitesse*. Rappelons que la *vitesse* est une grandeur cinématique qui requiert à la fois l'espace et le temps. Mais le temps proprement dit ne sera acquis pour Piaget, qu'avec la notion d'*irréversibilité* dans la succession. La suite des successions pleines fournira l'appui pour interpréter les *durées* qui se déroulent selon une *direction* d'où découlera, à partir du non-retour et de l'irréversibilité, la notion de «*temps passé*». Pour Piaget c'est la MESURE DU TEMPS qui prend ainsi une place fondamentale dans l'appréciation et dans l'élaboration du temps ou de la notion de temps. En effet, *le présent* s'élabore à mesure que l'on apprend la succession temporelle, et que les positions irréversibles limitent le possible et l'impossible, ou la connaissance de situations réciproques ou non réciproques. La mise en place de tous ces repères d'abord spatiaux, puis dans le mouvement lui-même, permet d'apprécier les données temporelles exogènes tout en élaborant les modules temporels personnels qui leur correspondent. A partir de ces acquisitions la temporalisation personnelle se bâtira aussi. L'apprentissage et la mise en place des modalités de mesure psychologique, à la fois subjectives et opérationnelles dans les comportements, jouent un rôle fondamental.

Philippe Malrieu (1953), dans «Les origines de la conscience du temps» étudie la mise en place des «*attitudes temporelles*» chez l'enfant. La première attitude temporelle, substrat des autres attitudes, est celle qui est orientée vers le *futur lointain*. L'enfant découvre peu à peu les temps proches: la conquête du *présent* est la plus tardive, ainsi que l'apprentissage du proche et du lointain. Les dimensions temporelles sont forgées à mesure que le devenir incoordonné, subissant l'attirance du lointain, est maîtrisé, et que le *passé* se constitue. «*Le temps n'est pas un cadre mais un objet de notre action*». Les possibilités de valorisation de l'instant et de remplissage du «présent» par le jeu des attentes feront l'essentiel de cette conquête où l'apprentissage et le conditionnement opérant et non opérant de la MESURE du temps sont les paliers instrumentaux de choix.

P. Fraisse (1957) résume dans «La Psychologie du Temps», l'ensemble des tendances de l'époque sur le temps. Pour cet auteur la notion de *conduite temporelle* est fondamentale. Les conduites à l'égard du temps chronologique puis dans le temps personnel lui-même, favorisent l'architectonisation de la personnalité dans le temps et l'élaboration de l'histoire humaine. Fraisse insiste sur la notion *d'horizon temporel*, possibilité d'anticipation et de représentation du temps à venir. En réalité, nous y reviendrons, l'horizon temporel reste branché sur le temps passé, il est quelque part un pur imaginaire qui distrait les hommes de la véritable élaboration du temps.

Pour situer ces positions temporelles il convient de faire un écho aux conceptions psychosociologiques représentées par les appréciations de G. Gurvitch (1950 et 1963 surtout). «Le but de cette étude — explique G. Gurvitch — est d'essayer de montrer que la vie sociale s'écoule dans des temps multiples, toujours divergents, souvent contradictoires et dont l'unification relative, liée à une hiérarchisation souvent précaire, représente un problème pour toute société» (p. 325). Cette approche différenciante des temporalisations sociales retient huit genres temporels qui *sont ainsi exposés en 1963* (pp. 340-344): 1) Le temps de longue durée et au ralenti où le passé est projeté dans le présent et dans l'avenir; c'est le plus continuiste des temps, «Il fait valoir un passé relativement lointain et dominateur» (p. 340); 2) Le temps «en trompe l'œil» qui, sous une apparence de continuité, cache des virtualités, des surprises — brusques et inattendues — amenant des ruptures entre le présent et le passé, introduisant une discontinuité dans les processus sociaux; 3) Temps des battements irréguliers entre l'apparition et la disparition des rythmes, temps de l'incertitude et de la contingence; 4) Temps cyclique apparemment précipité, replié sur lui-même : c'est le temps des sociétés archaïques, propice aux communions et aux rites mystiques; 5) Le temps en retard sur lui-même qui se fait longtemps attendre; par exemple, le temps des symboles collectifs toujours dépassés au moment de leur cristallisation; 6) Un temps d'alternances entre des retards et des avances, ce qui fait entrer en compétitions les actualisations du passé et de l'avenir dans le présent; 7) Le temps en avance sur lui-même attirant à lui l'avenir; celui des précipitations et des effervescences collectives; 8) Le temps explosif « dissolvant le présent aussi bien que le passé dans la création de l'avenir immédiatement transcendé » (p. 344).

Ces références temporelles permettent de mieux situer les mouvements propres à la sociologie du travail, les persistances de certaines techniques traditionnelles et leur articulation avec des procédés technologiques de pointe, dans une même zone d'activité professionnelle. De même plusieurs types de temporalité peuvent cohabiter de façon plus ou moins harmonieuse chez un même individu et évoluer ainsi tout au long de l'existence. Nous aurons à examiner comment les formes d'hier persistent dans un aujourd'hui qui n'en a plus besoin et qui aspire à une invention temporelle associée à une gestualité ou à une typologie comportementale nouvelle, sollicitée par une activité inédite.

0.3.3. Le temps humain qualitatif et les chronologies

Seules les chronologies, reçues de l'extérieur, conventionnelles, correspondent au temps des horloges et des éphémérides, évoquent à la fois le temps astronomique qui a servi pour les instituer et le temps historique actuellement retenu par les hommes. Le temps *chronologique* est incontournable, il exige adaptation mobile à travers la mesure du temps (apprise), mesure qui est simultanément quantitative et qualitative. Si ce temps chronologique n'est pas *tout* le TEMPS humain, il est le plus anciennement élaboré par les actes et les pensées des hommes; il sert de repère et de modèle.

L'ontogenèse et la phylogenèse nous montrent combien l'apprentissage de la mesure personnelle du temps est une fonction capitale. Cette mesure quantitative d'abord, à partir de ces instruments mobiles que sont devenus les montres et les agendas, est aussi intériorisée pour s'instituer dans la chair même de la subjectivité. Sous le terme de CHRONOMETRIE, nous entendrons cette double fonction quantitative et qualitative qui permet d'apprécier le temps, de s'y adapter pour être en-temps et surtout d'instaurer une adéquation endogène du temps. Bergson, sous le terme de DUREE, voyait une coulée temporelle continue pouvant être saisie par cette fonction qu'il proposait: «l'intuition». E. Minkowski, inspiré par Bergson mais aussi par Husserl, voyait dans le TEMPS VECU, une fonction somme toute affective, sorte de «conscience» intentionnelle du temps. Pour nous, ces fonctions de la «durée» bergsonienne et du «temps vécu» minkowskien, sont des aspects «*qualitatifs*», donc spécifiquement humains du temps subjectif et du temps endogène. Mais ils ne constituent pas la totalité de la temporalisation. Disons que la «chronométrie» présente deux orientations articulées. L'une regarde vers les temps des chronologies, exogènes, et apprend à les apprécier quantitativement et qualitativement. L'autre, subjective, est orientée vers la temporalisation endogène et préside aussi bien à son écoulement (le passer du temps), qu'à sa mise en forme et à sa production. Ainsi semblent respectées les diverses modalités du TEMPS, avec mise en relief de cette fonction fondamentale, au sens fort, qui est «LA PRODUCTION HUMAINE DU TEMPS DE L'EXISTER». Cette fonction est la CHRONOGENESE.

La chronogenèse retient, d'une part, les temps les plus organiques, les biorythmes dans le cadre d'une chronobiologie déjà socialisée, mais aussi les dispositifs des chronométries quantitatives et qualitatives acquises dans l'histoire individuelle et collective. Cette productivité du temps se manifeste là où les œuvres des hommes apparaissent: leurs formes de vivre et d'exister, leurs conduites, leurs attitudes, les actes qui font leur existence concrète dans la société, dans le travail, dans les loisirs, dans l'exister en soi, pour soi et pour et avec les autres. Le tarissement de la production temporelle ou ses perturbations se traduisent par des STASES du temps, ou par des RUPTURES. Ces décalages ouvrent le devenir des forces profondes des hommes au psychopathologique. Ainsi les formes de souffrance existentielle, dites psychopathologiques, ne sont pas que des désadaptations mais aussi des inadéquations dans le temps lui-même dont l'écoulement et la production sont perturbés. C'est en partant de ces formes psychopathologiques, ou en les retrouvant, que nous proposons une autre «thérapeutique» ou une autre «pragmatique» du TEMPS. Les conditions de travail sont les lieux de choix pour saisir dans leur propre vivacité toutes ces modalités du temps.

Un point encore, et important. Nous avons évoqué les notions de sensation, de perception, de sentiment... du temps. Mais le support de la temporalisation est aussi LANGAGIER. Ce fut le mérite de Pierre Janet (1928), dans ses cours au Collège de France (cf. «L'évolution de la mémoire et de la notion de temps»), de montrer que la mémoire et le temps étaient fabriqués à l'aide du RECIT. C'est le langage qui nous fournit la meilleure façon de conjuguer les temps, pour nous repérer et agir à la fois sur le temps chronologique certes, mais aussi pour nous faire et pour faire le récit de notre histoire et de l'histoire. Des linguistes comme Emile Benveniste et Gustave Guillaume ont insisté sur la création de la catégorie du présent et sur le jeu des flexions temporelles inscrites dans la conjugaison des verbes. Par là, la pragmatique des énonciations prend de plus en plus une place de choix dans l'élaboration de l'exister intérieur et de l'exister social. Le pouvoir de la parole est fondamental dans l'instauration de la pensée discursive et dans les échanges sociaux et historiques de l'ensemble des faits humains. Nous souhaitons que ces approches du temps humain, à travers les temps de travail, puissent nous initier à cette forte pensée soulevée par Heidegger après Nietzsche, à savoir que ETRE et TEMPS sont si proches qu'il convient de les PENSER (et non de les imaginer ou de les concevoir) ensemble. Ce sera là le point d'introduction à une ANALYTIQUE EXISTENTIALE, pour laquelle Freud a su nous donner quelques données premières, et qu'il convient de déployer dans la concrétude même des situations socio-historiques de l'exister (humain).

Bibliographie

BENVENISTE E. (1966 & 1974), Problèmes de linguistique générale. Tomes I et II, Gallimard.
BUYTENDIJK F.J.J. (1958), L'homme et l'animal, (trad. fr. Gallimard, 1965).
FEBVRE L. (1948), Travail: évolution d'un mot et d'une idée; *Journal de Psychologie*, pp. 19-28.
FRAISSE P. (1956), Les structures rythmiques (Public. Universitaires, Louvain).
FRAISSE P. (1957), La psychologie du temps, P.U.F.
GUILLAUME G. (1929), Temps et verbe, Champion (réédition 1970).
GURVITCH G. (1963), La vocation actuelle de la sociologie, P.U.F. (cf. tome II).
HEIDEGGER M. (1927), Sein und Zeit, (trad. fr. Gallimard, 1964: L'être et le temps).
JACOB F. (1970), La logique du vivant, Gallimard.
JANET P. (1928), L'évolution de la mémoire et de la notion de temps, A. Chahine.
LEROI-GOURHAN A. (1964), Le geste et la parole, A. Michel (tome I: Technique et langage; tome II: La mémoire et les rythmes, 1965).
LEROY Y. (1976), Comportements animaux et conduites humaines; *Journal de Psychologie*, P.U.F.
MALRIEU Ph. (1953), Les origines de la conscience du temps, P.U.F.
MINKOWSKI E. (1933), Le temps vécu (réédition 1963: Delachaux et Niestlé).
MEYERSON I. (1948), Le travail, une conduite; *Journal de Psychologie*, pp. 7-16. Le numéro 1 de la revue est consacré au «Travail et les techniques», 1941.
MEYERSON I. (1951), Comportement, travail, expérience, œuvre; *Année Psychologique*, P.U.F., pp. 77-82.

MEYERSON I. (1952), L'entrée dans l'humain; *Revue de philosophie*, P.U.F.
MEYERSON I. (1955), Le travail, fonction psychologique; *Journal de Psychologie*, pp. 3-17. Ce numéro 1 est consacré à: «Le travail, les métiers, l'emploi».
MONOD J. (1970), Le hasard et la nécessité; Le Seuil.
NIETZSCHE F. (1879), Humain trop humain (cf. Œuvres complètes, Gallimard, 1968).
PIAGET J. (1946), Le développement de la notion de temps chez l'enfant, P.U.F.
PIAGET J. (1946), Les notions de mouvement et de vitesse chez l'enfant, P.U.F.
PIAGET J. (1976), Le comportement, moteur de l'évolution, Gallimard (coll. Idées).
PAILLARD J. (1976), Réflexions sur l'usage du concept de plasticité en neurobiologie; *Journal de Psychologie*, P.U.F. N° 1.
POIREL Ch. (1975), Les rythmes circadiens en psychopathologie, Masson.
REINBERG A. (1974), Des rythmes biologiques à la chronologie, Gauthiers-Villars.
SIVADON P. (1948), Géographie humaine et psychiatrie, Masson.

Chapitre 1
Du temps traditionnel à l'éclatement du temps

> « La parole du passé est toujours parole d'oracle. Vous ne l'entendrez que si vous êtes les bâtisseurs de l'avenir et les connaisseurs du présent... il convient aujourd'hui de savoir que seul celui qui bâtit l'avenir a le droit de se faire juge du passé ».
>
> Nietzsche (Deuxième inactuelle).
>
> « Les vivants, quelque science qu'ils en aient, ne possèdent pas le passé comme ils le croient : celui-ci s'ils croient le tenir leur échappe ».
>
> Georges Bataille (O.C. tome I, pp. 207-208).

1.0. Cycle opérationnel. Alternance des activités - Incomplétudes

«Le temps qui étale, c'est le temps de l'historien. Celui qui ajoute, c'est le temps de la vie. Et rien de commun entre les deux; mais on doit pouvoir user de l'un comme de l'autre», nous rappelle Saint-Exupéry. Balancement temporel, choix peut-être à la limite, qui se retrouve tout au long de l'évolution de l'histoire des hommes et de l'histoire du travail. La grande modification est intervenue récemment lorsque l'organisation dite post-industrielle s'est affirmée. Le temps traditionnel propre aux travaux agricoles et rythmé par l'écoulement des saisons a sévi pendant des siècles. Puis, l'industrialisation a modifié depuis deux cents ans environ cet état des choses, donnant naissance à une temporalité différente apparemment plus artificielle, mais greffée cependant et plus ou moins en harmonie avec le temps d'autrefois. Enfin, les progrès des techniques de travail et les acquisitions de la technologie ont introduit une parcellisation des tâches avec un éclatement et une segmentation du temps. La paléotemporalité initiale cohabite cependant avec le temps éclaté, actuellement, ce qui entraîne des décalages et des dysharmonies. Le passé se retrouve dans le présent sans qu'il soit ni totalement assimilé ni bien utilisé par tous. Les opérateurs humains en subissent les conséquences dans la mesure où le passage de l'une à l'autre de ces temporalités ne bénéficie pas d'adaptations intratemporelles adéquates et d'une bonne articulation des actes de la vie quotidienne et des actes de travail. Une première problématique du temps a pris naissance dans cet écart entre le temps traditionnel et le temps éclaté selon la façon dont chacun a pu produire les moyens pour le vivre. Chacun est enraciné dans un certain écosystème dit «naturel» régi par les mouvements du cosmos, et se trouve en contact avec un ou plusieurs milieux «artificiels»: l'organisation des conduites de travail et le déroulement de la vie ont dû se modifier sans que le microcosme humain ait pu toujours s'y adapter positivement. Il semble nécessaire d'examiner les divers aspects de ses temporalités afin de mieux situer l'évolution des cycles opérationnels et l'alternance des activités.

La notion de cycle opérationnel correspond à «l'ensemble des opérations, des gestes, des éléments de travail qui s'échelonnent entre le moment où l'on commence une tâche et le moment où l'on a le sentiment d'achèvement de cette tâche» (1). Entre deux éléments repères marquant le début et la fin d'une action ou d'une série d'actions, prend place une temporalité, formée de composantes de différente nature et remplis d'actes eux-mêmes dissemblables. La notion de cycle opérationnel se rapporte à l'individu. Il sera fonction des capacités adaptatives de son corps et de sa vie mentale et affective, c'est-à-dire du niveau de régulation de son activité nerveuse supérieure. Mais le cycle opérationnel se déroule sur un champ de travail où les tâches ne sont pas toujours les mêmes, où les repères sociaux et historiques varient. Le cycle opérationnel subit des modifications selon les étapes évolutives individuelles, selon les techniques et selon les conditions du déroulement du travail.

Le cycle opérationnel organisé autour d'une tâche donnée vient s'articuler dans un cycle plus large correspondant à *l'alternance des activités*. Le travail prend place parmi d'autres moments dont ceux consacrés au repos, au sommeil, aux loisirs (2). Le temps hors travail comprendra encore le temps de trajet, le temps des repas, le temps des démarches minimales d'ordre social et administratif nécessaires pour assurer la vie quotidienne, le temps de la vie familiale et sociale et même faudrait-il ajouter le temps d'une vie personnelle. Le cycle opérationnel présuppose donc un cycle alternant des activités. Il demeure que ni le temps ni les activités mentionnées n'ont pris la même signification au cours des diverses époques de l'histoire du monde. Ils ne prennent pas actuellement encore la même signification pour chacun de nous.

Ces prémisses permettent de comprendre la nécessité de multiplier points de vue et examens pour cerner la problématique du temps de travail. Opposer un temps traditionnel dit «naturel», gouverné par la succession des saisons, les alternances météorologiques et la séquentialité circadienne, à un temps éclaté, artificiel, propre à de nombreuses tâches des régimes industriels et post-industriels, n'est pas suffisant. *Toutes les temporalités sont artificielles*, elles ont été apprises et assimilées et se sont imposées peu à peu. Le découpage temporel, la maîtrise de la perspective temporelle ont accru la force de l'homme sur lui-même et sur la nature. L'enrichissement temporel est certain, même s'il ne l'est pas encore pour tout le monde.

1.1. Le temps traditionnel

> *« L'homme antique voit le passé et le présent s'étendant autour de lui, s'interpénétrant et s'expliquant l'un l'autre. Le passé ne cesse de durer, c'est pourquoi il ne cède en rien par sa réalité au présent ».*
>
> *« Les traditions pieusement observées sont le passé matérialisé et perpétué qui domine dans le présent ».*
>
> A.Y. Gourévitch (10, p. 260).

Chaque civilisation a son temps propre. Les conditions de vie et l'évolution des sociétés ont fait émerger à chaque période un temps spécifique. Les temps biologiques semblent donnés mais on sait qu'ils ont évolué et qu'ils continuent d'évoluer; ils dépendent de l'adaptation des hommes. Le temps rattaché à la biosphère a changé en fonction de nos moyens de connaissance. Chaque catégorie temporelle se compose d'une multiplicité de temps spécifiques si on veut bien démultiplier et diviser les diverses composantes en jeu et tenir compte de l'utilisation qui en est faite.

Le corps humain issu de l'évolution possède ses rythmes particuliers reliés aux rythmes cosmiques où jouent les alternances de lumière et d'obscurité, le jeu des saisons, le poids des années. Mais l'homme est soumis aussi à des rythmes sociaux, familiaux, professionnels, eux-mêmes divers et qui sont chacun en ce qui le concerne régi par des temps différents. La succession de ces temporalités «premières» leur inter-simultanéité peuvent engendrer des élaborations nouvelles, utilisables et utiles ou au contraire faire éclore des conflits, des «contre-temps».

Les sociétés nomades, agricoles, pré-industrielles se caractérisent par leur dépendance à l'égard du milieu naturel, la soumission à ses lois, l'asservissement à ses rythmes. L'homme s'y trouvera harmonisé en lui-même et vis-à-vis de l'environnement dans la mesure où il se laisse envahir par les injonctions du temps cosmique et qu'il s'y soumet. Il en a tiré une certaine sagesse et un savoir-faire. Ce temps traditionnel apparaît comme cyclique, dominé par le retour des saisons. Parallèlement, on peut dire qu'il est linéaire, par la succession de ses durées étales, et continu dans son écoulement, sans heurts, avec des réapparitions prévisibles. Les travaux et les saisons s'enchaînent dans une distribution tôt codifiée en une ordination immuable et considérée comme éternelle. Ce temps est indissociable de l'espace ou même de la terre pourrions-nous dire. L'habitat, les occupations, les comportements sociaux, les rites se retrouvent en concordance, soumis à l'ordre cosmique et respectant cet ordre dans une sorte d'institutionnalisation sacrée. Les religions s'élaboreront en intégrant ces acquisitions temporelles premières pour leur donner une finalité et consacrer progressivement les notions de destinée, d'éternité tout en caractérisant mieux le temps. Le judaïsme, le christianisme marqueront les notions de destinée individuelle, contribueront à une datation qui s'inscrira dans une historicité d'où se dégagera le caractère majeur du temps: *son irréversibilité*.

Le temps traditionnel se dit tel parce que les sociétés qui lui ont donné naissance étaient *stationnaires*. Ce sont des sociétés où la combinaison productive demeure stable et les relations techniques entre les hommes et la nature restent immuables. D'une part, les énergies naturelles, animales et humaines sont de puissance faible, aussi sont-elles totalement absorbées par la production et nécessaires pour assurer la seule survie. D'autre part l'organisation des rapports inter-humains est soumise au chef religieux qui essaie de proposer les meilleures conduites tout au long de l'année. On peut retenir l'idée d'une double synchronisation des relations intratemporelles et de celles-ci vis-à-vis des rythmes cosmiques. *Le temps est absorbé jour après jour sans qu'un lointain futur puisse être envisagé.* La production laissant peu de surplus, le temps en est limité d'autant.

Ce temps traditionnel sévissait il y a peu, il est encore effectif dans certaines pratiques agricoles où le travail semble conditionner le genre de vie. Le cycle de production végétale commande la suite des alternances laborieuses le long de l'année. Les rythmes des travaux des champs et les rythmes des hommes sont commandés par les mouvements des saisons, de même que l'alternance nycthémérale de la lumière et de l'obscurité assume la distribution simultanée des tâches et du temps. La suite hebdomadaire sera inflexiblement organisée selon les besoins des champs et des bêtes où se greffera bientôt le repos dominical (relatif) avec son caractère sacré.

Si on essaie de suivre de près les occupations en milieu rural, telles qu'elles pouvaient apparaître avant le début de l'industrialisation, on pourra mieux apercevoir les charnières temporelles entre le temps cosmique ramené aux proportions terrestres et le temps humain. On s'apercevra aussi que le temps humain relatif aux tâches agraires subit, dès les commencements, une démarche de dé-naturation. «On a dit, explique Abel Jeannière, que l'homme rural s'identifiait à son travail, ce qui est peut-être exagéré; en tout cas le travail commandait tout. Il était omniprésent et c'est en fonction de lui que tout s'organisait dans les divers cycles de la journée, des saisons et de la vie» (3, p. 110). Nous avons affaire à un temps de travail rythmé qu'il est possible de suivre dans sa distribution saisonnière. En été, phases de grande hâte pendant les longues journées: travail à la fraîche, tôt le matin avant que la chaleur n'assomme bêtes et gens, période de repos au milieu de la journée lorsque le soleil interdit le séjour aux champs, reprise des activités une fois les grandes chaleurs apaisées jusqu'à ce que l'obscurité confonde les gestes et les pas. On noterait encore d'autres subdivisions qui respectent les exigences des bêtes et les limites de résistance des hommes ou sont imposées par les intempéries subites. On vante la continuité de cette temporalité agraire, la lenteur des rythmes, l'absence de cassures, mais on oublie que les exigences des phénomènes naturels rendaient bien souvent les tâches harassantes et interdisaient le moindre jour de repos pendant de longues périodes.

Les périodes hivernales étaient consacrées aux travaux effectués à l'abri des intempéries. On pense aux tâches douces se déroulant dans la chaleur de l'étable ou près de l'âtre. En réalité l'hiver est le temps d'une attente où se prépare ce qu'il y a à faire ensuite et plus tard tout au long de l'année. Sans doute qu'en hiver le temps consacré au repos est plus long et que réunions et veillées permettaient d'enrichir la vie sociale. Mais on oublie que toutes les réparations des outils et des lieux d'habitation, certains soins à accorder aux bêtes et aux endroits qui les abritent sont mis en réserve tout au long de l'année pour être effectués pendant cette période. Sans compter les soins que réclament arbres, haies, et mille et une besognes exigées par l'entretien des terres et des maisons. On croit ce temps lent, dilaté, bucoliquement distendu dans une continuité linéaire revenant cycliquement comme à heure fixe. Ces caractéristiques temporelles sont réelles, mais pour que le paysan soit parvenu à les utiliser de façon dense et efficace, il a fallu qu'il apprenne longuement à se plier aux caprices de la nature et à savoir ruser avec elle pour esquiver les contretemps.

Sans faire allusion précise aux travaux du printemps et de l'automne, on peut admettre que tout au long de l'année agriculteurs et cultivateurs restaient soumis aux rythmes exogènes. Cependant un certain pouvoir sur ces rythmes s'est affirmé à travers l'apprentissage de moyens et de détours permettant de mieux se servir du temps, soit en obéissant au temps extérieur pour mieux le domestiquer, soit en y échappant par le truchement des astuces bientôt sédimentées en un savoir-faire qui leur permettaient d'accroître l'efficacité tout en rusant avec le temps.

Il faut insister sur deux aspects de ce temps traditionnel. Il a été fabriqué par les hommes en liaison avec les premiers travaux agricoles et les tâches artisanales qui étaient nécessaires pour subsister. C'est *une temporalité d'emblée artificielle* coulée sur les rythmes et les durées exogènes dont les paramètres étaient repérables et les limites peu changeantes. L'espace opératoire permettait une certaine concentration de ces distributions temporelles. Macroscopiquement les changements étaient infimes et ils réapparaissaient cycliquement. Hier, aujourd'hui et demain se succédaient invariablement identiques comme les saisons. Le pouvoir tout relatif des hommes sur le déroulement temporel engageait à la résignation, à une futurition limitée toute absorbée par la Providence. Microscopiquement la réalité est tout autre. La division des tâches impliquait une distribution temporelle moins harmonieuse que celle qui a été décrite dans la littérature. Le temps n'était sans doute pas le même non plus à mesure que les classes sociales se sont différenciées en possédants et possédés.

Le deuxième trait à retenir pour ce type de temps c'est son *évolutivité calculée sur de longues périodes.* Les habitudes de vie et de travail pouvaient être transmises par une imitation et un enseignement direct des uns aux autres, des parents aux enfants. L'imprégnation temporelle pouvait sédimenter et s'accumuler, s'épargner et se valoriser. Le savoir-faire du paysan était déposé en une série de gestes dont l'efficacité résidait dans l'adresse, c'est-à-dire dans le maniement des rythmes et la manipulation des distances. La main et les doigts, la force des bras et des poignets étaient les principaux outils dont les instruments agraires étaient la prolongation. Leur utilisation impliquait un apprentissage fait d'observations assimilées dans une gestualité empirique obtenant bientôt une grande précision. On retrouve ce type d'acquisition temporelle encore à l'œuvre aujourd'hui en milieu rural et dans bien des métiers manuels et des ateliers d'artisanat. On sait que «ça se perd», comme on dit, parce que les temps ont changé, mais les façons de faire sien le temps et de le distribuer ont changé aussi.

1.2. Le temps pré-industriel

> *« Dans la civilisation urbaine naissante, l'homme était déjà plus soumis à l'ordre qu'il avait lui-même créé qu'aux rythmes naturels ».*
>
> A.Y. Gourévitch (10, p. 270).

Pour J. Le Goff, le grand Moyen-Age (qui s'étend pour lui du IIe siècle à l'ère industrielle) « c'est l'histoire de la société préindustrielle » (4, p. 10) période où le temps se modifie et se constitue comme temps de travail mesurable, surtout au cours du XIVe siècle. Un des essais de l'ouvrage mentionné « Le temps du travail dans la « crise » du XIVe siècle : du temps médiéval au temps moderne » (4, p. 66-79) déjà publié en 1963, nous apporte des arguments utiles. L'instauration d'une société urbaine et le temps distribué par les cloches vont permettre de domestiquer le temps et de le compter pour instituer des unités de temps de travail. Au XIIIe siècle : « En gros le temps de travail est celui d'une économie encore dominée par les rythmes agraires, exempte de hâte, sans souci d'exactitude, sans inquiétude de productivité, et d'une société à son image, sobre et pudique, sans grands appétits, peu exigeante, peu capable d'efforts quantitatifs » (4, p. 68). Une évolution cependant entre le Xe et le XIIIe siècle, le déplacement de la chronologie diurne correspondant à none qui, située vers nos 14 heures, va se rapprocher pour devenir *midi* : « None, c'est aussi la pause du travailleur sur le chantier urbain soumis au temps clérical des cloches » (4, p. 68). Ce déplacement, sous la probable pression de ceux qui travaillent pour se sustenter plus tôt, aboutit à la subdivision de la journée et à la notion de demi-journée. Dès la fin du XIIIe siècle on assiste aussi à une « offensive du travail de nuit ». Pour J. Le Goff et selon les documents examinés, ce sont les ouvriers qui réclament des salaires plus importants en augmentant la durée de la journée de travail dans les draperies d'Arras vers 1315. La réglementation de la journée de travail se fera par l'introduction des *cloches de travail*. Le temps des drapiers se fixera au rythme des beffrois avec cloche spéciale : ce temps des cloches, des « donneurs d'ouvrage » et des « ouvriers », devenant un temps plus certain que le temps des cloches des églises. La vie urbaine des ateliers, des artisans, des occupations des villes, du commerce, et du fonctionnement des institutions « municipales » se rythme sur cette chronologie quotidienne où le temps des cloches civiles remplace peu à peu le temps clérical des églises.

Si le milieu monastique a été créateur d'un emploi du temps, le temps religieux sera dépossédé de ses prérogatives — pendant et après une phase de coexistence — par le temps laïc des cloches dites « de travail». Au XIVe siècle, l'invention de l'horloge mécanique marque une étape désormais irréversible pour obtenir des «heures certaines» dans la réglementation de la durée du temps de travail. «Ici encore, dit J. Le Goff, il ne faut pas exagérer». Pour longtemps encore, le temps lié aux rythmes naturels, à l'activité agraire, à la pratique religieuse, reste le cadre temporel primordial. Les hommes de la Renaissance — quoi qu'ils en aient — continuent à vivre dans un temps incertain; temps non unifié, encore urbain et non national, en décalage par rapport aux structures étatiques qui se mettent en place, temps de *monades urbaines*. Ce qui le souligne c'est la diversité du point de départ du temps nouveau, de l'heure zéro des horloges: ici midi et là minuit, ce qui n'est pas grave, mais plus souvent le lever ou le coucher du soleil encore, tellement le temps préindustriel a de peine à décrocher du temps naturel. Montaigne, dans le «Voyage en Italie», après d'autres voyageurs des XVe et XVIe siècles, note «la confusion, le désordre qui naît de ce temps à l'origine changeante d'une ville à l'autre» (4, p. 75). Mais si le nouveau temps oscille encore suivant les ratés des horloges urbaines souvent en panne, l'élan est pris et la différenciation s'accusera jusqu'aux révolutions industrielles qui installeront l'heure de soixante minutes comme unité-mesure du temps de travail au XIXe siècle.

Ce temps traditionnel reste, par-delà le temps préindustriel encore non généralisé, une référence. Il témoigne des premiers efforts humains pour l'apprivoiser et le modifier, pour bâtir mentalement des dispositifs permettant de le domestiquer et de le reconstruire d'abord puis directement de mieux l'utiliser, d'en fabriquer un autre temps qui se superpose au premier et l'intègre. L'immobilité de ce temps n'était qu'apparente mais ses modalités évolutives, sa linéarité, ses rythmes lents, se succédant dans une continuité bien repérée et toujours repérable, s'inscrivent dans un retour cyclique. Cette impression était accrue par la brièveté de la vie et par la pauvreté des modifications survenant le long d'une existence. De l'enfance à la vieillesse, les champs et les récoltes, les soins des bêtes et des lieux réclamaient les hommes de façon identique. L'enfant et le vieillard se retrouvaient à garder les vaches, aux deux termes du cycle. Chacun servait la terre comme il pouvait, on tolérait mal l'oisiveté. Quant aux loisirs ils étaient à peine nés.

De César à Napoléon on a mis le même temps pour aller de Rome à Paris. Les distances s'évaluaient en heures, en journées; la surface des terrains aussi parfois. La vitesse n'était pas ou peu connue. Il a fallu apprivoiser l'espace et le temps, construire les machines, pour introduire la vitesse et le temps et leur mesure. *Le fait d'apprendre à mesurer le temps a modifié le temps traditionnel.*

1.3. Le temps mesuré de l'époque « manufacturière »

> « *C'est dans la ville européenne qu'a commencé, pour la première fois dans l'histoire l'isolement du temps, comme forme pure, extérieure à la vie et mesurable* ».
>
> A.Y. Gourévitch (10, p. 272).

L'ère industrielle s'est élaborée par une triple concentration concernant les capitaux, les machines et les hommes. Les machines ont permis à la fois la vitesse et l'accroissement du rendement. La plus grande facilité des transports a favorisé les échanges de matières premières et de marchandises négociables. Les capitaux devenant plus anonymes, sous forme d'actions et d'obligations, offraient une aptitude plus grande à la conception. Enfin l'exploitation des matières premières, des machines et des outils de travail, a suscité la création d'ateliers, d'usines, de manufactures, disait-on au XIXe siècle, et la création des villes. L'élément qui aidera à fixer la valeur des marchandises fabriquées et offertes aux échanges commerciaux sera le temps. D'où l'intérêt de sa mesure. D'où la tendance enregistrée d'accroître la vitesse de production, d'augmenter le rendement productif, d'accélérer les moyens de mise sur le marché des marchandises, de rendre plus courts les cycles de rotation de l'argent pour encaisser les bénéfices tout en allongeant le plus possible les délais du remboursement des emprunts. Toutes ces opérations participent du temps.

L'industrialisation s'est effectuée grâce à la division du travail. K. Marx distinguait, au milieu du XIXe siècle, « trois formes principales de division du travail : la division *en général* (par grandes branches comme l'agriculture, l'industrie, les transports...), la division *en particulier* par espèces et variétés à l'intérieur des genres (grandes branches de l'industrie, par exemple celles du bâtiment, de la mécanique, de la chimie...), la division *en détail* par spécification des tâches particulières dans l'atelier ». Pierre Naville, à qui nous empruntons ces données, souligne que cette répartition va du composé au simple, du supérieur à l'inférieur, de l'homogène à l'hétérogène sans qu'elle corresponde au clivage social en classes, en sexes, en localités. Divisions sociales et techniques marqueront le devenir de l'industrie, mais actuellement « même dans l'industrie subsistent en grand nombre des systèmes de division des tâches qui n'ont guère varié depuis un siècle ou deux, en particulier dans les moyennes et petites entreprises » précise P. Naville (5).

Le travail s'organise progressivement dans les manufactures de façon « scientifique » c'est-à-dire pour mieux utiliser les machines, obtenir une meilleure efficacité, économiser les énergies employées et accroître la rentabilité des matières premières nécessaires. A. Ogus (6) retrace ces démarches dans un récent article. Il distingue trois périodes: prétaylorienne, taylorienne et celle qui à partir de la première guerre mondiale a donné naissance à l'ère dite post-industrielle.

Pour nous limiter à F.W. Taylor, il convient de résumer les principes exposés dans son ouvrage «Shop-management» publié en 1903, source moderne de la mesure du temps de travail. Taylor proposait quatre principes: différencier les salaires pour éviter la «flânerie» (les salaires dits à prime encore en vigueur en découlent), le chronométrage, la sélection des ouvriers, la préparation du travail par une maîtrise fonctionnelle. Toutes opérations visant surtout à obtenir le plus grand rendement possible. Le *chronométrage* lui-même exigeait plusieurs impératifs: diviser le travail en temps élémentaires, repérer les mouvements inutiles afin de les éliminer, analyser l'exécution des tâches comparativement par des ouvriers d'habileté différente, enfin fixer les temps d'exécution en tenant compte des retards, du repos et des variantes d'articulation des mouvements. Sans autre développement et sans mentionner les modifications et variations apportées ultérieurement, disons que cette méthodologie de mesure et de découpage des tâches, en temps et mouvements, va régner pendant cette période dite industrielle.

Le temps industriel est avant tout un temps mesuré. Le temps de travail et le temps de la vie sont séparés. Dans le déroulement du travail (dans cette première manière) chacun aura à tenir compte des autres: le travail est collectif, son exécution se réalise en groupes organisés. Ceci n'est pas nouveau et l'on trouve dès l'Antiquité des tentatives d'organisation du travail et des exécutions en groupe. *Ce qui est nouveau c'est l'impérativité du temps pour guider les opérations et en mesurer l'efficacité.* Le nombre deviendra la sublimation de ces tâches. La quantité de pièces produites par unité de temps fera loi, la qualité du produit étant implicitement acquise.

La mesure, la vitesse d'exécution, la précision des gestes, l'efficacité du rendement seront les éléments de base de ce temps industriel. Temps linéaire et répétitif, à cycles courts, imposés par les caractéristiques du travail exécuté et les techniques employées. Temporalité répétitive souvent la même, pour une même tâche, pour un individu donné pendant le longues périodes sinon toute une vie. Temps encadré, militarisé, pourrait-on dire selon les propos de M. Foucault, pour rendre les corps dociles, et faire que l'ouvrier devienne souvent une sorte d'appendice de la machine qu'il utilise, ou mieux qui l'utilise.

L'évolution de l'organisation du travail verra apparaître des formes nouvelles, travail alternant, travail de nuit, travail à poste fixe et des typologies d'exécution particulières en fonction de la durée du travail et des cadences ou des rythmes imposés. Les temps de travail, les temps économiques, les temps sociaux et les temps des hommes avec leurs rythmes biologiques seront en discordance. Mais nous sommes déjà à l'aurore du temps éclaté. Lisons tout d'abord « la mise en condition temporelle » suggérée par Michel Foucault.

1.3.1. Travail et discipline temporelle

> « La tâche est de rendre l'homme aussi productif que possible et autant qu'il importe de quelque manière de le rapprocher de l'infaillible machine : à cette fin il faut qu'il soit muni de vertus mécaniques ».
>
> Nietzsche (Fragment posthume 146, 1887).

Michel Foucault, dans le chapitre intitulé « Discipline » de « Surveiller et punir », montre, documents à l'appui, comment, du XVIIe siècle à l'aurore du XXe, la mise en forme des mouvements de l'homme est devenue une entreprise étatique, aussi bien à l'école, à la caserne, à l'hôpital qu'à l'atelier. « Il y a eu, dit-il, au cours de l'âge classique, toute une découverte du corps comme objet et cible de pouvoir » (8, p. 138), aboutissant à une théorie du dressage utilisant la notion de docilité du corps qui devient analysable et manipulable. « Le moment historique des disciplines, c'est le moment où naît un art du corps humain, qui ne vise pas seulement la croissance de ses habiletés, ni non plus l'alourdissement de sa sujétion, mais la formation d'un rapport qui dans le même mécanisme le rend d'autant plus obéissant qu'il est plus utile et inversement » (8, p. 139). La discipline majore les forces du corps, fabrique des aptitudes, des capacités, instaure un régime de répartition des gestes afin de diminuer au maximum les pertes d'énergie et de temps. Il est dangereux de négliger même les plus petits détails, comme l'assure J.B. de la Salle, Frère des Ecoles chrétiennes : « La minutie des règlements, le regard vétilleux des inspections, la mise sous contrôle des moindres parcelles de la vie et du corps donneront bientôt, dans le cadre de l'école, de la caserne, de l'hôpital ou de l'atelier, un contenu laïcisé, une rationalité économique ou technique à ce calcul mystique de l'infime et de l'infini » (8, p. 142).

La discipline procède de la répartition des individus dans l'espace : la clôture devient nécessité. On assiste à une concentration progressive des ateliers en un espace manufacturier d'abord, puis au groupement des manufactures en usines. «L'usine explicitement, s'apparente au couvent, à la forteresse, à une ville close» (8, p. 144). Et M. Foucault nous communique ce fragment d'un projet de règlement pour l'Aciérie d'Amboise : « Le gardien n'ouvrira les portes qu'à la rentrée des ouvriers, et après que la cloche qui annonce la reprise des travaux aura été sonnée, un quart d'heure après plus personne n'aura le droit d'entrer; à la fin de la journée, les chefs d'atelier sont tenus de remettre les clefs au Suisse de la manufacture...» (8, p. 144). Il s'agit simultanément de tirer le maximum des forces et des gestes, de protéger les locaux, les outils, les matériaux, de maîtriser les forces de travail. Pour cela, un quadrillage de l'espace de travail et de l'espace du corps va délimiter les emplacements fonctionnels, faciliter la surveillance et les contrôles, imposer les notions de rang, de poste, de lieu, de classe. Un ordre nouveau des tactiques appropriées installe une «microphysique du pouvoir» selon la terminologie foucaldienne, qui s'exerce sur les attitudes et les comportements, et «traverse» les corps.

Le contrôle de l'activité passe par *«l'emploi du temps»*, technique bien connue des communautés monastiques. « La rigueur du temps industriel a gardé longtemps une allure religieuse; au XVIIe siècle, le règlement des grandes manufactures précisait les exercices qui devaient scander le travail... : 'Toutes les personnes..., arrivant le matin à leur métier, avant que de travailler commenceront par laver leurs mains, offriront à Dieu leur travail, feront le signe de la croix et commenceront à travailler' (tel est l'article premier du règlement de la fabrique de Saint-Maur)» (8, p. 151). Les exercices sont prévus selon *une rythmique du temps* où les secondes et les minutes comptent autant que les quarts d'heure. L'extension progressive du régime salarial s'accompagne d'un découpage serré du temps : « Il s'agit de constituer un temps intégralement utile» (8, p. 152). Exactitude, régularité, application sont les trois vertus fondamentales du temps disciplinaire, et M. Foucault ajoute: «Le temps mesuré et payé doit être aussi un temps sans impureté ni défaut, un temps de bonne qualité, tout au long duquel le corps reste appliqué à son exercice» (8, p. 153).

L'élaboration temporelle de l'acte exige un degré de plus grande perfection dans la précision, la décomposition des gestes et des mouvements, dans une manière autre d'ajuster le corps aux ordres couplés à un nouveau faisceau de contraintes (cf. 8, p. 153). Une programmation s'amorce qui vise l'armature de l'acte lui-même: son organisation, le contrôle intérieur du déroulement des diverses phases le produisant. «L'acte est décomposé en ses éléments; la position du corps, des membres, des articulations est définie; à chaque mouvement sont assignées une direction, une amplitude, une durée; leur ordre de succession est prescrit. Le *temps pénètre le corps*, et avec lui tous les contrôles minutieux du pouvoir» (8, p. 154, n.s.). Une mise en corrélation du corps et du geste unit efficacité et rapidité: «Un corps discipliné est le soutien d'un geste efficace» (8, p. 154), pour aboutir bientôt à un véritable «codage instrumental du corps» (8, p. 155) où «la discipline définit chacun des rapports que le corps doit entretenir avec l'objet qu'il manipule» (8, p. 154). La construction parallèle des gestes du corps et des gestes opérationnels, fait du corps un corps-arme, un corps-instrument, un corps-machine.

Le principe même de l'emploi du temps impliquait la non-oisiveté, mais peu à peu se forge une pratique plus fine: «Il s'agit d'extraire, du temps, toujours davantage d'instants disponibles et de chaque instant, toujours davantage de forces utiles» (8, p. 156). Il s'agit *d'intensifier* l'utilisation du moindre instant, de découper les temps, de multiplier les subdivisions, de fragmenter, de parcellariser: «Le rythme imposé par des signaux, des sifflets, des commandements imposait à tous des normes temporelles qui devaient à la fois accélérer le processus d'apprentissage et enseigner la rapidité comme une vertu» (8, p. 156). *Le corps devient lui-même le siège d'une durée* où les exercices et une physique des mouvements se combinent jusqu'à ce que seules les bonnes articulations demeurent actives. La gymnastique des gestes s'architectonise en séquences et en tableaux: autant de figures d'un véritable ballet mécanique d'un type nouveau.

La chronogenèse engendre un aménagement optimal de la distribution et un développement des possibilités temporelles de chacun. L'idée d'une construction d'un temps spécifiquement humain était sous-jacente à ces entreprises. Tout est mis en œuvre «pour prendre en charge le temps des existences singulières; pour régir les rapports du temps, des corps et des forces; pour assurer un cumul de la durée; et pour inverser en profit ou en utilité toujours accrus le mouvement du temps qui passe» (8, p. 159). D'après M. Foucault, pour capitaliser le temps des individus, le cumuler en chacun et organiser les durées profitables, quatre procédés ont été utilisés: 1) diviser la durée en segments, successifs ou parallèles (temps d'apprentissage, de formation, d'exécution...); 2) sérier les filières des successions simples et des combinaisons de complexité croissante selon un schéma analytique; 3) donner un terme aux segmentations temporelles pour uniformiser les apprentissages et différencier la spécialisation des tâches; 4) assurer une articulation des exercices cohérente et harmonieuse, «une polyphonie disciplinaire des exercices» (8, p. 161) en séries de séries elles-mêmes subdivisées et ramifiées, se succédant de sorte qu'au terme de chacune une nouvelle série lui fasse suite immédiatement. «Chaque palier dans la combinaison des éléments doit s'inscrire à l'intérieur d'une grande série temporelle» (8, p. 162). Des segmentations, des sériations, des synthèses, des totalisations rendent ce temps évolutif utile et permettent la mise en forme d'activités successives. Aussi *«le pouvoir s'articule directement sur le temps: il en assure le contrôle et en garantit l'usage»* (8, p. 162; n.s.). Les suites d'exercices engendrent «le petit continuum temporel de *l'individualité-genèse*» (8, p. 163) tout en dirigeant les attitudes et les comportements vers un acte terminal. «L'exercice, c'est cette technique par laquelle on impose aux corps des tâches à la fois répétitives et différentes, mais toujours graduées» (8, p. 163). Rituels d'initiation, cérémonies préparatoires, répétitions théâtrales, épreuves, tels sont les dispositifs devant aboutir à une perfection (cf. 8, p. 163). L'exercice «sert à économiser le temps de la vie, à le cumuler sous une forme utile et à exercer le pouvoir sur les hommes par l'intermédiaire du temps ainsi aménagé. L'exercice, devenu élément dans une technologie politique du corps et de la durée, ne culmine pas vers un au-delà; mais il tend vers un assujettissement qui n'a jamais fini de s'achever» (8, p. 164).

La mise en forme individuelle doit coïncider avec celle des autres. «Le corps se constitue comme pièce d'une machine segmentaire» (8, p. 167). Les diverses séries chronologiques se combinent et s'emboîtent afin de rendre les disciplines plus solides et plus efficaces. «Le temps des uns doit s'ajuster au temps des autres de manière que la quantité maximale de forces puisse être extraite de chacun et combinée dans un résultat optimal» (8, p. 167). Une pratique de dressage, la recherche de l'économie de fonctionnement la plus grande, conditionne les travailleurs à exécuter leurs gestes dès la perception d'un premier signal, ordre, indice ou repère. «Il n'est pas un moment de la vie dont on ne puisse extraire des forces, pourvu qu'on sache le différencier et le combiner avec d'autres» (8, p. 167). Même les ordres verbaux, devenant signaux élémentaires, participent à une distribution temporelle du champ de travail.

1.4. Le temps éclaté de l'ère post-industrielle

«C'est l'extension du marché qui entraîne la nécessité de ne faire exécuter à un seul travailleur qu'un seul fragment d'un processus de production» dit P. Naville (5). L'organisation du travail s'est ainsi engagée dans la parcellisation des tâches, «travail en miettes» selon G. Friedmann (7), en multipliant les opérations, les segmentations, les combinaisons d'opérations. Les notions de coordination et d'automatismes matériels donnent à ces divisions du travail « un raffinement extrême » (l'expression est de P. Naville) au point que — pour cet auteur, — « le terme 'division' convient mal désormais, à la forme des opérations particulières de l'industrie, comme au caractère spécifique du travail des diverses branches de la production et des services. Il se particularise en spécialisations, en répartitions, distributions, séparations, affectations, alternances, différenciations, combinaisons » (5). De même « le terme travail devient lui aussi trop vague. On parle plus volontiers de tâches, d'opérations, ou de fonctions, ou même de rôles, et encore plus généralement de positions, pour désigner les formes particulières de l'exercice d'une activité appelée travail » (5).

Le développement technologique, chaque jour plus avancé, exige non seulement mesure et précision mais aussi sûreté et fiabilité. L'exécution proprement dite des tâches se double d'une démarche de contrôle de la réalisation de ces tâches avec surveillance simultanée et rétroactive du déroulement opérationnel pour s'assurer du bon fonctionnement du matériel et de la qualité des produits obtenus. L'exécutant doit assurer parallèlement sa propre sécurité. *Le temps de travail n'est plus ici linéaire mais brisé dans sa circularité avec des positions temporelles portant sur le présent de l'exécution tout en étant en avance d'elles-mêmes avec un regard sur le futur proche et une rétrospection interrogative sur le juste après de l'opération.*

Spécialisation des fonctions et répartition des tâches impliquent une nouvelle division du travail, à la fois sociale et technique, avec des rapports de hiérarchisation où dominent les notions de décision et d'intégration. La coordination des mouvements diversifiés vise toujours à accroître l'efficacité de la productivité, mais l'attitude vis-à-vis des comportements des exécutants devient autre du fait que ceux-ci jouissent d'une responsabilité accrue pour assurer le fonctionnement correct du fragment de la tâche qui leur est confié et aussi le maintien en état de la technologie instrumentale qui leur appartient. Paradoxalement *ce temps éclaté n'est pas un temps privatif*, du moins en ce qui concerne la séquence opérationnelle elle-même. Si l'homme est un appendice de la technique qu'il utilise celle-ci ne peut rien sans lui; il est un élément essentiel du fonctionnement global. Le point de vue concernant la personne du travailleur peut être autre mais non la réalité concrète de l'exécution en ce qui concerne le segment opérationnel lui-même et le fragment du travailleur qui y est impliqué. Aussi une telle organisation suggère-t-elle la mobilité, la variabilité, le transfert d'opérations dans un système de fonctions intégrées. Rentrent davantage en considération les questions de communication, de code, d'information codée et tout un langage spécialisé propre aux opérateurs humains. Le travailleur en tant que tel se trouve davantage sollicité du moins à un certain niveau de signalisation sinon de signification. Le travail tendant à se constituer en opérations unitaires avec des types de commandes, des types d'exécution, des types de contrôle, et d'un autre côté une différenciation en postes-hommes et postes-machines. Cette spécialisation débouche sur une nouvelle structure des équipes et une polyvalence de l'emploi. Par contre la division du travail dans le temps s'est accrue aussi en fonction même de l'exigence des machines et des techniques d'où une plus grande fragmentation dans l'homme lui-même, dans son intérieur, entre la personne humaine et l'opérateur proprement dit. *Au temps éclaté répond ou risque de répondre un homme divisé.*

Temps mesuré et temps éclaté ne s'excluent pas: ils cohabitent fort bien ensemble. Dans l'orientation contemporaine de l'émiettement des tâches, la mesure est en quelque sorte intégrée dans le segment temporel correspondant à chaque élément opérationnel d'un processus. L'attention est requise pour articuler les divers segments et mener les séquences diversifiées à bonne fin. L'organisation planifiée, le rôle du «bureau d'études» deviennent prépondérants et sont chargés de «penser» le déroulement des opérations pour les exécutants. Les cycles opérationnels deviennent ainsi autres, ce qui suggère une sorte de récapitulation comparative de ces diverses temporalités et de leurs éventuelles discordances avec le temps psychologique propre à chacun.

1.5. Discordances temporelles et psychopathologiques

> *« Les conceptions du temps dans telle ou telle société ou région culturelle reflètent la cadence de l'évolution sociale ».*
>
> A.Y. Gourevitch (10, p. 274).

Dans le temps traditionnel dominent la linéarité, la continuité, l'accumulation passive, la succession «naturelle», le rapprochement des séquences temporelles par similitude, ou par analogie; ces caractéristiques donnent l'impression d'uniformité, de ressemblance, de symétrie, d'un temps égal où le pareil renvoie au pareil d'un moment à l'autre de l'arc temporel. Temps cyclique en segments successifs où le contenu identique impose la presque coïncidence aux divers laps de temps. Les habitudes de la vie et de travail sont inscrites dans une répétition unidimensionnelle et parfois, a-t-on dit, dans la monotonie.

Les plus sages arrivaient à se distraire « en changeant de travail » dans une même ligne temporelle.

Le temps éclaté répond à d'autres critères. Si les tâches industrielles, dites fragmentaires ou parcellaires, sont marquées par la répétitivité des gestes et des conditionnements, on peut augurer que cette répétitivité va favoriser les éclats temporels. En effet les attitudes et les comportements subordonnés aux conduites automatisées des ouvriers spécialisés ou des techniciens présentent *des ruptures* du fait même de cette répétitivité, soit que les scories temporelles s'introduisent subrepticement dans le déroulement d'une séquence de travail, soit que l'accélération du rythme des gestes, les cadences amènent des cassures par sommation, comme si l'écoulement temporel se précipitait et formait des solutions de continuité. Répétitivité et répétition ne sont pas synonymes. Les machines, les agencements d'outils à mouvement rapide ont modifié les rapports instrumentaux des hommes. Les travailleurs ne sont plus les agents directs des mouvements, *ils sont sollicités par les mouvements des machines* : l'ouvrier en devient parfois un accessoire, toujours un élément du fonctionnement. Les cycles d'une telle temporalité sont courts, rapprochés, développés sur un espace bien souvent réduit, le recommencement pouvant apporter à la fois fascination et paralysie, une réduction voire même une suppression de la participation inventive originaire et peut-être aussi un sentiment de monotonie, d'une autre monotonie.

Le temps éclaté mérite ce nom surtout en fonction de la vitesse à laquelle il est lié et aux à-coups et dysrythmies originés par cette vitesse. L'écoulement des segments temporels peut présenter des variantes, une discontinuité voulue. Il peut aussi être voulu isochrone mais la rapidité de succession segmentaire risque d'introduire des oscillations, de faux rythmes, des « extra-systoles » temporelles, un temps syncopé. Ceci pour le mouvement temporel caractéristique d'une série de tâches déterminées. Mais l'irrégularité peut survenir entre le temps de la machine et le temps des hommes. La synchronie des mouvements se rompt, parce que les deux temporalités (du geste opératoire et des mouvements propres aux outils) ne coïncident pas. Ces dyschronies peuvent être facilitées par l'accélération des cadences, par l'état de santé des exécutants ou par des perturbations environnantes. On peut dire que le temps éclaté de l'industrie est discontinu, qu'il peut présenter des arythmies et un certain degré d'aléatoire dans son écoulement.

Trois aspects de ce temps éclaté doivent être encore soulignés : la médiatisation, la marginalité, les relais.

1.5.1. *La médiatisation* tient aux instruments et écrans utilisés, d'une part, et à la répartition des tâches entre les exécutants, de l'autre. Le temps global est ainsi disloqué, fracturé, en fonction de la succession et de l'agencement des tâches. L'organisation est loin d'être linéaire : la succession des séquences n'est pas unidimensionnelle : elle *fait appel à des rencontres brisées de segments temporels* dont l'ordination ne répond plus à une suite simple des parties. Le calcul des distances et du devenir des procédés employés l'emportera sur l'utilisation directe et immédiate des dispositifs instrumentaux. Et même si ces dispositifs sont utilisés de façon directe, le résultat opératoire ne sera obtenu que de façon détournée, après un délai d'attente ou de façon non apparente immédiatement. Médiatisation et participation de plusieurs agents autour des tâches impliquent apprentissage de la temporalité et de la façon de parcourir les espaces mesurables, eux-mêmes dominés par la notion practico-théorique d'espace-temps.

Le temps éclaté subit des distorsions, il est disloqué par rapport au type du temps traditionnel pris comme référence. Il faut se départir de la notion de temps purement linéaire pour mieux saisir que les temps disloqués ne sont pas des temps brisés le long d'un écoulement temporel unidimensionnel. Les temps opératoires exigés par les nouvelles répartitions du travail correspondent à des segments temporels organisés de façon circulaire, spiraloïde, c'est la structure intime de cette temporalité qui impose cette dimension brisée. Les médiations liées à l'exécution, les participations de plusieurs agents à fonctionnalité diverse à une même tâche, ont marqué la nécessité des fragmentations. Mais c'est l'opérativité elle-même qui en signe l'exigence. En effet, les opérations de surveillance et de contrôle l'emportent sur l'exécution proprement dite. L'utilisation d'appareils de mesure et de détecteurs pour vérifier l'exactitude des opérations, a contribué à l'élaboration de nouvelles attitudes exigeant la coïncidence des tâches parcellaires où sont pris en compte *les effets rétroactifs du temps*. Exécuter, surveiller, contrôler, implique *un temps circulaire* à effets multiples. « Un nouveau renversement des valeurs en résulte, dit A. Jeannière, car les heures ne sont fertiles que par une accumulation d'objets étrangers à ceux-là mêmes qui les ont produits. Nous sommes loin du paysan qui contemple le champ fraîchement labouré, de l'artisan qui regarde et manipule son œuvre avec satisfaction » (3, p. 111).

1.5.2. Les modifications des possibilités de coïncidence de temporalités de nature différente, la variation des vitesses d'exécution ou de surveillance, l'articulation des durées préétablies, ont donné à ce temps éclaté une caractéristique nouvelle : *l'incertitude*. Compter avec l'imprévu, l'inattendu devient une obligation, d'où apparition de notions temporelles caractérisées par *leur marginalité*, leur flottement *impli-*

quant des attitudes subjectives de dépossession à l'égard du temps. La permanence et la constante vigilance auprès d'un appareil en état de marche est toujours indispensable, mais l'intervention individuelle sera davantage sollicitée à propos d'une interruption nécessaire en vue d'un changement que pour assurer la continuité du fonctionnement souvent automatique. Les coupures, les arrêts, les «trous» qu'il faut introduire dans une suite temporelle en fonction des actes requis d'exécution-surveillance, parfois orientés dans une direction différente d'ailleurs, *réclament une certaine «marginalité» du travailleur par rapport aux opérations en cours.* Non seulement les distances sont à respecter, mais un certain détachement peut être indispensable pour ne pas «coller» de trop près et pendant trop longtemps à une tâche donnée. Maîtriser le temps, savoir attendre, se réserver, résister aux injonctions des signaux pré-annonceurs du signal déclenchant telle opération, sont des conduites maintenant habituelles. Tout ne se ramène pas à aller vite et à tenir des rythmes rapides, les alternances rythmiques et les articulations de séquences temporelles de durée différente sont de règle.

1.5.3. *La notion d'une loi des relais devient impérative*: temps pleins et temps vides, moments de grande rapidité et moments d'attente se succèdent et alternent. Les accumulations temporelles quantitatives introduisent des brisures nécessaires avec mutations qualitatives. Les rythmes divergents et les disjonctions temporelles cohabitent, dans une même opération, pour faire appel ensuite à des condensations temporelles convergentes exigeant une grande concentration de l'attention et une suite discontinue des gestes. On comprend que les correspondances hommes-machines subissent aussi des distorsions. «Le développement des sociétés industrielles s'est effectué sans aucune référence systématique à l'homme et à sa réalité bio-psychologique» déclare J. Aventur qui souligne que la séparation a été croissante entre le «temps de l'homme» et «les temps socio-économiques» (8bis, p. 235). Ces décalages apparaissent dans les diverses modalités des travaux exigeant des temporalités différentes.

Le temps éclaté appartient à un procès de répétition généralisée qui inclut dans les mailles de son réseau les différences produites tout au long de son fonctionnement. D'où la variété des tâches humaines, des gestes, des opérations qui en font d'ailleurs tout l'intérêt: le pouvoir inventif des hommes est à ce prix. Mais des attitudes rétrospectives persistent, le temps dit traditionnel considéré comme naturel, exerce un poids certain; la préparation insuffisante aux temps des nouvelles divisions du travail peut creuser des écarts. Ces retards, ces inadéquations internes influencent le niveau d'insatisfaction individuel. Le désir est détaché de ses possibilités d'accomplissement; les voies de réalisation en sont différées, d'où mécontentements, regrets, alternance d'espoirs et de désespoirs, formes premières d'un mal que chacun peut ressentir à se vivre et à vivre et qu'il convient de mieux explorer.

1.6. Le regret et l'espoir dans le temps maltraité

> *« La préposition* Entre *n'a plus cours dans le temps; le Présent flanqué d'un passé à son aile gauche, d'un futur à son aile droite est une architecture édifiée dans l'espace et qui tient pour nulle la temporalité ».*
>
> Vladimir Jankélévitch (9, p. 141).

Les trois types de temporalités que nous venons de décrire sont des temps spatialisés. Le temps traditionnel, fondé sur les mouvements de la terre dans sa rotation sur elle-même et dans sa translation autour du soleil est repérable désormais par les calendriers et les paramètres horaires. C'est un temps mesuré, nombré, spatialisé. Le temps de l'époque industrielle a été comme intégré dans la fabrication des marchandises. Si la mesure a pu paraître extérieure au temps et extérieure aux hommes à qui ce temps fut imposé, on se rend mieux compte maintenant qu'il s'agit d'une composante matérielle de la vie et que comme tel ce temps est devenu parcimonieux, « mesuré » dans un autre sens. Le « time is money » des Anglais date de cette appropriation nécessaire du temps, de son juste emploi et de son « bon » emploi. Dans l'évolution de l'organisation des tâches en fonction des progrès techniques, le temps s'est enrichi par sa subdivision. La mesure du temps s'est déplacée pour prendre appui sur le « comptage » des mouvements de façon à pouvoir mieux prendre ce temps en « compte » ensuite dans l'exécution des tâches et dans les produits finis. L'homme est appelé à se situer dans ce temps exogène et à situer ses conduites de travail par rapport à ce temps global. Il a fallu aussi que l'homme apprenne à relativiser son temps à lui et à articuler son temps psychologique avec ses divers temps liés à la vie de travail, à la vie sociale, aux impératifs économiques. La multiplicité des temps montre la complexité de la notion même de temps.

D'un point de vue anthropologique l'homme chemine dans trois types de temporalités. Un temps extérieur qui sert de cadre à sa vie, temps social, historique où s'insère le temps de travail et le temps passé au travail. Un temps propre au travail, décomposable en temps partiels, en fonction des mouvements que nous analyserons dans le suivant chapitre. Et un temps inapparent, particulier aux forces de l'homme lui-même que nous avons appelé temps intensif. Les deux premiers sont mesurables, purement chronologiques, quantitatifs, ce sont de «faux temps» dans lesquels le passé et le futur sont déterminables; c'est du temps-espace, de l'espace temporalisé. La vraie temporalité, le temps pur, celui qui appartient en propre à l'homme est le temps qualitatif, celui qu'il produit lui-même et qui le produit. Le seul, suivant l'expression de Jankélévitch, qui ne tienne pas pour nulle la temporalité dans son irréversibilité. Mais l'homme ne le sait pas, ce serait peut-être son véritable inconscient; et l'homme pense et agit en fonction de ses perceptions et de son savoir, de son idéologie et de ses sentiments. C'est par rapport à ces valeurs que le temps peut être idéalisé, imaginé, rêvé. Entrent ainsi en conflit ces divers temps, entre eux, d'une part, et chacun d'eux par rapport au temps profond de l'homme, aussi.

Le temps traditionnel, dit à tort «naturel», n'était peut-être pas aussi apprécié autrefois qu'il l'est aujourd'hui. Agriculteurs et artisans y étaient attachés au sens fort, sans pouvoir le détourner ni le différer. Avec l'avènement de l'industrie et l'élargissement des villes on a assisté à l'exode rural, aussi bien en fonction des conditions de travail et de vie qu'offraient les concentrations urbaines, qu'à cause du peu d'avantages retirés réellement des travaux de la terre. L'agriculture s'est industrialisée aussi et les conditions de travail ont changé. Tout dépend alors de l'importance des exploitations et des caractéristiques du milieu économique. De toute façon la temporalité s'est modifiée avec l'usage des tracteurs et des moissonneuses à fonctions multiples. Reste le genre de vie, l'habitat plus proche du travail, une coupure moins grande entre sa propre vie et les conduites agraires. Mais ce n'est que tout récemment, dix ans à peine, que l'on enregistre en France, du moins, mais le phénomène semble général, un coup de frein dans l'exode, pour essayer de s'organiser sur place. Sans doute, le *déracinement* n'allait-il pas sans inconvénients. Le travail et l'habitat dans les villes sont devenus plus difficiles. Mais les conditions de vie ont changé à la ferme. Les transports, les media, les objets de consommation sont devenus chose courante et ont contribué à une plus grande autonomie, invitant les jeunes à rester lorsqu'ils le peuvent auprès des aînés pour continuer l'exploitation. Parallèlement, on assiste à un engouement pour la vie à la campagne de la part des gens des villes. Un regret et un retour. De jeunes citadins s'installent dans de petits villages, les reconstruisent, établissent des ateliers d'artisanat.

Les conflits temporels ont existé et existent encore cependant. Le temps traditionnel idéalisé a fait regretter l'autrefois. Des espoirs se sont fait jour en quête d'un paradis perdu. Une espérance a pris corps çà et là pour pallier les inconvénients du présent et du présent de travail surtout. Autant d'énergies perdues pour l'élaboration du présent à soi. Autant de fuites temporelles qui essaient de prendre à revers l'irréversibilité du temps. Autant de défections dans l'élaboration de son temps à soi et de sa propre vie. Lorsque les circonstances n'ont pas permis d'aboutir et que l'issue est restée «coincée» entre le regret du passé et un espoir déjà hypothéqué par un avenir tronqué, la porte est ouverte aux maladies du temps qui concernent en premier le temps de l'homme au travail.

Bibliographie

(1) SIVADON P., La psychopathologie du travail; Médecine et Collectivité, 1957.
(2) FERNANDEZ ZOILA A., Alternance des activités : le travail, le sommeil, le repos, les loisirs; Circulaire d'Information du service de médecine du travail APAS, n° 16, juin 1960.
(3) JEANNIERE A., Les structures pathogènes du temps dans les sociétés modernes, in : Le temps et les philosophies; UNESCO, Payot, 1978.
(4) LE GOFF J., Pour un autre Moyen-Age; Temps, travail et culture en Occident, 18 essais, Gallimard, 1977.
(5) NAVILLE P., Nouvelle division du travail, Encyclopædia Universalis, 1973.
(6) OGUS A., L'organisation scientifique du travail, Encyclopædia Universalis, 1973.
(7) FRIEDMANN G., Le travail en miettes, Gallimard, 1956.
(8) FOUCAULT M., Surveiller et punir, Gallimard, 1975.
(8bis) AVENTUR J., Les cadences et le temps socio-économique, in : A chacun son temps, par Pacault A. et Vidal C., Flammarion, 1975.
(9) JANKELEVITCH V., L'irréversible et la nostalgie, Flammarion, 1974.
(10) Les cultures et le temps, Payot/UNESCO, Paris, 1975.

Chapitre 2
Modalités du temps de travail et désynchronisations

« Vous aimez la vie : ne perdez pas votre temps, car c'est l'étoffe dont la vie est faite ».

Benjamin Franklin

« Tout trouble de la personnalité est lié à un trouble de la temporalité, à une inassomption du temps ».

Eliane Amado-Lévy-Valensi

2.0. Le temps et le temps opérationnel

« C'est le mode de production industriel qui a séparé le temps de l'activité productive, des autres temps sociaux et qui l'a fait entrer dans des cadres temporels beaucoup plus étroits, précis, rigides », écrit W. Grossin (1, p. 411). Ces cadres temporels rigides correspondent souvent aux temps dits «préparés» ou «imposés» qui concernent tant les ouvriers que les employés et même les cadres. Les structures du travail éclaté fonctionnent en faisant appel à une planification très soignée, ce qui permet mobilité et diversité des tâches ainsi que des formes et des modes de travail très variés. Le niveau d'organisation-préparation et le niveau d'exécution sont étroitement liés. «En arrivant à l'atelier, l'ouvrier a «devant lui» un réseau préparé de temps mesurés et, dans le cas des tâches répétitives, composant des ensembles périodiques égaux où il insère ses gestes sans même en avoir le choix», indique W. Grossin (1, p. 412). Ce chercheur a publié plusieurs études sur le temps de travail et ses retentissements sur la vie quotidienne et sur la personnalité des ouvriers, textes qui nous fourniront d'importantes données pour notre analyse. W. Grossin distingue (cf. 1) quatre degrés dans le passage de l'activité artisanale traditionnelle à l'activité de type industriel. Dans l'artisanat comme dans les travaux agraires, le travailleur produit simultanément la tâche et le temps qui lui est propre, contemporainement. Une deuxième forme correspondrait aux situations où le travailleur conserve la possibilité d'organiser son temps de travail à partir d'une tâche imposée. Une troisième modalité serait celle où la tâche et le temps imparti pour son exécution sont donnés ensemble, le travailleur ne pouvant pas choisir son programme mais conservant la possibilité de la distribution des temps actifs et des repos dans le cadre temporel accepté. Enfin, cas de plus en plus fréquent actuellement: tout est imposé, le cadre temporel et les micro-mouvements nécessaires à l'exécution qui se déroule à l'intérieur des limites prévues. «La vie de travail — précise W. Grossin — est totalement réduite à 'observer' ou à 'respecter' les temps préparés» (1, p. 413).

L'étude du temps de travail et des perturbations psychopathologiques qui peuvent lui être liées exigera que nous tenions compte de ces conditions de réalisation. Aussi, sans prétendre être exhaustifs et en limitant les rappels touchant à la psychologie ou à la sociologie du travail au minimum, devrons-nous évoquer les diverses modalités de réalisation du travail afin d'en saisir les retentissements sur les attitudes des ouvriers dans leur façon de négocier le temps opérationnel avec leur propre temps à eux. Six points seront à considérer: 1) l'étude des temps et des mouvements, 2) les modalités d'exécution, 3) les types de travail, 4) la grave question des cadences, 5) les temps imposés et les espaces d'évolution, 6) les désynchronisations proprement dites en distinguant les désynchronisations partielles ou segmentaires et les discordances globales pour mieux aborder les vraies désynchronisations à caractère psychopathologique survenant entre le temps de travail (qui est à la fois un cadre temporel et un champ d'effectuation temporelle) et le temps à soi qui est un processus surtout qualitatif.

2.1. L'étude des temps et des mouvements en vue d'établir les temps préparés

C'est avec Taylor que les mesures ont commencé à se codifier en 1903, par l'étude des mouvements d'un travailleur d'élite d'abord, puis — mais bien plus tard et seulement vers 1927 — à partir de l'ouvrier moyen normal. Le chronométrage permettait de séparer les temps productifs et les temps morts et d'apercevoir leur enchaînement sous forme de cycles. J. Leplat a fait récemment une analyse critique (2) à partir de plusieurs études dont les ouvrages de Gomberg (3), Davidson (4) et d'Abruzzi (5). Seules seront retenues les lignes générales de cette question qui aideront à suivre le rapport dynamique du cycle opérationnel proprement dit et des segments qui en font partie. J. Leplat se réfère à l'ouvrage de Barnes publié en 1949 (6) pour qui importe *un temps de référence* déterminé, une fois obtenue la stabilisation des méthodes de mesure, des matériaux, outillages et équipements. Le but de l'étude est d'aboutir à un cycle opérationnel qui se déroule avec *un minimum de temps morts* et d'obtenir, dans l'exécution, *la meilleure vitesse* compatible avec une production de bonne qualité dans un niveau élevé de rendement. La rapidité dans l'exécution des mouvements résultera de *vitesses stables* c'est-à-dire régulières, uniformes, constantes avec des variables prévisibles dans une continuité donnée. Pour accroître l'efficacité il faudra prendre en compte les *durées* optimales des cycles, celles qui tiennent compte de tous *les modes de variations*. C'est le nombre de mesures et la qualité de l'échantillonnage qui permettront d'étayer l'hypothèse de stabilité.

La suite des temps utiles et des temps morts peuvent donner lieu à des *variations de rythmes* permettant soit de «tenir» les vitesses, soit d'exclure les cassures par «fatigue». Le calcul *du temps normal pour une opération* prend en considération l'ensemble des temps élémentaires, la résultante n'étant pas en effet une simple addition des variations de rythme à prévoir. *Les temps partiels* peuvent varier d'une opération à l'autre. Il s'agit d'obtenir que *temps prédits* et *temps effectifs* coïncident. On pourra parler alors d'un *temps standard* obtenu à partir d'un calcul sur les temps nivelés.

Les normes des temps risquent de se détruire elles-mêmes, selon la variance des segments opérationnels des cycles de travail et d'après les «rythmes habituels» des ouvriers impliqués dans l'opération. On ne peut théoriquement obtenir une fixité absolue. Mais en pratique la notion de vitesse de production tient compte de la vitesse des mouvements et de l'habileté de l'intéressé, ce qui implique la prise en charge des composantes dénommées effort, rapidité, allure.

Les méthodes de mesure ont été très critiquées et J. Leplat dans son article avance plusieurs réserves. Retenons cette suggestion: «les temps de toutes les composantes sont significativement accrus par l'addition de l'exigence perceptive» (2, p. 367). La perception répétée modifie la vitesse et la précision de la suite des gestes.

Dans une perspective psychopathologique il importe de retenir que ces «temps préparés» le sont, en général, sans tenir compte des facteurs humains proprement dits concernant tant la dynamique des suites gestuelles dans leur opérativité concrète que le sentiment qui les accompagne et l'état affectif individuel. Par ailleurs, demeurent ce qu'on appelle le rythme individuel habituel et surtout l'évolutivité du temps propre, de sorte que les mesures proposées se situent toujours entre un état déjà dépassé et un état à venir, l'exécution proprement dite correspondant à un trou du temps individuel qui perd sa substance en quelque sorte pour combler l'effectuation.

2.2. Modalités temporelles de distribution du travail

« Le travail est sans doute l'élément le moins bien partagé de l'existence humaine » écrit P. Naville dans la préface à l'un des ouvrages de W. Grossin consacré à l'étude des horaires, des durées et des rythmes dans le cadre du temps de travail. « Notre comportement — ajoute P. Naville — y découpe, selon les exigences pratiques les plus naturelles, des successions, des alternances, des « ruptures » car, dit-il encore, le travail devient l'enjeu le plus serré de la vie sociale » (7, p. 7).

Le travail fut d'abord envisagé dans *sa durée*. Autrefois la journée était l'unité de travail. Avec le machinisme, la lumière artificielle, les modifications technologiques, le travail a débordé l'horaire du cadre solaire de même que la régularité cyclique du nycthémère et des saisons. On compte désormais le travail en heures. Une législation précise fixe le nombre d'heures par jour, par semaine, par mois et aussi par année, incluant le temps des repos, des congés et des vacances. Il y a lieu de tenir compte *des heures dites supplémentaires*. En France, elles atteignaient encore tout récemment le chiffre de quatorze heures hebdomadaires dans certains lieux ou dans certains postes de travail. Avec la « crise » et l'accroissement du chômage, les choses ont changé. Selon l'enquête publiée en 1969 par W. Grossin (7), la durée du travail hebdomadaire tant pour les ouvriers que pour les employés, oscillait de 45 à 48 heures; la moyenne se situait à 47 heures et demie par semaine. Les données de la législation sont trop connues pour qu'il soit utile de les reprendre ici. Un projet de loi avait fixé les limites à 46 heures par semaine. Mais tout change au jour le jour. Contentons-nous de mentionner brièvement les modalités du travail les plus habituelles actuellement en France, et quelques essais tentés ailleurs; cela dans le seul but de proposer des éléments indispensables à l'analyse temporelle proprement dite.

a) Horaire classique et variations

Le travail dit en horaire normal oscille entre 8 et 10 heures par jour, selon les lieux, accomplis en cinq jours par semaine. L'horaire classique comprenait deux séquences d'égale ou d'inégale longueur, l'une le matin, l'autre l'après-midi avec une coupure à midi pour la pause repas. Le modèle d'horaire continu dit « normal » a subi de telles variations qu'il est impossible de les retenir toutes. Citons-en quelques-unes :

- *La journée continue* devient de plus en plus fréquente avec suppression ou réduction de la pause repas. Parfois l'heure d'entrée au travail a été avancée le matin, ce qui permet de fixer la fin de la journée plus tôt et de libérer une soirée longue. L'habitude s'en étend chez les employés et commence à s'implanter aussi chez les ouvriers, en réponse à des revendications syndicales ou des propositions patronales.

- *Les horaires variables et dits « à la carte »* sont en vigueur dans un certain nombre d'entreprises. Le but est d'obtenir une *certaine laxité temporelle* dans la distribution horaire tout en maintenant un horaire total strict, comptabilisé soit par journées, soit hebdomadairement. Les particularités d'application sont très diverses et plus ou moins souples. Dans les plus heureux des cas c'est le travailleur qui choisit son horaire pour le début et la fin du travail au jour le jour ou selon un ordre fixé par lui quelques jours à l'avance. Si la durée globale reste la même, l'articulation des distributions temporelles ne va pas toujours sans problèmes et il semble que cette pratique en extension cependant ne soit pas réalisable encore ni partout ni pour tous.

- *Les horaires décalés* permettent des variantes sur le modèle de la journée normale ; soit en séparant les séquences du matin et du soir, soit en avançant ou en retardant les séquences de travail en horaire continu pour que deux équipes puissent s'articuler sans interruption (par exemple, 6 h - 14 h et 14 h - 22 h sans travail nocturne, mais avec alternances périodiques des équipes).

b) Travail de nuit

Cette modalité de travail a déjà fait couler beaucoup d'encre. Elle est devenue habituelle depuis longtemps dans certaines industries, dans les hôpitaux, dans les services postaux, dans les transports, etc... partout où aucune interruption du travail n'est possible. C'est aussi depuis longtemps que l'on en a constaté les inconvénients pour certains travailleurs, *en nombre très limité* d'ailleurs. Le travail à la lumière artificielle et de nuit semble en extension cependant. Même dans l'agriculture on travaille la nuit sous les phares pour ramasser les betteraves et pour labourer par exemple. Les inconvénients sont liés à la coupure du cycle nycthéméral. Tout semble dépendre des relations entre cycles de travail et cycles de repos d'une part et de l'éventuelle rotation des cycles de travail diurne et nocturne de l'autre. Des difficultés pour assurer le sommeil et un bon fonctionnement digestif existent souvent.

c) Cycles alternants

Le travail dit en 3/8, dit aussi travail posté, implique, pour assurer un travail permanent des machines 24 heures sur 24 que trois équipes se relaient à tour de rôle. La rotation est de rythme variable, toutes les semaines, chaque 10 à 15 jours. Il semble que ce soit le travail de nuit qui entraîne, là aussi, le plus d'inconvénients bien que le fait même de l'alternance, travail du matin, de l'après-midi ou de la nuit ne soit pas toujours sans conséquences. Des difficultés d'adaptation peuvent se manifester et se répercuter tant sur le travail que dans la vie sociale et sur le travailleur lui-même.

Dans la marine, le travail se fait par quarts, la relève survenant chaque six heures. Et dans certains lieux de travail, centres nucléaires par exemple, recueillant d'anciens marins, bien que fonctionnant en 3/8, on continue à «être de quart».

Le travail en cycles alternants s'accompagne souvent de «primes» : primes de nuit, heures supplémentaires...

Les horaires alternants introduisent, selon certains travailleurs, une souplesse temporelle qui permet d'organiser sa vie en fonction des temps libres, mais, pour la plupart, ils sont ressentis comme accroissant la contrainte temporelle. Ils aggravent toujours l'empreinte du temps exogène quelle que soit la façon subjective de la vivre.

d) Temps comprimés

Pour essayer de gagner du temps, des expériences sont entreprises çà et là, soit pour réduire la longueur globale de la période hebdomadaire consacrée au travail, soit pour économiser le temps d'une même opération. Citons deux faits.

- La condensation des tâches. Plusieurs opérations sont ramassées en une seule, à l'aide de dispositifs techniques : le cycle opérationnel est réduit au déclenchement de l'opération et au constat de l'effet produit.

- La semaine comprimée : tentatives pour effectuer le travail en 4 jours voire en 3 jours. Dans une expérience anglaise en trois jours la production n'avait baissé que de 20 % — par rapport au travail effectué en cinq jours.

Ce travail comprimé serait davantage source de fatigue et de vieillissement d'après certaines observations.

2.3. Le temps selon les types de travail

La première comparaison qui s'impose dans la façon de traiter le temps concerne *le travail dit au rendement* ou aux pièces et le *travail mensualisé*. Si le travail au rendement a été de plus en plus décrié puis progressivement abandonné, cela tient au fait que le temps y est à la fois condensé, comprimé et saturé en possibilités productives, pour obtenir la meilleure productivité possible, le gain variant en fonction du résultat. Dans le travail mensualisé le temps peut prendre une allure plus douce, les séquences temporelles pouvant jouir d'une densité moins condensée et de certaines laxités.

Le travail à la chaîne est trop connu aussi pour qu'on s'y attarde. Rappelons que le travailleur limite son action à une ou plusieurs opérations, ramassées en une unité opérationnelle toujours la même, répétitive, faite à la même place. Le temps se raréfie et devient un simple signal sur ce champ de travail qui doit impérativement être rempli par les opérations exigées pour que la pièce en usinage suive son cours et aille vers le travailleur suivant. Temps-signal qui n'est plus un véritable temps mais un repère rythmé, un marqueur, qui marque un début et une fin, laissant dans l'entre-deux la place juste préparée pour l'exécution attendue.

Le travail automatique ou semi-automatique réduit sans doute la peine physique du travailleur. On a dit par contre que cela le réduisait à être un simple presse-bouton. En réalité une grande disponibilité de l'attention et des qualités perceptives particulières sont requises de l'opérateur. Un autre avantage de ce type de travail est celui d'être « un travail propre ». Dans l'ensemble les travailleurs que nous avons observés assurant ce genre de tâches se sentent valorisés et contents, tels les conducteurs des réacteurs nucléaires (cf. 8).

D'autres typologies pourraient faire appel aux différences enregistrées entre hommes et femmes, ouvriers et employés, cadres, carrières libérales, postes d'enseignement, de santé... tout serait à passer en revue... Retenons cette modalité introduite par le fait que le travailleur exécute son *travail seul ou en groupe* ou qu'il s'agisse d'un *travail en équipes*. En effet *la dimension sociale modifie l'appréciation et le sentiment individuels du temps* et soulève des questions spécifiques quant aux rapports temporels intra et inter-groupaux. Une incidence sociologique serait aussi à retenir selon que le travail est dirigé de façon hiérarchique stricte ou selon qu'il est décidé en systèmes d'autogestion (ce qui est encore exceptionnel) ou en système de participation, ce qui commence à être plus habituel quelle que soit la forme de cette participation : directe ou indirecte par l'intermédiaire de délégués.

Modalités temporelles du travail et types de distribution des tâches demandent que soit explicitée la place du temps, que soient examinées les interactions et les possibles intégrations entre les divers types de temps : temps de travail, temps sociaux, temps économiques, temps biologiques, temps psychologiques et surtout entre le temps quantitatif exogène et la quantification du temps qualitatif personnel tout au long d'une vie d'homme.

2.4. Les cadences des temps imposés et la durée du travail

« Le temps, de toute évidence est devenu un bien plus précieux que jamais. On ne le compte si finement que pour mieux l'épargner, l'organiser, l'utiliser ou le dépenser » souligne W. Grossin (7, p. 186). Chacun compte le temps passé au travail mais pas dans le même sens ni dans les mêmes buts. Le temps imparti au travail : temps global et sa distribution, semble la revendication numéro un dans le présent et pour l'avenir. Chacun s'accorde d'ailleurs à penser que sa durée puisse être réduite ou délimitée autrement sans que la productivité en souffre. Il n'est pas sûr que, l'expansion industrielle et commerciale amorçant actuellement une phase de relative « récession » à cause de la pénurie déjà toute proche en matières premières et en sources d'énergie, il ne faille limiter réellement le temps de travail brut. Le tout sera que réduction et re-distribution aillent de pair non seulement pour accroître le temps de non-travail mais aussi pour promouvoir une bonne utilisation de celui-ci. « On peut se demander — écrit encore W. Grossin — si les conditions futures de la production n'influeront pas davantage sur des caractéristiques autres que la DUREE ; sur la structure des temps de travail interne, sur la stabilité hebdomadaire et annuelle des durées de travail, sur la distribution des temps de travail dans la journée, la semaine ou l'année notamment » (7, p. 146).

Il est certain que les hommes apprennent à mieux utiliser le temps, à faire plus de choses dans le même temps, à intégrer en eux les grandeurs vitesse et aménagement des rythmes notamment. Dans le sport de compétition cela se constate tous les jours. Les nageurs sous-marins arrivent à aller plus profond et à prolonger leur période d'apnée, c'est dire que les fonctions physiologiques ne sont pas immuables et que, apprentissage et savoir-faire aidant, rien ne semble impossible à l'homme. De même le sentiment vécu du travail influe sur les retentissements enregistrés. Tout est et sera fonction de la façon, pour chacun, d'aménager ce temps de travail, de la manière de l'intégrer dans un style de vie et aussi de la qualité des relations des divers temps entre eux.

Humaniser le travail implique sa réduction globale et une modification des modalités d'exécution. Ce qui, en Occident du moins, semble progresser peu à peu. Si on a pu décrire des «névroses» liées au déroulement du travail dans certains métiers (névrose des téléphonistes et des mécanographes étudiées par L. Le Guillant et coll., 9 et 10), la plupart de ces occupations sont en voie d'automatisation ou sont déjà automatisées. Si les «cadences» ont été incriminées globalement quant à leur intensité et à leur fréquence, la question semble se déplacer sur la notion de répétitivité particulièrement nocive pour certains sujets, entraînant des ruptures temporelles sur lesquelles nous nous attarderons au suivant chapitre. La question majeure plus que vers la durée et les cadences prises en brut, s'oriente vers la possibilité d'harmonisation des divers temps en fonction des biorythmes individuels d'une part et dans les échanges avec la construction du temps personnel de l'autre. C'est ce que la notion *de désynchronisation* nous aidera à mieux comprendre.

2.5. Temps imposés et espaces d'évolution

> «Dans la mesure où les concepts de temps et d'espace sont inextricablement liés, l'élimination de la dimension temps affecte également la dimension espace».
>
> E.T. Hall (12, p. 118).

Quels que soient la modalité de travail et le type des temps imposés par les conditions de l'activité professionnelle, celle-ci se déroule dans un espace autour d'un poste précis, dans un local déterminé, lui-même sis dans un atelier, une usine, un lieu. Temps de travail et espaces où évoluent les activités professionnelles sont étroitement liés, d'autant que, sur le plan individuel, les données spatio-temporelles correspondent à une «représentation» et à une «configuration» individuelles, sorte «d'Umwelt» selon le terme de J.V. Uexküll ou environnement perceptif ou milieu vécu. Cet auteur, biologiste et physiologiste, dans un texte de 1934 «Mondes animaux et mondes humains», nous invite à dégager un monde actif appartenant à chacun, homme ou animal: «C'est seulement — écrit-il à partir des remarques concernant l'espace visuel — lorsque nous nous représentons ces faits de manière concrète que nous découvrons aussi dans notre milieu *des bulles* qui nous enferment chacun dans notre monde. Nous voyons alors que *tous nos semblables sont entourés de bulles transparentes* qui s'entrecoupent souplement, parce qu'elles sont constituées de signaux perceptifs subjectifs. *Il n'existe assurément pas d'espace indépendant des sujets*. Si nous nous en tenons à la fiction d'un espace universellement englobant, c'est simplement parce qu'une telle convention facilite la communication» (11, pp. 36-37 n.s.).

Formes et mouvements s'organisent en systèmes perceptifs supérieurs qui intègrent tous les éléments de perception ayant une signification pour l'intéressé. Edward T. Hall en a développé l'étude selon l'autoconnaissance que chacun a de son espace de vie et suivant l'utilisation pratique de cet espace. Espace personnel, espace social, espace d'habitation, espace de travail, se rejoignent et se synthétisent en fonction d'un espace culturel propre à chacun. «Le terme de PROXEMIE — dit Hall — est un néologisme que j'ai créé pour désigner l'ensemble des observations et théories concernant l'usage que l'homme fait de l'espace en tant que produit culturel spécifique» (12, p. 13). On sait par ailleurs que certains anthropologues américains dont F. Boas, E. Sapir, B. Lee Whorf avaient mit l'accent sur cette notion que les individus appartenant à des cultures différentes habitent des mondes sensoriels différents. Nous mentionnerons ultérieurement certaines incidences portant sur la façon de vivre et de produire le temps, sans pouvoir ni être exhaustifs dans cette référenciation anthropologique ni prétendre dégager une historicité précise de l'invention et de l'évolution de ces notions culturelles et anthropologiques à propos du temps.

«L'homme est le créateur — insiste E.T. Hall — d'une dimension nouvelle, la dimension culturelle, dont la proxémie ne livre qu'un élément» (12, p. 17). A partir des remarques de H. Hediger sur les animaux et des notions de distance de fuite et de distance critique délimitant la zone de vie ou *territoire*, on peut déduire pour l'homme une distance sociale incluant des dimensions distantielles spatio-temporelles. E.T. Hall aboutit à une classification «proxémique» selon l'organisation de l'espace. L'espace anthropologique comporte des zones à organisation fixe qui impliquent des hiérarchisations et des zones à organisation semi-fixe qui, selon la direction par rapport au sujet, se différencient en espaces socio-pètes et socio-fuges selon le trajet des échanges, tout en incluant les rythmes de fréquence et la durée des déplacements. E.T. Hall distingue dans son ouvrage «La dimension cachée» quatre distances coexistant chez tout humain: intime, personnelle, sociale et publique, dont chacune répond à deux modalités: proche et lointaine. Ces distances sont autant d'extensions et de prolongements fabriqués par l'homme et font partie intégrante de lui-même dans son développement en situation culturelle. *Les distances intimes* délimitent les échanges sensoriels, visuels, olfactifs, auditifs et les contacts, le mode proche concerne les actes intimes du corps à corps (l'acte sexuel par exemple), le mode lointain que E.T. Hall situe à 15 à 40 centimètres (cf. 12, p.148) délimite l'aire où les mains peuvent entrer en contact. *La distance personnelle* correspond à une petite sphère protectrice ou «bulle» dont le mode proche oscille entre 45 et 75 cm et le mode lointain entre 75 et 125 cm. *La distance sociale* concerne les rapports sociaux correspondant aux positions, au jeu des comportements et des regards, à la portée de la voix; le mode proche se tient entre 1,20 m et 1,80 m, le mode lointain va de 2,10 m à 3,60 m. *La distance publique* déborde le cercle individuel, elle est imposée par les relations d'ordre social dans le domaine des institutions là où «il faut savoir tenir ses distances» comme le suggèrent depuis toujours les connaissances empiriques et le savoir-vivre; le mode proche varie de 3,60 m à 7,50 m, le mode lointain se limite à 7,50 m ou davantage. Ces enveloppes spatiales «contiennent» des sensations et des perceptions, correspondant à un certain volume d'air, s'accompagnant de sentiments de chaleur, de froid, d'effusion, de retenue... ensemble d'éléments «socialisés» selon les règles de la bienséance et qui se font l'écho du bien-être individuel.

Les différentes cultures déterminent des distances diversifiées dans la manière de se comporter et d'extérioriser les attitudes. Il va sans dire que dans le domaine du travail ces espaces évoluent en fonction de la temporalité mise en œuvre et que celle-ci a des effets différents selon l'espace considéré aussi bien en tant qu'espace pur, territoire délimité par des distances, qu'en tant qu'espace aménagé, habité et balisé par les coutumes et les habitudes. Que ce soit dans le travail en atelier, pour l'aire d'activité rattachée à un poste de travail donné, que dans l'instauration des rapports inter-individuels et le maintien des hiérarchies sociales... comme dans les activités commerciales exigeant des déplacements, partout, on trouve ces variances «proxémiques» à l'œuvre. La «*distance*» n'est nullement une grandeur purement spatiale et seulement quantitative, mais une variable qualitative remplie de sensations éprouvées dans laquelle le sujet dépose les aspects affectifs de sa vie personnelle. L'évolution des espaces de travail en fonction des temps imposés ou proposés demande à être prise en compte pour respecter les dimensions tolérables minimales d'abord, et pour permettre une dilatation correcte des comportements de chacun, ensuite. Les enseignements socioculturels viennent ici compléter fort utilement les données chronobiologiques et peuvent par là tempérer les excès de la chronométrie.

Après Sapir et Whorf, E.T. Hall ne manque pas de souligner que l'espace organisé est aussi un espace parlé. Le langage joue un rôle majeur comme nous le verrons incessamment pour le temps. E.T. Hall cite cette phrase de «Pilote de guerre» où Saint-Exupéry, grand observateur, résume bien cette problématique: «Mais je comprends aussi que rien de ce qui concerne l'homme ne se compte ni ne se mesure. L'étendue véritable n'est point pour l'œil, elle n'est accordée qu'à l'esprit. Elle vaut ce que vaut le langage, car *c'est le langage qui noue les choses*» (cf. 12, p. 119 n.s.).

2.6. Psychopathologie des désynchronisations

«Le chasseur, le pêcheur, le pâtre vivaient en dehors du temps abstrait et mesurable. Leur temps était concret, en ce qu'il se modelait sur leur activité. Elle fixait les limites de l'heure et lui donnait sa valeur, tandis que la part principale de nos occupations obéit à l'horaire, à l'horloge. Distinction fondamentale: une heure de chasse, une séance au Parlement, une heure de travail dans une entreprise mécanique peuvent se remettre: on peut les pousser çà et là, comme les boules d'un boulier, ou les substituer l'une à l'autre». Ainsi s'exprime Ernst Jünger (13, p. 190) pour différencier les *temps concrets* et les *temps abstraits*. Mais il ne faut pas se faire d'illusions, ce temps concret a été «concrétisé» c'est-à-dire construit à partir de repères spatiaux. Tous les temps, à partir du moment où ils sont représentés, sont abstraits et du fait qu'ils sont plus ou moins mesurables, ils sont spatialisés. Ce que souligne Jünger aussi c'est l'équivalence des temps à partir de leur mesure par les horloges. Et ce sont précisément ces équivalences qui se sont multipliées dans le travail sans tenir toujours compte de la réalité biologique, psychologique et sociale des hommes.

Les vols intercontinentaux ont montré d'une façon «concrète» les inadaptations au temps. Les pilotes de ligne qui franchissent d'un seul bond plusieurs fuseaux horaires dans le sens ouest-est (les vols est-ouest ne semblent pas avoir les mêmes conséquences) sont victimes de certains troubles dont des perturbations du sommeil et de la digestion. Les Anglo-Saxons ont décrit le syndrome du «jet-lag» où se joignent fatigue et inefficacité, troubles qui peuvent durer de deux à quatre jours. D'une manière «empirique» était ainsi démontrée l'existence d'une perturbation des biorythmes que nous avons décrits au deuxième chapitre.

Ces rythmes biologiques circadiens ou nycthéméraux sont innés, autonomes, auto-entretenus. Des synchroniseurs ont agi sur les biorythmes de base cependant et ont contribué à les former, dont l'alternance lumière/obscurité. D'autre part les synchroniseurs sociaux sont en interaction et agissent sur les biorythmes et sur leurs variations d'amplitude. Le développement récent des études comparées des chronogrammes permet de connaître ces variations et les connexions neuro-endocriniennes. Il ne semble pas qu'il existe un «centre» régissant la rythmicité des comportements. Le rôle des facteurs externes, sociaux, ainsi que les interactions des divers types de temps sont moins bien étudiés encore. La physiologie du travail en fait grand cas et on sait que tous les travailleurs ne supportent pas les rythmes alternants, les périodicités instables ou le travail de nuit. Citons une recherche récente de A. Reinberg et coll. effectuée en France sur un groupe de travailleurs fonctionnant en système 3/8, à rotation hebdomadaire.

A. Reinberg (14) a étudié l'évolution de vingt ouvriers soumis à des changements d'horaire en système 3/8. Ils avaient appris à s'observer et à noter les variations individuelles. Les données de cette autométrie ont permis de noter des perturbations diverses dont la plus importante portait sur le couple sommeil-fatigue. Les amputations de sommeil nocturne ou la simple diminution de sa durée, entraîne de la «fatigue». Les auteurs en distinguent deux types: «la première exprimée comme une sorte d'épuisement et richement verbalisée, apparaît durant le quart du matin et résulte probablement d'une privation de sommeil et de sa mauvaise distribution temporelle: elle est associée à une altération mineure de la structure temporelle. Le second type de fatigue, plus subtil, principalement révélé par l'auto-estimation itérative de l'humeur et de la forme physique, apparaît durant le quart de nuit; il est probablement relié à une altération de la structure temporelle. Ce type de fatigue est sans doute lié au dyschronisme» (14, p. 391).

On peut signaler aussi *des désynchronisations partielles* survenant au sein même du cycle opérationnel dans la mesure où les cadences imposées représentent une trop forte condensation de temps. Les divers éléments et les mouvements segmentaires ne peuvent pas être reproduits en totalité à tous les étages de la participation neuro-musculaire. Si la gestualité est d'abord correcte, la répétition finit par la dérégler comme s'il y avait un phénomène de saturation dans l'itération. On assiste à un déphasage entre les rythmes d'exécution au niveau des doigts et le développement des circuits nerveux proprement dits. Entrent en jeu sans doute les biorythmes primaires mais aussi le fait d'un apprentissage insuffisant ou trop rapide qui n'a pas permis d'élaborer avec assez de finesse et de persévérance les «moules» plastiques pour un bon déroulement opérationnel.

Les désynchronisations globales ne semblent pas le fait unique d'une violation des rythmes de base, mais plutôt la mise en cause du tout de l'homme en tant que carrefour temporel. Un exemple peut illustrer ceci. Nous avons vu récemment un jeune homme âgé de 21 ans employé aux P et T depuis un an. Embauché pour un travail de nuit, au tri postal, après un an de service il est muté en service de jour. Or voilà qu'à peine huit jours plus tard, il présente un syndrome délirant qui a été une forme d'entrée dans une évolution schizophrénique. Les données biographiques révélaient une enfance difficile dans un foyer désuni et une situation conflictuelle récente qui lui avait imposé de vivre seul. Il est probable que la production psychotique évoluait à bas bruit et que le travail nocturne était fort bien toléré avec un sommeil diurne le matin et la préparation lente et organisée au cours de l'après-midi au travail du soir. Nul doute que le changement d'horaire a perturbé cette organisation; il n'arrivait plus à se retrouver dans son emploi du temps. Mais peut-on dire que le facteur biorythmique est le fait premier, du moins en fonction des horaires noctures/diurnes du travail? Le doute est permis en tout cas. Peut-être peut-on présupposer une désynchronisation plus profonde soit spontanée soit liée à un facteur d'excitation-accélération interne provoquée par une cause qui nous échappe et dont le changement d'horaire a été le révélateur. Mais de toute façon pendant l'année de travail continu, une certaine organisation temporelle avait été élaborée qui fut suivie d'une rupture. Or on sait par ailleurs, les auteurs soviétiques l'ont signalé, qu'il est souhaitable de proposer aux sujets pré-schizophrènes ou schizophrènes des heures de travail calmes, à l'abri des trop forts stimuli et éventuellement de le leur faire exécuter la nuit. Cet exemple dont les enseignements sont à méditer, où une désynchronisation première se transforme *en rupture de vie* du fait d'une *réelle rupture temporelle* n'est pas le fait, répétons-le, d'une simple brisure de biorythme. Nous analyserons les ruptures temporelles au suivant chapitre.

Evoquons ici encore la question des *rythmes individuels* au sens large. P. Sivadon, en 1952 et en 1954 (15 et 16), précise les variations du rythme personnel en fonction des caractéristiques temporelles du travail selon que les fréquences sont rapides ou lentes, régulières ou irrégulières, et les perturbations qui s'ensuivent. En 1956, dans une étude sur le travail rythmé, à propos de tâches manuelles (ramassage des pommes de terre) (17), sont isolés, après une minutieuse description de la gestualité, deux types de rythmes: *l'un rapide et irrégulier avec pauses, l'autre lent et régulier*. Des perturbations peuvent découler d'une imbrication plus ou moins bonne entre la distribution du travail et ces rythmes personnels. Le travail exécuté à une cadence rapide entraîne une tension interne chez ceux qui possèdent un rythme régulier, tension qui peut se liquider dans les phases de détente jusqu'à ce qu'une automatisation relative soit acquise; par contre, chez les sujets à rythme irrégulier, la rapidité déclenche de l'irritabilité. Un rythme personnel contrarié se dresse comme un écran entre l'homme et le milieu. P. Sivadon décrit un *«cycle opérationnel» individuel*, variable selon les circonstances: «le cycle opérationnel, sous son aspect d'éternel recommencement, représente certainement pour l'individu une des grandes lois de la vie» (17, p. 228). Ce cycle opérationnel aurait donc une valeur purement individuelle, centrée sur la valeur subjective de la durée vécue par le travailleur pendant le déroulement de la courbe gestuelle appelée à se répéter indéfiniment.

Le rythme individuel ne saurait être une simple disposition innée; elle serait plutôt la résultante de la combinaison des rythmes physiologiques originaires, de ceux qui sont élaborés pendant la prime enfance et de ceux qui sont apportés par l'apprentissage. A ces structures temporelles, faut-il encore ajouter les changements et les micro-modifications acquis tout au long de l'histoire individuelle, sous les influences sociales (rôle des mécanismes mimétiques) et ceux élaborés au cours de la construction de la personnalité où interviennent les déploiements émotionnels, les nouvelles formes de sentir apprises par l'individu, et le rôle modulateur du langage et des productions discursives. Le terme de «rythme personnel» correspondrait à une certaine disposition acquise, faite de composantes biologiques et psychosociales, en rapport avec un type de fonctionnement temporel et considéré à un moment donné.

P. Sivadon a insisté sur les variantes possibles de ces rythmes: leur vitesse (lente ou rapide), leur régularité ou irrégularité. D'autres aspects de la temporalité entrent en lice: elle peut être absorbée ou produite par la gestualité, elle évolue. Apparaît enfin, la notion de *temps contraint*, non seulement en tant que conséquence de la poussée des *contraintes temporelles exogènes* mais aussi en tant que production spécifique du temps. Si le déroulement temporel d'une série de gestes s'élabore selon une fréquence rapide et régulière, il est à craindre que les limitations exogènes des séquences temporelles amènent celles-ci à se réduire, à se «refouler» intérieurement sous un mouvement réactif qui agit contre elles. Le temps contraint n'est pas un résultat passif mais une création individuelle, une condensation qui va entraîner des troubles pouvant se manifester localement et régionalement (douleurs, fatigue, pesanteur) ou, de façon globale, dans le versant psychopathologique. Ces difficultés seront plus accusées et apparaîtront plus vite, dans les cas où le « rythme » est rapide et irrégulier. Les meilleures adaptations correspondent aux fréquences lentes et régulières, surtout si les sujets qui les développent possèdent la faculté de les faire varier et de contrôler ces variations en introduisant des pauses, des accélérations ou des ralentissements, soit en fonction des impulsons reçues soit en fonction des modulations d'activité de la vie intérieure. Nul doute non plus : les adéquations les plus satisfaisantes correspondent aux contraintes temporelles acceptées ou désirées par les travailleurs qui peuvent ainsi mieux organiser leurs temps contraints.

L'homme est « un carrefour temporel », il est siège et producteur à la fois d'une multiplicité de temporalités. La relation apparaît plus nette aujourd'hui, entre ces rythmes biologiques liés au fonctionnement cellulaire ou intercellulaire (on sait par exemple, que les cellules cardiaques vivantes se mettent à battre spontanément lorsqu'elles sont mises en contact) et le temps produit par chacun, dans les diverses circonstances de la vie et tout au long de l'histoire. Le temps physique recueille le temps cosmique et se prolonge dans le temps biologique... tandis que le temps des gestes et des comportements baigne dans le temps social. C'est pourquoi, cette notion de « rythme personnel » mérite attention.

Chaque situation de travail ne répond pas à un seul temps mais est le lieu *d'associations temporelles* qui risquent d'accroître les possibilités de désynchronisation. Les effets des contraintes temporelles sont parfois « insupportables dans certains travaux à la chaîne », commentent J. Leplat et X. Cuny, lorsque le temps d'exécution accordé à l'ouvrier est court et ne peut être dépassé... les temps des cycles étant courts, les phénomènes de régulation pourront difficilement jouer : un retard en cours du cycle, surtout à la fin, ne sera récupérable qu'au prix d'une hâte excessive et coûteuse pour l'organisme » (18, p. 192). La vitesse d'exécution s'acquiert progressivement, aussi les contraintes seront-elles surtout subies par les débutants. Les mêmes auteurs signalent les effets nocifs des « montées en cadence, lors d'un changement de fabrication. L'accroissement progressif de l'allure de la chaîne étant en général plus rapide que le taux d'apprentissage moyen, il en résulte des charges excessives pour beaucoup d'ouvriers. C'est à ce moment que les troubles nerveux (crises de nerfs, évanouissements) sont les plus fréquents. Les contraintes temporelles deviennent encore plus fortes avec la fatigue, puisque celle-ci tend à allonger la moyenne et la dispersion des temps d'exécution » (18, p. 193). Ces dyschronies des temps d'exécution se retrouvent dans les temps de contrôle des produits, tant la discordance des temps suit l'éclatement des tâches. Si autrefois on pouvait parler d'*un temps indifférencié* qui se modulait, si on peut dire, sur les tâches à accomplir, et suivait leur exécution tout au long de leur déroulement, désormais les temps et les tâches se sont séparés et les opérations doivent se «couler» dans les moules des temps proposés.

D'autres dyschronies s'affirment le long des cycles annuels. A. Reinberg signale que l'homme conditionné par l'évolution est plus résistant en été et beaucoup moins en hiver et qu'il apparaît pour le moins paradoxal de continuer à prendre les vacances en août «quand notre corps en a le moins besoin et de fournir le maximum de notre travail l'hiver quand le bon fonctionnement de notre organisme est le plus menacé» (19, p. 15). Le temps biologique est remodelé par le temps social et historique et cède la prévalence à la temporalité produite par cet univers d'artifices qu'est l'homme en définitive.

2.7. Le temps et les femmes

Les femmes, le temps, le travail constituent une problématique complexe. L'histoire de la place de la femme dans le monde du temps de travail est à préciser. On peut avancer que cette position ne fut pas, n'est pas encore, valable. Le temps de travail (aux champs, à la maison, à l'usine, au bureau, en exercice libéral, dans les hôpitaux, dans les écoles...) n'a pas toujours laissé à la femme le temps de vivre, de se vivre en tant que femme.

Posons quelques jalons (provisoires), en nous référant aux documents réunis par E. Sullerot dans le «Fait Féminin» (20). L'équipement neuro-biologique présente des différences inter-sexuelles. Les affects, les émotions, les aspects cognitifs, l'espace, le temps, ne se distribuent pas dans les mêmes aires bihémisphériques de la même manière. Si les influences sociales ont fait que les responsabilités dans le monde du travail ne sont pas les mêmes, il y a lieu aussi de tenir compte des particularités concernant le sentir, le percevoir, le produire des temporalités. Spécificité, différences ne sont pas synonymes de hiérarchie.

Plus globalement, la femme a à partager (et à se partager) le temps de travail et le temps de la famille, le temps du ménage et le temps au-dehors, le temps de la maternité et le temps ultérieur de continuer à être mère. La femme «jouit» d'une temporalité plus axiale, plus centripète; elle a une modalité d'être, autre: son temps d'être femme est sans cesse à conquérir.

2.8. Conclusion: effets à distance de l'émiettement du temps

« L'activité atomisée par un temps haché, c'est-à-dire l'utilisation de l'homme dans un temps qu'il a cessé de régler, de construire lui-même au cours de son activité productive, détruit sa personnalité » tranche W. Grossin (1). Ses observations comparatives auprès des travailleurs de l'horlogerie répartis en deux groupes les uns travaillant au rendement les autres au mois, où la plupart soutiennent une cadence, obéissent à une norme, occupent une place dans une chaîne, lui permet de penser que la non-structuration par chaque intéressé de son temps de travail, lui est nocive. S'associent, contre l'individu, la pression temporelle des cadences (indépendamment des nuisances éventuelles liées à leur excès que nous analyserons dans les ruptures temporelles par sommation au chapitre 3) et l'encadrement temporel des normes à respecter. Ceci constitue un *temps dur* qui désorganise le véritable temps personnel et rend inopérant *le temps mou* des loisirs. Ces constatations présentent une plus grande sévérité que les remarques avancées par G. Friedmann en 1956 dans son « Travail en miettes » où une issue paraissait possible à travers le temps disponible, les hobbies et les loisirs à organiser. Pour W. Grossin, l'ouvrier soumis aux temps mécanisés vit dans un passé court avec un avenir borné et un présent relativement vide: « incapable de produire son propre temps il a de moins en moins de lui-même à exprimer, victime d'une véritable perte d'être » (1). D'où nécessité d'examiner aussi ces confluences temporelles dans une perspective synthétique.

Bibliographie

(1) GROSSIN W., L'influence des temps de travail industriels préparés sur la personnalité des ouvriers; *Journal de Psychologie*, 1973, n° 4, pp. 409-425.
(2) LEPLAT J., L'étude du travail; Quelques travaux critiques sur l'étude des temps et mouvements, *Bulletin du C.E.R.P.* 1956, V. 3, pp. 351-368.
(3) GOMBERG W., A trade union analysis of time study, New York, Prentice Hall, 1955.
(4) DAVIDSON H.O., Functions and bases of time standards, Colombos, American Institute of Industrial Engineers, 1952.
(5) ABRUZZI A., Work measurement. New principles and procedures; New York, Columbia University Press, 1952.
(6) BARNES R.M., Etude des mouvements et des temps, Paris, Les Editions d'organisation, 1949.
(7) GROSSIN W., Le travail et le temps. Horaires, durées, rythmes, Anthropos, 1969.

(8) SIVADON P., FERNANDEZ A., L'étude des attitudes psychologiques des travailleurs nucléaires vis-à-vis du risque radioactif, EURATOM, Bruxelles, 4198 f., 1968.
(9) LE GUILLANT L. et coll., La névrose des téléphonistes, *La Presse Médicale*, 1956 n° 13, pp. 274-277.
(10) LE GUILLANT L., Introduction à une psychopathologie sociale, *L'Evolution Psychiatrique*, 1954, n° 1, pp. 1-52.
(11) UEXKÜLL J.V., Mondes animaux et monde humain, Coll. Médiations, Gonthier, 1965, (1re éd. fr. 1956); L'ouvrage comprend deux textes: 1) Mondes animaux et monde humain, 1934; Théorie de la signification, 1940.
(12) HALL E.T., La dimension cachée, Seuil, Points n° 84, 1978 (1re éd. fr. 1971; 1re éd. New York 1966).
(13) JÜNGER Ernst, Essai sur l'homme et le temps, Bourgois, 1970 (1re éd. alld., 1951 et 1954).
(14) REINBERG A. et coll., Etude chronobiologique des effets de changements d'horaires de travail (autométrie de 20 sujets postés; système des 3 × 8 à rotation hebdomadaire). *Archives des maladies professionnelles*, 1973, t. 35, pp. 373-394.
(15) SIVADON P., Psychopathologie du travail, *L'évolution Psychiatrique*, 1952, n° 3.
(16) SIVADON P., L'adaptation au travail en fonction des niveaux de maturation de la personnalité, *Le travail Humain*, 1954, n° 3-4.
(17) SIVADON P., BALLIER C., Etude sur le travail rythmé, *Le Travail Humain*, 1955, n° 3-4, pp. 224-229.
(18) LEPLAT J., CUNY X., Introduction à la psychologie du travail, P.U.F., 1977.
(19) L'homme malade du temps, Pernoud/Stock, 1979; Recueil de plusieurs textes de A. Reinberg, P. Fraisse, C. Leroy, H. Montagner, H. Péquignot, H. Poulizac, G. Vermeil.
(20) SULLEROT Evelyne, Le Fait Féminin, 1 vol., Fayard, 1978 (Recueil des textes d'un colloque organisé par l'UNESCO).

Chapitre 3
Les ruptures temporelles

> « *Il nous faut apprendre maintenant de quelle manière notre organisme peut (ou ne peut pas) s'adapter aux modifications du temps plus ou moins directement liées à l'essor technologique et industriel du XXe siècle* ».
>
> A. Reinberg (10, p. 19).

> « *Il faut, en permanence, être resté l'homme de l'effort, l'homme de l'exercice, l'homme qui sait se détendre et se reposer, l'homme qui sait apprendre, tout en continuant une tâche professionnelle proprement dite* ».
>
> H. Péquignot (10, p. 241).

3.0. Désynchronisations et ruptures temporelles

Biorythmes et rythmes personnels constituent deux aspects du « socle temporel » spécifiant, dès le départ, chaque individu. Mais le temps biologique, si important soit-il, n'est qu'une des formes du temps. Il faut insister sur la complexité et le polymorphisme du TEMPS pour mieux préserver son unité par-delà la multiplicité de ses formes réelles et par-delà la diversité de son « apparaître ». Au temps biologique et au rythme personnel, s'ajoute, tout au long de l'existence, une élaboration temporelle qui s'effectue en connexion avec les temps environnants, aboutissant à une adéquation permanente du fait que l'homme vit en système ouvert d'adaptation. Nous voudrions ne pas opposer un temps naturel à un temps artificiel, mais insister sur la constante reprise, chez l'homme, de tout le biologique dans un univers d'artifices et de signifiances à travers le fonctionnement symbolique. Le tout-temporel de l'homme s'organise dans son architecture individuelle autour d'une ligne (non rectiligne, non toujours continue) biographique. On y retrouve *le temps historique* objectif, marqué par la succession des faits-de-vie expérimentés et enregistrés; *le temps subjectif* qui court sous le temps vécu et sur la durée intérieure; *le temps psychologique* qui englobe les deux versants, objectif et subjectif du temps, d'où découle le sentiment d'un temps à soi. Cette temporalité complexe présuppose, dans le temps biologique lui-même, un *temps biochimique* intégrateur des diverses strates des échanges cellulaires et intracellulaires. Aussi, *si les désynchronisations* concernent les biorythmes dans leur structuralité intime, *les ruptures temporelles* se produisent dans cette temporalité complexe qui se résume sous la notion de *temps biographique*.

La notion de *rupture temporelle* se fait jour dans toute interruption de l'écoulement temporel, soit que la ligne du temps attendu ne se déroule pas selon les prévisions initiales, soit que la suite des moments ne puisse plus suivre son cours selon la succession qui était jusque-là la sienne. La rupture du temps est une singularité qui affronte la série des instants dans leur engendrement linéaire. Le temps se singularise pour faire événement et créer un point temporel étranger à la mélodie temporelle en activité. On assiste à une mini-catastrophe créée par la solution de continuité, et qui peut devenir le point-source de perturbations sensibles dans la façon, pour chacun, d'être de son temps. Celui qui subit la rupture temporelle voit ses repères modifiés, dans sa manière de vivre le temps et de se vivre lui-même, aussi bien dans son intra-soi que face au monde environnant dans son hors-soi.

On peut retenir trois types de ruptures temporelles: 1) des ruptures temporelles brusques, subites et inattendues; 2) des ruptures différées qui ne donnent lieu à des perturbations qu'après un intervalle libre, une incubation, une période de latence, qui attend, en quelque sorte, une deuxième rupture confirmant la première dans sa structure d'événement temporel; ce sont les transgressions temporelles; 3) enfin des ruptures par surcharge temporelle ou par sommation dans lesquelles la ligne du temps subit une dilacération ou une condensation du fait d'une accumulation liée aux temps imposés ou aux temps proposés propres à certaines tâches.

Après le rappel clinique de ces trois types de ruptures temporelles, nous aborderons l'analyse psychopathologique proprement dite dans diverses temporalités en jeu.

3.1. Les ruptures temporelles brusques

Tout traumatisme implique une brisure de la ligne du temps biographique. Le modèle matriciel sera «le syndrome post-événement traumatique» décrit par l'un de nous en 1969 (1). En partant des conditions de ruptures particulières à ce syndrome, nous verrons mieux les effets du changement dans l'élaboration des troubles psychopathologiques et nous pourrons mettre à nu l'événement temporel dans les autres formes cliniques des ruptures temporelles différées et par sommation.

3.1.1. *Ruptures temporelles brusques accidentelles et maladie-langage post-traumatique.*

Ce sont les accidents extra-crâniens légers qui ont servi d'objet à l'étude initiale (cf. 2, 3.4). Au cours du travail ou du trajet pour s'y rendre, surviennent des accidents peu importants, d'allure anodine (chutes, contusions, petites fractures, etc...) où la modification corporelle est limitée et sans conséquence directe notoire sur la structure anatomo-physiologique. Mais la blessure ne porte pas seulement sur le corps; elle peut aussi atteindre la personne entière et on assiste parfois à l'organisation d'un syndrome névrotique d'allure pseudo-neurasthénique (adynamie, polyalgies, céphalées, humeur triste, sensation de déséquilibre, anxiété). *Ces symptômes dits post-traumatiques ne le sont pas en réalité: ils appartiennent à une «maladie» qui s'élabore à partir de la brisure créée par l'accident dans le déroulement de la vie de certains sujets.* Tout se passe comme si la jonction temporelle ne pouvait plus se faire entre l'après et l'avant de l'accident. Cet hiatus devient le point-source de la production psychopathologique soutenue par l'énonciation linguistique. Le sujet a tendance à mettre en accusation l'accident et, en effet, les troubles apparemment physiques, s'organisent autour de la zone blessée pour irradier régionalement, sous forme de douleurs, de contractures musculaires, de fatigabilité locale, avec perte de la force musculaire segmentaire. En réalité, la transformation est générale et correspond à *une sorte de micro-délire* que le blessé se raconte à lui-même et raconte aux autres, membres de sa constellation familiale et médecins consultés pour essayer de se faire soigner (cf. 6). Un malentendu s'installe autour de la recherche de signes physiques insuffisants pour expliquer l'importance des doléances exposées par le patient. Et celui-ci sera dit «sinistrosique» ou victime de «sinistrose», diagnostic assimilé par ceux qui avancent une telle étiquette, à un mélange de simulation et de tendances plus ou moins intentionnelles à tirer une gratification des suites de l'accident. Paul Sivadon et Claude Veil ont démontré que c'était là un regrettable malentendu (7). En effet la structure des troubles est névrotique et le sujet, bien qu'agent de la production psychopathologique, en est la première et principale victime. Devant la rupture des habitudes de travail et de vie, puis sous la double attaque du corps médical qui refuse de croire à la réalité des troubles présentés comme somatiques et de l'entourage qui en arrive à émettre des doutes sur la sincérité du blessé, celui-ci est conduit à produire un discours où se révèlent son mécontentement, sa désillusion, son découragement, autant de signes traduisant un ressentiment profond contre soi. La coupure temporelle correspond à un événement chronique qui sépare l'avant de l'après. A partir de cet événement, le sujet est amené à valoriser le passé de la phase pré-accident, considéré comme «merveilleux», tout en gelant toute possibilité d'envisager l'avenir qui paraît comme «bouché». Parallèlement l'insatisfaction alimente les forces réactives dont la symptomatologie dépressive qui met le présent du temps en horstemps.

Grandes conséquences à partir d'une étiologie minime... mais le «parcours» s'est enrichi à travers une sémantique qui peuple la coupure temporelle de symptômes et de représentations verbales faisant de ces séquelles névrotiques une véritable *maladie-langage post-traumatique,* greffée sur le point-source de la rupture temporelle (cf. 6).

On peut observer des syndromes cliniques et des mécanismes psychopathogéniques analogues dans d'autres types d'accidents tels les traumatismes crâniens mais aussi à l'occasion de n'importe quelle rupture de vie. Les changements du rythme existentiel, à eux seuls, qu'ils soient imposés ou même voulus et attendus, peuvent déclencher un processus créateur qui se densifie dans le temps et s'enrichit par le développement des instances narratives.

3.1.2. Observation clinique de Rosa

Rosa, 50 ans, femme de ménage, a été victime d'un accident du travail le 16-03-1976 vers 8 h 30. En lavant le parquet, une aiguille ramassée par la serpillère s'enfonce dans la paume de la main droite au niveau de l'éminence hypothénar. La douleur est vive. Rosa arrête son travail et court chez son médecin traitant qui injecte un sérum antitétanique, prescrit un analgésique et conseille d'attendre. On voit le bout de l'aiguille mais, dit-il, il est délicat de la retirer, elle peut se casser et si on attend, elle va sortir toute seule. Mais Rosa a mal, très mal même; elle passe une très mauvaise nuit. Aussi le lendemain entre-t-elle en clinique et une tentative pour retirer l'aiguille est faite le 18-03 au matin. Echec. Le chirurgien conseille aussi d'attendre. La douleur persiste et s'accroît; la peur aussi. Rosa finit par aller à l'hôpital où, quinze jours après l'accident, on extrait l'aiguille sous anesthésie générale. Rosa vient en consultation de psychiatrie le 19-11-1977, soit plus d'un an et demi après l'accident. Elle a toujours mal à la paume de la main droite. Elle se touche et dit: «Il y a là comme une petite boule... ça me pique comme si l'aiguille était toujours à l'intérieur... ma main n'est plus comme autrefois, je n'ai plus la même force; les douleurs sont presque permanentes et remontent dans le bras... d'ailleurs l'autre main me fait mal aussi...»

Rosa fait longuement le récit de ce qui est devenu pour elle *un événement* et des péripéties qui s'en sont suivies. Lorsqu'elle a ressenti l'aiguille, le 16-03-1976, elle insiste pour dire: «J'ai eu très mal, une douleur insupportable, une douleur qui m'a rappelé sur le moment une piqûre que j'ai subie lorsque j'étais enfant, en me baignant dans la mer... c'était un poisson de mer... une araignée... Lorsque je suis allée chez mon médecin j'avais très peur, je pleurais beaucoup. Lorsque le docteur m'a fait le sérum antitétanique j'ai beaucoup crié... puis j'ai passé toute la nuit en pleurs...». Aussi le mari un peu affolé insiste-t-il pour qu'elle entre en clinique afin qu'un chirurgien retire l'aiguille. Rosa dit: «J'ai attendu presque deux jours... le chirurgien m'a un peu endormie... puis dès le réveil l'infirmière m'a dit: «on n'a pas pu l'enlever, vous avez toujours l'aiguille dans la main!» La main était recouverte par le pansement et j'avais toujours très mal. «Les paroles de l'infirmière m'ont été amères et j'ai ressenti beaucoup d'amertume...» Elle insiste sur ce *souvenir amer*. Enfin le chirurgien est venu et m'a dit: «Il faut que vous ayiez confiance, je n'ai pas pu retirer votre aiguille, seulement un bout, l'aiguille s'est cassée, il faut encore attendre mais la prochaine fois vous pouvez en être sûre j'y parviendrai». Rosa précise: «Moi, j'étais désolée, dévorée par la peur et je n'avais plus aucune confiance... Je me disais que l'aiguille resterait là et que j'allais avoir une grave maladie, le tétanos, un cancer...». J'avais hâte de repartir de la clinique et d'aller ailleurs. J'ai attendu quinze jours en ressassant dans ma tête ces craintes, sans cesse... J'étais très intranquille avec cette aiguille, là, dans ma main... les médecins ne voulaient pas m'opérer... enfin lors de la deuxième opération on a retiré ce qui était resté de l'aiguille et ils me l'ont donnée».

Ce récit effectué longtemps après, présentifie les faits comme s'ils étaient toujours là, réellement présents... Le passé non dépassé envahit ce présent qui est obturé, plein du passé, achrone donc, puisque dépourvu de temps réellement présent. Il s'accompagne d'anxiété, d'insomnies, de tristesse. L'événement de l'A.T. figure désormais comme point-source d'où est parti l'instance narrative soutenue par l'excitation émotionnelle pour fixer l'énoncé symptomatique. Le travail du langage a développé une névrose où les équivalences et les substitutions se sont transformées en symptômes de souffrance, signant une atteinte corporelle qui est, en réalité, une fêlure de la consistance du soi, un amoindrissement de la puissance par une réactivité accrue des forces, qui se développe et continue d'évoluer. D'autant, qu'après la consolidation, les organismes de la Sécurité Sociale ont refusé d'admettre l'existence des séquelles et n'ont pas octroyé la moindre IPP. L'auto-ressentiment de la peur initiale a été recouvert par le ressentiment lié à une impression d'injustice sociale et d'atteinte à l'intégrité du soi. Désormais Rosa fait remonter ces malheurs et sa vie de souffrance à cet événement dont les effets se poursuivent encore... sans savoir jusqu'à quand... avec une peur qui continue à se déployer en phobie, traduite par la crainte du pire : l'apparition d'un cancer sur le lieu traumatisé...

3.2. Ruptures temporelles différées

Les transgressions temporelles se manifestent dans les ruptures inapparentes ou du moins apparemment peu importantes, restées sous silence, ou dans les ruptures contenues, «normalisées»... En réalité les troubles névrotiques apparaissent après un temps de latence comme l'a montré P. Sivadon (8) ou à travers un phénomène de rappel, agissant comme événement anniversaire (9). Tout se passe comme si l'événement temporel perturbateur introduisait une désynchronisation première de la biorythmique, qui devient effective après une désynchronisation seconde, lorsqu'un autre événement perturbateur survient (accident, deuil, perte d'une situation de travail, chagrin, etc...) (cf. 5). Le temps de latence n'est pas un temps passif, la période séparant les deux événements temporels correspond à un intervalle peuplé par une rumination endogène préparante, qui sensibilise la temporalité déjà en attente de la deuxième rupture.

Par ailleurs, P. Sivadon a montré le rôle de la circularité temporelle, et de l'effet-retour du temps initial dans les névroses (dites) post-émotionnelles.

3.2.1. Le temps de latence dans les névroses post-émotionnelles

La lecture directe du texte de P. Sivadon et Markish (Le temps de latence dans les névroses post-émotionnelles, cf. 8) est à réactualiser. Cette lecture sera à la fois analytique et symptomale, visant à dégager et à utiliser les effets produits. La notion *de délai* est soulignée en premier lieu : «Il est de notion courante que les névroses post-émotionnelles n'apparaissent qu'après un délai parfois important» (8, p. 244). Délai appelé : TEMPS DE LATENCE. Intervalle qui, d'après l'anamnèse, «n'est pas toujours muet», «il est même fréquent de noter dans les mois qui suivent le choc émotionnel préparant, une symptomatologie discrète qui est rarement rapportée à sa cause». Cause supposée qui est attribuée à «un choc émotionnel violent ou (à) la suite d'une sommation d'émotions répétées à courts intervalles». Ces propos introduisent déjà dans la structure temporelle des troubles. Nous savons que ce que l'on appelle «choc émotionnel» implique les effets affectifs et biologiques ressentis lors de la rupture d'une ligne de vie. Un stimulus inattendu, soudain, intervient, coupe la ligne du temps: le tourbillon affectif qui s'ensuit correspond à l'émotion et à ses troubles. L'événement temporel est redoublé par un événement affectif. Seul celui-ci laisse un souvenir, alors que le premier, cassure réelle et effective du temps biographique, reste *inapparent*, trace profonde, enfouie, bientôt recouverte par l'oubli. C'est peut-être la raison pour laquelle il est difficile de relier symptômes ultérieurs et événement premier. Si l'orage émotionnel s'estompe et ne semble pas laisser de séquelles, un temps libre est nécessaire avant que ne surgissent les symptômes névrotiques.

D'après l'anamèse ce temps de latence est peuplé de signes cliniques appartenant à plusieurs séries: 1) épuisement, asthénie; lassitude, fatigue sous ses diverses formes; 2) humeur dépressive doublée d'anxiété; 3) douleurs, céphalées, algies; 4) troubles du sommeil: hypersomnie refuge, insomnie nocturne accouplée à des somnolences diurnes, insomnie pure; 5) série de signes fonctionnels digestifs le plus souvent d'intolérance alimentaire, avec perturbations du transit intestinal. Ces signes peuvent apparaître successivement. Ils sont sans lien précis avec une cause évidente au moment où le médecin généraliste est consulté, et sont souvent soignés (soulignent en 1953, les auteurs) comme une « insuffisance hépatique ». Aspect culturel de la pratique médicale française qui d'après les récents travaux exposés aux Entretiens de Bichat en 1976, consigne la prédominance des « crises de foie » dans la pathologie quotidienne. Formes d'une maladie fonctionnelle dont l'apparition fréquente et parfois périodique, soulève des questions du plus grand intérêt prophylactique en hygiène mentale et en pratique médicale.

Le temps de latence entre l'événement premier et le constat d'un syndrome névrotique semble découpé en phases d'amplitude variable, correspondant à l'apparition/disparition de troubles fonctionnels. Le plus souvent d'ailleurs on note, juste avant l'éclatement psychopathologique, un *deuxième événement* à résonance émotionnelle aussi, qui répond, en écho, au premier et en réveille les vibrations perturbatrices. Alors la névrose s'impose, l'angoisse est dominante, les céphalées, les signes mineurs s'estompent. Le patient assiste à un changement du registre de la mise en forme clinique. Un choc émotionnel banal survient qui rappelle plus ou moins directement l'événement initial... « La banalité même du choc émotionnel déchaînant suffit à montrer qu'il ne peut avoir d'action pathogène que sur un sujet présentant une réceptivité toute spéciale. Ce peut être une sirène d'incendie pour un malade ayant subi plusieurs années auparavant un violent bombardement aérien, parfois même un simple coup de klaxon inattendu. Telle veuve déchirée par la mort brutale de son mari, succombera à l'angoisse à l'occasion du départ au régiment de son fils unique. Pour telle autre, enfin, il suffira du rappel inconscient de l'événement initial par son anniversaire» (8, p. 244-245). Les auteurs précisent: «Bien des faits analogues se sont présentés depuis l'émotion primitive; ils étaient restés sans effet pathogène».

Ces faits suggèrent deux remarques: 1) *L'excitation première* liée au stimulus agressif initial, à la rupture temporelle événementielle reste le point-source des développements ultérieurs. C'est la mise en activation du processus d'excitation cérébral, les retentissements de l'excitabilité et les désinhibitions réactives qui en découlent et diffusent qui préparent le champ opérationnel de la névrose: *«L'angoisse n'apparaît que si le sujet est «mûr» pour la faire»*. 2) Ce *«faire»* incite à repenser cette phase du temps de latence en essayant de découvrir les liens des symptômes entre eux et leur signification fonctionnelle. Cet espace libre est pris en considération rétrospectivement à partir du moment où la névrose déjà installée, la démarche de recherche étiopathogénique double l'action thérapeutique. L'intervention psychiatrique porte à la fois sur le passé qu'il faut faire ressurgir de ses cendres et sur l'actuel qu'il s'agit de modifier. On s'aperçoit alors que ces symptômes ne sont pas de simples signes cliniques corporels, de type «médico-chirurgical», mais qu'ils traduisent des variations du fonctionnement physiologique dans la gamme du bien-être/mal-être. L'exposé clinique se fait à l'aide des mots qui rendent perceptibles à autrui les variations subjectives. Les symptômes et les vocables qui les traduisent sont redoublés par les commentaires d'un monologue intérieur, série de représentations verbales mentalement évoquées et parfois extériorisées dans le langage. On assiste à un travail silencieux, infraverbal parfois, inapparent mais non moins réel, et le caractère psychopathologique réside précisément dans la création simultanée des symptômes, des vocables et des commentaires: processus unique, réellement créateur, dans l'expression psychopathologique.

La durée du «temps de latence» oscille entre six mois et sept ans. Les auteurs remarquent que la période nécessaire pour l'élaboration de la névrose est de deux à trois ans, voire quatre ans. On comprend alors que si la symptomatologie est des plus discrètes pendant ce temps de latence, c'est que la «sensibilisation» n'est pas arrivée à «maturité», du fait que la production psychopathologique est ici lente et progressive. Elle prend son «temps» pour s'effectuer, essayant d'abord de résister au glissement vers le psychopathologique. Si les liens neurobiochimiques, la production des symptômes et la trame narrative semblent certains, des rapports existent aussi, de façon globale, avec l'économie pulsionnelle du jouir et le cheminement historique des individus dans le « tout social ».

3.2.2. Les temps anniversaires

Dans *l'étude des phénomènes d'anniversaire* (9), P. Sivadon et J. Bégoin soulignent l'importance du « simple rappel anniversaire de l'événement traumatisant » jouant en tant que rôle déclenchant d'une névrose. Il est évident, dans ces cas, que la seule représentation mentale ou le souvenir du traumatisme initial ne sont pas suffisants pour remplir la fonction d'élaboration psychopathologique. Ces sujets pensent souvent, sinon tous les jours, au « choc émotionnel » subi et même si, apparemment, il y a eu oubli, nous savons que cet oubli n'est ni total ni réel, mais une période de latence est nécessaire comme si le temps opérait par cycles inscrits dans une certaine rythmicité. L'étude fine de l'activité consciente et de l'activité du rêve pendant cet intervalle asymptomatique montrera sans doute un jour, que ce temps a été employé secrètement à un travail d'élaboration processuelle, l'éclatement psychopathologique venant coïncider par le double phénomène culturel et périodique de « l'anniversaire » qui agit, lui, en tant que deuxième événement désynchronisant. Si le « rappel anniversaire est presque toujours inconscient, le sujet affirme ne pas avoir été préoccupé par le *souvenir* de l'événement » (9, p. 433). *C'est que le temps a été différé. Il y a transgression temporelle.* Ce sera l'anniversaire agissant comme un deuxième événement temporel qui introduira la scissure modificatrice favorisant la « précipitation » psychopathologique. D'ailleurs, on a noté que l'éclatement s'effectue un peu avant la date précise de l'anniversaire annuel (que ce soit un, deux ou trois ans après), comme si la rythmicité circannuelle individuelle était plus courte que la périodicité culturelle, traduisant ainsi *un état latent d'attente active* (travail inconscient ?) qui ne peut pas surseoir à son objectivation névrotique jusqu'à la date précise fixée par l'éphéméride. Alors que les calendriers reflétant le temps social ont varié durant ces six mille ans d'histoire, la bio-périodicité s'est organisée génétiquement depuis des millions d'années et impose ainsi un travail temporel infrastructural à toutes les productions humaines.

3.2.3. Le travail du temps de latence

Temps de latence, temps différé, circularité temporelle témoignent peut-être du fait qu'une période est nécessaire afin que le « transfert » soit possible entre l'événement temporel de rupture, la perturbation et les manifestations organisées en névrose. Le temps de latence n'est pas «vide». Il correspond à un travail sous-verbal et à des remaniements énergétiques qui ne feront surface que plus tard lorsque les «voix» arracheront ce travail au silence et lui donneront sa véritable appellation psychopathologique. La production névrotique deviendra alors évidente: l'émoi premier apparaît rétrospectivement comme un effet de la rupture temporelle dont les retombées sont soumises à un labeur récurrentiel secret, inapparent du moins ou peu bruyant, sans notation clinique marquante. Les productions névrotiques réelles sont des effets seconds, faussement post-émotionnels puisque leur productivité s'amorce dès la rupture temporelle, dans la phase pré-émotionnelle, mais consécutive cependant aux manifestations émotionnelles puisque celles-ci agissent avec effet rétroactif et récurrent, obligeant tout le système émotionnel à fonctionner dans les paramètres de la passivité sous la dominance réactive qui limite ou tarit la jouissance.

L'attitude prophylactique en médecine, de même que l'écologie inciteraient à faire une triple recherche: 1) celle du début réel des affections névrotiques et des maladies fonctionnelles faisant remonter le processus évolutif au point-source de l'événement temporel: la rupture; 2) celle de la structuration psychopathologique à travers la trame narrative et la suite énonciative des symptômes dans leur mise en forme clinique en fonction de l'économie du jouir; 3) celle des liens de l'infrastructure temporelle et chronobiologique avec les modifications neuro-biochimiques et les variations de la distribution des énergies chez l'individu.

3.3. Les ruptures temporelles par sommation

3.3.1. Le concept de sommation temporelle

Il implique les notions d'addition et d'accumulation, de surcharge temporelle, à travers les fréquences des temps exogènes. Dans le travail professionnel, les temps sont généralement imposés, quelquefois proposés et plus rarement choisis par le travailleur. C'est la répétition même des gestes de travail qui introduit une sorte de raccourcissement du délai séparant les séquences dans leur succession. L'intervalle blanc finit par se dissoudre ou se bloquer, la rupture s'impose par *un trou* dans le temps ou par *un nœud*, un blocage: dans les deux cas l'écoulement temporel ne se fait plus.

Les effets accumulatifs des séquences temporelles peuvent s'observer aussi dans les rythmes de travail décalés, alternés ou rotatifs: les classiques formes de travail dites en 3/8.

Le temps est considéré le plus souvent comme faisant partie du milieu environnant : à la fois invariant pour ce qui est du temps physique dans lequel nous baignons tous, et variable pour ce qui est du temps chronique dont les modulations atteignent chacun de façon différente. A ce temps exogène répond un sentiment du temps vécu et une notion de durée propres à chacun. *Nous voudrions situer ces ruptures temporelles, non entre le milieu et l'individu, parce que cette séparation nous semble factice, mais au sein de l'homme lui-même, dans sa vie intime.* Les troubles psychopathologiques nous invitent d'ailleurs à entrer directement en eux, d'abord, et dans la vie du patient qui les produit, ensuite. Aussi cette perspective s'attachera-t-elle moins à analyser les nuances du temps vécu ou les sursauts de la durée intérieure qu'à l'examen de la double filiation entre la production temporelle propre à chaque être humain et la production des symptômes cliniques qui en traduit l'inadéquation. Si le milieu est source de perturbation c'est dans « l'intra-soi » que les troubles s'engendrent et leur matérialité s'installe à l'intérieur du soi, entre soi-même et soi-même : le soi cesse d'être le même sans pourtant être un autre.

A partir des commentaires sur les aspects cliniques, apparaîtra mieux *la réalité de notre thèse, à savoir que la continuité temporelle n'est pas passive mais créatrice de discontinuités.* Pourront ainsi apparaître les articulations comparatives et synthétiques entre l'événement temporel et l'ensemble pathogène qui le détermine tel, à travers les phénomènes de *raréfaction* ou de *condensation temporelles*. L'événement temporel se veut une singularité, un « incorporel » dont l'aléatoire exige une incarnation qui le confirme dans sa productivité psychopathologique. L'homme apparaît en dernière instance comme l'agent producteur des souffrances qu'il subit (et cela) même si ces perturbations prennent leur source en dehors de lui.

Du rythme individuel au cycle opérationnel spécifique, en incluant les situations dites pathogènes en fonction de la charge de travail, un lien solide relie le tout, *lien qui repose sur la qualité du temps produit individuellement pour faire face au temps physique d'une part* et *aux contraintes du temps chronique de l'autre. Le temps individuel*, par-delà la durée sentie et le vécu subjectif du temps, *propose une architecture* dont la continuité peut être mise en cause de façon irréversible. Or, ce sera précisément *la rupture temporelle enregistrée, qui laissera la discontinuité ouverte* (sans retour possible à la continuité de base) compromettant ainsi l'adéquation à soi et l'adéquation au monde en soi et hors de soi. C'est ce que l'observation de Claude va nous démontrer.

3.3.2. Observation clinique de Claude

Claude, 24 ans, est adressé par son médecin traitant le 11-12-1976 avec ce mot laconique mais précis «vous aiderez certainement le jeune C. à voir plus clair». Claude raconte que depuis une quinzaine de jours il ne voit pas clair ni en lui ni hors de lui, «ça se brouille dans ma tête, je fais des erreurs, mes pensées ne sont plus ce qu'elles étaient, tout est devenu sombre et opaque». Tels sont ses propres mots. Il ajoute, consterné, qu'un arrêt de travail a été nécessaire (depuis quinze jours) parce qu'il avait fait deux erreurs importantes dans son travail: «j'ai été très étonné de faire des erreurs et ce fut aussi la grande surprise de mes camarades et du contremaître». Par ailleurs le sommeil est devenu impossible; Claude a de fortes angoisses, des palpitations, une forte impression de manquer d'air. A propos de cette dyspnée d'inspiration, il ajoute: «je suis même tombé sans connaissance, j'ai eu une sorte de syncope». Cette syncope vagale a laissé des traces, dont une forte peur qui ne le quitte plus... Il a tellement peur lorsqu'il est chez lui, surtout dès la tombée de la nuit, qu'il ne peut arriver à s'endormir. Il est devenu, en ces quelques jours, triste, abattu et il se dit très fatigué. Il se montre manifestement très inquiet de son état.

Claude n'a jamais été malade, il n'a pas consulté de médecin depuis l'enfance. Ses parents sont séparés depuis une dizaine d'années sans vouloir cependant divorcer. Le père, âgé de 52 ans, est artisan dépanneur de télévision à domicile. La mère, 46 ans, vit seule de son côté et «n'est pas en très bonne santé». Un grand frère de 30 ans et une sœur de 26 ans sont en province. Lui-même, célibataire, vit seul dans la région parisienne où il est né et a toujours vécu. Il travaille depuis l'âge de 17 ans.

L'enfance ne lui a laissé que de bons souvenirs. «J'étais bruyant, on n'entendait que moi... J'avais beaucoup de copains, j'étais très joueur... par contre, à l'école je ne faisais pas mes devoirs...». La scolarité s'est arrêtée au BEPC. «J'ai essayé de me débrouiller, dit-il, et par sélections successives, je me suis formé sur le tas pour devenir informaticien». Depuis deux ans trois mois, il travaille dans une société d'informatique où il a été nommé chef d'équipe. Il jouit d'une vie très autonome, loge seul, a une voiture, mène une vie affective et érotique qui lui semblait satisfaisante.

Mais depuis trois semaines, rien ne va plus, tout se complique: «Je fais des erreurs, j'ai peur, je ne peux plus dormir...». Le tableau clinique est franchement dépressif avec des aspects d'allure dissociative; il dit ne plus pouvoir coordonner ses idées et répète: «c'est un brouillard continuel dans ma pensée». L'excitation anxieuse étant très forte laisse augurer d'un bon pronostic.

Claude pense que tous ses troubles sont liés au changement survenu dans la répartition horaire de son travail, le 1er septembre 1976. Pour lui, ce nouveau régime d'activité ne lui convient pas puisqu'il ne lui a pas été possible d'apprendre à dormir le jour tout en travaillant de nuit. Lorsqu'il a débuté dans son emploi d'informaticien, il a travaillé pendant un an en horaire normal, soit 8 h - 17 h, cinq jours par semaine. Mais l'accroissement de la production et le développement de l'affaire, ont exigé un travail en deux équipes. Un horaire en 2/8 décalé fut organisé, avec rotation tous les quinze jours, soit 7 h - 16 h et 15 h - 23 h, sans aucun travail nocturne. A ce moment, Claude est nommé chef d'équipe ce qui est ressenti très favorablement et ce régime de travail s'est poursuivi un an durant dans les meilleures conditions tant matérielles que psychologiques. Les commandes continuant à affluer, et pour mieux exploiter les machines, l'employeur décide de passer, le 01-09-1976 à un régime en 3/8 : 7 h - 16 h 30, 15 h - 23 h, 23 h - 7 h, tout en conservant la rotation par quinzaine. Dès la première quinzaine de travail nocturne, tous les rythmes de la vie individuelle ont été rapidement perturbés. La désynchronisation a altéré d'abord la durée et la qualité du sommeil, puis l'anxiété est apparue avec son cortège de signes dépressifs bientôt après. Une phase de répit est attendue des deux quinzaines à horaires diurnes. En fait il continue à ne pouvoir dormir et se sent toujours inquiet, envahi, lorsqu'il est seul, d'une peur étrange. L'évolution s'accélère dès la reprise de l'activité de nuit. Les troubles s'aggravent, l'insomnie et la maussaderie s'accentuent. «J'ai perdu ma bonne humeur, j'étais chaque jour plus hébété, *je ne pouvais plus me raconter intérieurement la moindre pensée intime*... puis des erreurs se sont produites, des oublis, des transpositions,... tout le monde a trouvé cela curieux et moi-même j'avoue en avoir senti la honte m'envahir, d'autant que, vu mon allure un peu groggy, tous les camarades de travail et le contremaître ont commencé à insinuer que je m'étais mis à boire et que je faisais la foire...».

On a donc assisté, dès le début du travail nocturne à une sorte d'éclatement interne. Claude voulait faire ce travail de nuit car, non seulement il conservait son poste de chef d'équipe et assumait la responsabilité entière des tâches, étant seul «patron» pendant la nuit, mais encore son salaire était substantiellement amélioré par les primes. Il nous assure qu'il n'avait eu au départ ni crainte, ni peur, ni réticence aucune ; son équipe et lui-même voulaient assurer la réalisation de la grille de travail qui leur avait été proposée et avait obtenu l'accord de tous. Claude ajoute d'ailleurs, chaque fois qu'il évoque ces faits: «et dire qu'eux ils ont pu tenir... et moi pas...». La compétition semble se resserrer entre lui-même et la distribution temporelle de son travail. «J'ai senti dès le deuxième jour que cela n'allait pas... sans savoir cependant pourquoi. Au début je dormais le jour et j'effectuais mes tâches la nuit comme par le passé... Mais je me sentais bizarre, comme fatigué; je ne voulais pas y croire... Tout le monde répète la même rangaine et, dès que quelque chose ne va pas, tout le monde est fatigué... J'ai senti ma pensée intérieure moins souple, je riais moins, le sourire qui régnait d'habitude en moi, me manquait... *Puis j'ai commencé à me dire intérieurement que je n'étais pas bien*... mais je ne savais pas pourquoi. Les autres, mes copains de travail depuis un an, ils allaient bien eux; ils riaient, plaisantaient, expliquaient qu'ils se débrouillaient pour dormir le jour et veiller la nuit... Moi, je dormais quantitativement assez, les premiers jours du moins, mais, dès le début de la deuxième semaine, le sommeil diurne est devenu nettement moins bon, moins profond, avec des réveils intercurrents... et je ressentais des envies de dormir au cours du travail, la nuit... J'ai tout fait pour tenir les quinze jours en espérant que pendant le mois qui suivait j'allais récupérer... mais je n'ai sans doute pas su bien voir les choses; j'ai cru que c'était simplement une question de fatigue... j'essayais de me reposer au maximum et de dormir la nuit, en réalité, ça n'allait pas... J'aurais dû consulter un médecin tout de suite et demander à voir un spécialiste... Je pense que si dès le début de la séquence de travail de nuit, j'avais pris quelque chose pour m'aider à dormir, j'aurais pu récupérer...; mais le sommeil est resté médiocre, plein de rêves... tout en dormant quand même... Et c'est alors que les erreurs se sont produites ainsi que les perturbations dans mon comportement et dans mes attitudes, ce qui a étonné les autres, d'autant qu'eux, ils ne sentaient rien...»

Le repos, les anxiolytiques, les neuroleptiques ont réduit l'anxiété et ramené le sommeil, sans tout «normaliser» cependant. On sait que l'apparition d'un tel épisode anxieux, marque et fragilise la distribution émotionnelle tout en favorisant le réamorcement de l'anxiété. Il y eut une période de tension et d'hésitation. Claude voulait assurer ce travail qui lui plaisait et lui procurait une bonne rémunération, tout en craignant la réapparition des conséquences néfastes. Il a fini par abandonner et par opter pour un travail artisanal, à horaires libres, évitant ainsi tout risque de désynchronisation. Pendant plusieurs mois, quoique dormant sans doute relativement bien, grâce à l'absorption régulière de benzodiazépines, Claude conserve au réveil l'impression de ne pas avoir dormi... «Le sommeil n'est pas reposant» dira-t-il encore six mois après.

3.3.3. Observation de Raymond

Raymond, 22 ans, élève instituteur. Névrose d'angoisse, anxiété. Symptomatologie viscérale et somatisations. Antécédents personnels et familiaux dépourvus de troubles psychopathologiques. Rupture existentielle en 1980. Il accepte pour l'été un travail en horaires décalés à Air-France. Pendant trois jours : 6 h - 15 h; les trois jours suivants : 15 h - 23 h (ou 24 h); puis, trois jours de repos. Au bout de quinze jours il perd le sommeil, est de plus en plus anxieux et adynamique. Il doit arrêter ce travail. Depuis lors et encore, souvent déprimé, anxieux, fatigué, avec douleurs fugaces inexplicables. L'exploration psychologique objective un score à 10 à l'échelle d'anxiété de Cattell. Le protocole du Rorschach est perturbé avec composantes dépressives et anxieuses.

Pas de passé pathologique; il semble que ces horaires décalés aient introduit une «cassure» dans la ligne de temporalisation. Depuis, il est moins présent à lui-même; les troubles traduisent une présence à soi amoindrie.

3.4. Mise en forme clinique et temporalité

L'étude de la temporalité implique celle de ses différences. Le temps ne saurait être seulement celui marqué par les horloges et par les calendriers. Si le temps est un, ses modalités d'être sont multiples : importent ses formes particulières et la connexion établie entre elles.

Pour ce qu'il en est du temps humain, on peut distinguer :

1) Un temps physique codifié à partir du temps astronomique : temps linéaire, mesuré et mesurable objectivement. Le temps biologique, le temps génétique, le temps des échanges intra et inter-cellulaires en font partie : chronobiologie dont les biorythmes humains ou «horloges biologiques» constituent la base, de même que le rythme nycthéméral, la suite des jours, des saisons, des heures...

2) Un temps chronique, avec des ères, des époques, des périodes, des tranches temporelles rattachées aux événements qui lui attribuent son appartenance. Le temps historique, objectif, détermine les découpages et les dérives sociales et psychologiques.

3) Un temps langagier, créé par l'énonciation parlée ou écrite qui élabore la catégorie du présent dont découlent le passé et le futur. Plus que la simple perception, c'est la pensée discursive qui donne

naissance au temps individuel et lui assigne ses repères... dont on peut «dire» les limites et les changements.

A ces temps objectifs: temps physique, temps chronique, temps langagier, correspondent des temps subjectifs: durée, temps vécu et diégèse ou contenu spatio-temporel de l'énonciation. La durée est marquée par les sursauts qui caractérisent la notion subjective du temps physique. Le temps vécu correspond à la façon dont le temps est affecté par les événements, ce qui donne un sentiment du temps chronique différent d'un sujet à l'autre, et différent chez un même sujet, selon les divers moments. La diégèse correspond à l'univers spatio-temporel des instances narratives, temps intersubjectif en réalité, et polylogal dans l'endogenèse du discours.

Ces modalités temporelles exogènes et endogènes sont, en dernier ressort, spatialisables et mesurables, même dans leurs variations «purement» subjectives. Ces formes du temps sont quantifiables; elles sont devenues quantitatives. Mais, si l'on prend le temps humain à son moment de surgissement, à sa naissance, nous aurons un TEMPS QUALITATIF, bondissant, non encore linéaire, non mesurable, sauf à travers les gradients d'intensité qui le caractérisent. Ce TEMPS INTENSIF est un temps vivant, lié potentiellement aux forces mises en œuvre pour aboutir à une effectuation. Nous aurons ainsi un temps qualitatif potentiel, en attente de réalisation, et un temps construit déjà réalisé, contenu dans les actes, dans les conduites et les œuvres humaines. Une telle conception du temps implique que le temps ne soit plus considéré comme un *être imaginaire* (selon l'expression de Kant), ni comme un invariant donné, et extérieur à l'homme, mais comme un *être vivant*, étroitement articulé avec les forces humaines et avec les faits humains qui lui ont donné naissance. Ce temps déjà passé, est susceptible d'un réveil actif.

Le temps obéit au mouvement, à la succession, à la répétitivité, facteurs qui lui sont inhérents et qui participent à sa fonction complexe. *C'est la succession qui, dans sa continuité, produit des discontinuités et c'est le sujet qui, en dernière instance, produit les cassures dont il subit — sur le plan psychopathologique par exemple — les à-coups et les contrecoups.* C'est-à-dire que ce qui vient jouer au niveau du temps chronique pour contrarier le cours du temps (accidents, situations stressantes, surcharge des cadences de travail, agressions toxiques ou infectieuses...) introduit une désynchronisation du temps physique individuel, avec fracture consécutive du temps intensif produit. Le temps langagier pourra alors achever la dislocation temporelle en cours; à travers l'énonciation verbale exogène et socialisée, mais surtout, à l'intérieur même du langage endogène. Le temps-vécu, marqué affectivement, la durée perturbée dans son écoulement, confirment la cassure du temps dans sa réalité irréversible. La rupture temporelle revient sur elle-même dans l'après-coup du temps, pour mieux se délimiter et se consolider dans sa réalité. C'est pourquoi ces solutions de continuité se peuplent très rapidement de fantasmes, de mots et de symptômes qui se constituent en syndromes névrotiques eux-mêmes irréductibles, de par leur propre évolution. Toute une recherche deviendra nécessaire pour apprendre à diluer les nœuds du temps ou pour combler les trous temporels qui se sont creusés, et permettre, de nouveau, l'écoulement du temps dans l'intra-soi et dans le hors-soi.

3.5. Le travail et la psychopathogénie des ruptures temporelles

Si les ruptures temporelles surviennent sous la pression des phénomènes externes liés aux conditions de travail, c'est néanmoins le sujet qui, dans sa production temporelle intensive continue, produit aussi les formes pathologiques du temps. La désynchronisation initiale, reflétant les coupures internes des rythmes par des accélérations ou des retards, des excitations ou des inhibitions, exige une participation active de celui qui les éprouve, et ce sera l'expression affectivo-émotionnelle et verbale qui contribuera à mettre en forme clinique les manifestations psychopathologiques proprement dites. De la monotonie à l'ennui, en passant par le regret, la nostalgie ou les phénomènes d'impatience et de précipitation, nous aurons là, l'objectivation de décalages temporels venant jouer le rôle de «micro-névroses» préparant à de plus grandes décompensations. Quant aux ruptures temporelles proprement dites (ruptures brusques, différées ou par sommation) elles se produiront sous l'effet des impératifs du cadre temporel dans lesquels la vie de travail se déroule, mais avec l'adhérence et l'adhésion des sujets concernés, et leur participation active-passive, c'est-à-dire malgré eux, sans doute, mais avec et par eux-mêmes néanmoins.

Dans la psychopathogénie, l'expression affective et verbale joue un rôle majeur; elle se greffe sur d'autres facteurs dont nous ne voulons ici désigner que les deux principaux, à savoir le degré d'autosatisfaction et le jeu des activités intracorticales de signalisation et de signification.

Le niveau d'autosatisfaction agit à plusieurs niveaux de l'intra-soi et du hors-soi. Non seulement il est important que le travail effectué se déroule dans de «bonnes conditions» respectant l'intégrité de l'individu et lui fournissant les conditions d'une bonne «qualité de vie», dans le rapport temps employé au travail - temps disponible pour soi, et bénéfices obtenus des tâches accomplies, mais encore, faut-il que l'écho du vécu et l'éprouvé individuels soient en harmonie avec la production du temps personnel. C'est dans l'intra-soi que se produisent les inadéquations premières, dans la mesure où l'écoulement du temps n'est pas favorisé. D'où irritabilité, excitation excessivement anxieuse ou inhibitions lacunaires proches de l'hébétude, autant de manières d'être inacceptables, non libératrices et non épanouissantes.

Ces formes pathologiques du temps semblent s'inscrire dans le jeu des activités de signalisation et de signification. Si le temps de travail est trop découpé, trop parcellaire, trop répétitif, et si les morcellements temporels sont spatialement signalisés par des repères perceptifs visuels auditifs ou kinétiques qui visent seulement à obtenir une bonne exécution et à préserver la vie du travailleur dans sa sécurité, c'est-à-dire en évitant les accidents et les incidents possibles, cela peut rester insuffisant. Il est nécessaire en effet que le travailleur puisse élaborer un dispositif discursif endogène, «dans sa tête», qui lui permette de suivre les opérations dans leur déroulement, même si elles sont automatisées. De plus, les instances narratives, dans leur productivité, peuvent maintenir la cohésion interne intrapersonnelle, en évitant les zones desséchantes où seuls les signaux (assurant l'exécution et la surveillance de l'exécution des tâches, préservant des incidents de fonctionnement et des conséquences néfastes pour soi) règnent de manière absolue.

3.6. Conclusion

Les ruptures temporelles délimitent le surgissement d'*événements temporels* ressentis comme étrangers à une suite temporelle donnée. C'est la succession temporelle qui, dans sa continuité, sous la pression des exigences exogènes, produit des discontinuités irréversibles, non intégrées et non intégrables dans le processus temporel à l'œuvre. La psychopathologie des troubles liés aux événements temporels s'enrichit sans cesse, par la création de singularités. Ces singularités ou points de rupture temporelle, perturbent la connexion des quatre modalités du temps humain, entraînant soit 1) une désynchronisation des biorythmes, 2) une modification du temps chronique parallèle au changement du genre de vie, 3) une mutation du contenu de l'énonciation qui valorise le passé, minorise le futur et dissout le présent, 4) une brisure de la production du temps intensif avec stase temporelle et mise en hors-temps relative du sujet. Le temps qualitatif ne répond plus aux composantes qui étaient les siennes avant la rupture, il est entamé dans ses forces vives, d'où réactivité dominante et production psychopathologique accrue.

Bibliographie

(1) FERNANDEZ-ZOILA A., Psychopathologie du syndrome post-événement traumatique, *Anais portugueses de psiquiatria*, Vol. XXI, n° 18, décembre 1969, Lisboa, pp. 169-181.
(2) FERNANDEZ-ZOILA A., Le syndrome post-événement traumatique, *Le concours médical* 25.09.1976, 98-34, pp. 4425-4429.
(3) FERNANDEZ-ZOILA A., La maladie-langage post-traumatique; Analyse généalogique et structure temporelle, *Annales médico-psychologiques*, II n° I, juin 1977.
(4) FERNANDEZ-ZOILA A., Introduction à la psychologie de l'événement temporel; Essai de chronopsychopathologie; I, Ruptures temporelles brusques du temps biographique et troubles réactionnels, *L'Information psychiatrique*, Vol. 53, n° 8, octobre 1977, pp. 895-905.
(5) FERNANDEZ-ZOILA A., Emotions et transgressions temporelles; Temps différé et temps de latence dans les névroses post-émotionnelles, *Revue de médecine psychosomatique*, Tome 19 (1977), n° 4, pp. 407-418.
(6) FERNANDEZ-ZOILA A., Ruptures de vie et névroses; La maladie-langage post-traumatique, éditions Privat, 1 vol. de 252 p., 1979.
(7) SIVADON P. et VEIL C., Aspects sociologiques et cliniques de la sinistrose; Congrès de psychiatrie et de neurologie de langue française, Marseille 1964, Tome I, Masson, 1964.
(8) SIVADON P. et Mlle MARKISH, Le temps de latence dans les névroses post-émotionnelles, *Annales médico-psychologiques*, 1953, Tome I, pp. 244-246.
(9) SIVADON P. et BEGOIN J., Rôle du rappel anniversaire dans le déclenchement des troubles mentaux post-émotionnels, *Annales médico-psychologiques*, 1956, Tome I, pp. 433-438.
(10) L'homme malade du temps; Recueil de textes de: REINBERG A., FRAISSE P., LEROY C., MONTAGNER H., PEQUIGNOT H., POULIZAC H., VERMEIL G., 1 vol. de 264 p.; Pernoud/Stock, 1979.
(11) FERNANDEZ-ZOILA A., Introduction à la psychopathologie de l'événement temporel; Ruptures temporelles par sommation, *Le travail Humain*, Tome 43, n° 2/1980, pp. 337-351, (numéro spécial sur «Les travailleurs et le temps»).

Chapitre 4
Le temps d'attente
et le présent du temps

**PSYCHOPATHOLOGIE DES ATTITUDES
ET DES COMPORTEMENTS D'ATTENTE
EN SITUATION DE TRAVAIL**

> « *La durée n'est pas une donnée mais une œuvre* ».
>
> G. Bachelard (6, p. 77).

4.0. Introduction

L'analyse du temps demande à être effectuée dans le temps lui-même. Nous ne partirons pas d'un homme-sujet qui sent, perçoit ou a conscience du temps, comme si celui-ci ne lui était qu'extérieur et que la mission de l'homme était de s'y adapter. Ce serait là un aspect des choses dont nous parlerons en son temps (cela va de soi) mais qui n'est pas le fait premier ni le plus important. Le temps n'est pas un *être imaginaire* comme semblait le croire Kant, après Aristote (et bien d'autres depuis). Le temps est une production spécifiquement humaine. Le temps a été produit et est produit par les hommes. Comme produit construit déjà, le temps impose ses lois de l'extérieur, il peut être imposé ou il peut faire semblant d'être libre; il a été et reste mesuré en tout cas (par les hommes bien sûr). Comme productif, temps en train de se produire, le temps appartient à celui qui l'élabore, aux hommes en voie de se faire, plongés dans l'action et dans le travail.

Ce temps, appelons-le «psychologique», est qualitatif et intensif et par là éternellement différent. Imagine-t-on le temps de nos ancêtres des cavernes, celui des Grecs, le nôtre... est-ce le même temps? Sûrement non, sans quoi rien n'aurait changé et nous serions toujours au même point de l'évolution. Par contre le temps exogène, une fois mesuré et codifié, quantifie toujours de la même manière les années, les siècles, les jours ou les secondes. Ce temps existentiel qui a cependant cessé de vivre, sert de cadre à notre vie et, comme tel, s'accorde ou entre en conflit avec le temps à soi, le temps propre à chacun. L'examen portera donc sur le temps lui-même, celui qui est propre aux actes, aux attitudes, aux comportements et aux conduites. Mais aussi sur le temps à soi, celui qui se faufile en chacun de nous, que ce soit sous forme de durée ou de temps vécu, que ce soit du temps psychologique ou du temps intensif, temps historique en tout cas, qui enveloppe la biographie dans sa trajectoire, jour après jour, pour se constituer en personnalité. Il faudra enfin analyser le temps exogène, celui qui sert de cadre à la vie, temps fixé, qui ne se laisse pas faire ni changer d'allure et avec lequel il est urgent d'obtenir un bon mariage et une alliance durable.

Deux jalons domineront le parcours. D'une part la notion d'un présent vivant, d'un temps qui se présentifie à lui-même à travers les conduites d'attente. Celles-ci sont de trois sortes: attentes statiques, attentes passives, attentes actives. D'autre part, la notion d'un déjà-là dans lequel l'homme amorce son activité. Ce déjà-là appartient à la fois au monde qui environne l'homme et à son monde propre, celui que l'homme fabrique en lui, fait de perceptions et de connaissances, d'un savoir-faire, formant un système de significations et un univers d'artifices dont les éléments constituants sont en vivante relation, produisant et re-produisant sans cesse des effets. Ces relations sont élaborées par le temps qui est l'éternelle source des transformations. Le temps met en inter-relation les constituants de cet univers à la fois endogène et exogène créé dans le changement et les artifices. Après l'étude des formes de l'attente viendra l'exposé des modalités psychopathologiques du temps d'attente.

4.1. Le présent opérationnel et l'attente statique: le présent de l'attente

L'attente statique correspond à l'ensemble d'attitudes qui préparent le présent opérationnel se déroulant dans un champ de travail. Si le travail se déroule, en un lieu donné, suivant un modèle préétabli, il appartient au travailleur de préparer son aire d'action. Il s'agira d'un espace mobile, du fait des mouvements en jeu, de leur succession, de leur articulation. C'est un espace dirigé, recevant une orientation, un sens directionnel, un espace nullement statique en définitive. Cependant, l'attente peut être appelée statique, puisqu'elle concerne les attitudes successives du travailleur pour «faire venir à lui» le présent sur lequel vont porter ses gestes et son activité. L'attente statique correspond à ce passage continuellement répété qui va d'un point d'espace actuellement présent et en train de se réaliser, au point d'espace immédiatement contigu qui va devenir l'instant d'après, le présent actuel de cet instant. L'attente est le pont à peine mobile et qui passe inaperçu entre deux moments se succédant et dont la séparation est infime. Mais sans cette conduite d'attente le moment du juste-après risquerait de ne pas survenir ou du moins de ne pas se réaliser en tant que tâche à accomplir dans une succession prévisible. Cette attente statique est une attente inapparente: l'attente comble — sans laisser rien transparaître le plus souvent — la béance qui sépare deux points d'espace-temps. Vus de l'extérieur, les mouvements peuvent apparaître si bien articulés que la question pourrait se poser de savoir si l'intermédiaire de la liaison appartient au cycle des actes s'enchaînant ou à l'opérateur qui les exécute après les avoir préparés. La réflexion seconde attribue les actes à l'opérateur qui, pour très soudé qu'il soit à ses gestes, doit tout de même les pré-percevoir. *C'est donc du temps perçu qu'il s'agira ici tout d'abord.*

Le présent d'attente comprend de nombreuses séquences. Une analyse microscopique permet de rendre évidentes les phases qui habituellement passent inaperçues et sont cachées. *Trois notions* sont à considérer concernant le *moment temporel*, le *mouvement*, l'*espace mobile.*

Les moments temporels humains répondent à des caractères spécifiques. Le temps perçu ne l'est pas n'importe comment et n'importe quand. Le moment temporel humain est de 1/18 de seconde et correspond à ce laps d'espace-temps pendant lequel le monde ne bouge pas. Sans cette notion première aucune temporalité ne serait possible puisque les changements ne surviennent qu'entre ces séries de moments, temps très courts, à l'intérieur desquels le monde ne présente aucun changement. A un moment peut correspondre un événement-temporel. Selon J.V. Uexküll: «Le temps qui encadre tout événement nous semble être la seule chose objectivement établie en face du changement continuel de son contenu, et nous voyons maintenant qu'un sujet domine le temps de son milieu. Alors que nous disions jusqu'à présent: sans le temps il n'y a pas de sujet vivant, nous dirons maintenant: sans un sujet vivant le temps ne peut exister» (1, p. 25).

Les mouvements dépendent des chronaxies des muscles qui les produisent. « Chaque élément anatomique compte le temps avec une unité qui lui est propre » rappelle Lapicque (2). Il y a lieu de tenir compte des temps de latence et des temps réfractaires dans l'organisation de la mélodie kinétique. Si les mouvements s'associent et s'articulent comme si cela allait de soi, ils le font en respectant des lois temporelles précises qui leur appartiennent. La physiologie du travail et la psychologie appliquée en tiennent compte pour comptabiliser les temps de travail et préparer les temps qui seront imposés aux travailleurs. Mais les suites gestuelles se décalent, des dérapages surviennent du fait des enchaînements des diverses phases d'un même mouvement selon les passages de contraction-décontraction indispensables à son exécution. Le tonus musculaire qui participe aux mouvements évolue sur une tonicité de posture qui participe elle-même à la stabilité émotionnelle.

Le troisième élément à prendre en considération est l'*espace* proprement dit, composé en réalité de trois espaces, soit, un espace actif, un espace tactile et un espace visuel. *Il s'agit d'un espace-temps, chaque fois, qui est parcouru par l'orientation des mouvements et délimité par les moments temporels.* L'espace visuel est fait d'une mosaïque de lieux séparés selon un seuil temporel discriminatif qui pour l'œil est de l'ordre du 1/10 de seconde. Les micro-lieux sont reliés entre eux et s'organisent en un lieu selon un « pas d'orientation » qui réunit intimement les divers points spatialisés. L'espace tactile intègre la diversité des perceptions tactiles qui ont contribué à le reconnaître et à l'élaborer. La vitesse perceptive temporelle tactile est de l'ordre du 1/100 de seconde. Les doigts donnent une figuration tactile selon les *signaux* perceptifs tactiles. Les emplacements repérés, tant tactiles que visuels (auxquels s'ajoutent les données colorées) contribuent à créer les *formes*. Les signaux auditifs interviennent aussi : le seuil perceptif temporel de l'ouïe se situe au 1/1000 de seconde ; ces signaux peuplent l'espace visuel et tactile. La réunion de cette multiplicité de lieux contribue à l'élaboration de l'espace actif, espace continuellement balisé par la direction et le sens des mouvements qui le parcourent. L'espace humain comprend six orientations qui s'opposent deux à deux : droite-gauche, haut-bas, avant-arrière, formant un système de coordonnées qui se retrouve en action à chaque instant.

Les suites de mouvements et leur distribution temporelle momentanée, construisent *l'espace actif dans son opérativité*. Les séries kinétiques obéissent à une téléologie fabriquée au cours de l'apprentissage selon les tâches à réaliser et les cycles opérationnels qui les englobent dans l'exécution poursuivie. D'où l'importance des conduites d'attente « statique » qui introduisent des inhibitions et freinent les excitations excessives pour laisser le présent faire le plein de sa temporalité. L'ouvrier bâtit la forme et le mouvement segmentaire de son cycle opérationnel et ceci se répète à chaque instant. Cette élaboration se fait d'après les modèles proposés et selon les temps qui sont impartis pour chaque séquence, mais il ressort qu'il sera vital pour le travailleur — lequel ne peut ni choisir ni décider du moindre changement au programme imposé pour le travailleur — de faire coïncider *sa forme et son mouvement* avec le cadre opérationnel exigé. Il pourra ainsi sauvegarder une parcelle de sa liberté temporelle et conserver à sa temporalité une autonomie relative. N'a-t-on pas prétendu que se sentir libre consistait à croire faire librement ce que l'on est obligé de faire? Cet aspect concret obéit à une loi plus large rappelée par J.V. Uexküll: «Les choses ne se disposent pas seulement dans les deux dimensions de l'espace et du temps. Une troisième dimension s'y ajoute, celle des milieux dans lesquels les objets se répètent selon des formes toujours nouvelles» (1, p. 155). *En matière de temps, chaque instant apporte son irréversible nouveauté même si elle nous est subtilisée sous l'apparente répétition de l'identique et du semblable venant succéder au semblable.*

L'attente statique se fait attente expectative ou même expective. Expectative par entraînement et par induction réciproque des mouvements les uns sur les autres, ce qui finit par créer, comme une probabilité d'engendrement d'une action qui se répète certes, mais qui exige à la limite, la participation constante de l'exécutant d'une manière «voulue». Les mini-actions séquentielles qui constituent une gestualité opérationnelle présupposent une prudence incorporée à l'acte lui-même dans la promesse qu'il porte en lui pour aboutir à la bonne exécution. De cela, chacun se rend compte, dès que les erreurs surviennent ou lorsque la faillite décapite le mouvement de son efficience. Rétrospectivement l'acte prend de la valeur et, prennent alors du relief, les promesses incluses dans l'organisation sensori-motrice qui préside à l'efficacité opératoire. Et à chaque fois le temps sert de lien et de roue motrice entre l'espace perceptif et l'espace actif par l'intermédiaire des moments qui correspondent à la mise en action et à l'exécution. Les stimuli perceptifs se transforment en excitations qui se soudent dans le déroulement de la réponse pragmatique. Tout va être fonction de la quantité et de la qualité des échanges qui agissent comme un appel, un stimulant exerçant leur emprise sur le déroulement global de l'action.

L'analyse temporelle permet d'isoler dans les actes, ce qui s'est déposé en eux de plus automatique, reposant sur les arcs réflexes. Ce sont des montages qui interviennent tels des actes mécaniques bien réglés, se déroulant entre les stimuli déclenchants et les réponses déjà en cours d'exécution. Les travailleurs en parlent d'ailleurs en ces termes et s'attribuent de plus ou moins bons «réflexes». En réalité ces fragments d'action appartiennent à une mélodie d'ensemble qui exige du temps pour s'effectuer, qui se développe dans un cadre temporel exogène et tracé mais qui, par leur déploiement même, produisent aussi du temps. Et l'importance majeure de l'étude du travail par rapport à l'homme et vice versa sera de regarder *les comportements par rapport au temps qu'ils produisent*.

Pour J. Fourastié: «l'homme mesure le temps en comparant l'évolution d'un phénomène à l'évolution d'un autre phénomène». Et selon W. Grossin (qui reprend cette argumentation de Fourastié, 3, p. 6) les faits sur lesquels intervient l'action humaine peuvent: soit rester identiques de façon stable, soit récupérer leur identité après un déplacement ce qui permet de retrouver la stabilité selon une certaine périodicité, soit être modifiés de façon irréversible sans pouvoir retrouver l'identité initiale. C'est ainsi que Fourastié différencie les comportements selon le temps. Dans la réalité microscopique l'identité se perd à chaque mouvement du fait même de l'action du temps; mais au niveau perceptif — d'une relative approximation — tout se passe comme si la répétitivité des actes pouvait les rendre semblables les uns aux autres. C'est pourquoi la différence viendra surtout du temps qui est produit par les comportements et par les échanges qu'ils engendrent. La temporalité est le support du trajet des échanges; le temps s'associe à la courbe opérationnelle des comportements et contribue à en dessiner leur forme (temporelle). Le temps mesurant et le temps mesuré diffèrent et chaque comportement produit un type de temps déterminé qui ne se retrouvera plus. La vie d'un comportement est irrémédiablement engagée dans l'effet produit et c'est de cela même qu'émerge son propre temps. Il s'agit d'un temps en événements, d'événements temporels qui se produisent à chaque jonction effective, au point de surgissement de l'acte transformateur. «Tout émergent fait surgir avec lui son propre temps» affirme G.H. Mead (cf. D. Victoroff 4, p. 125).

Les échanges en jeu sont le fil conducteur invisible et réel entre le travailleur et le milieu sur lequel il exerce son action. Les échanges produisent du temps et se déroulent dans le temps. *Le temps opère en définitive, comme un milieu actif tendu entre l'homme vivant et l'environnement inerte qui reçoit sa vie du travail réalisé.* Il n'y a travail d'ailleurs que dans et par cette transformation qui repose sur l'enchaînement des événements. «Il ne peut y avoir de mesure d'événements que s'il y a des événements à mesurer. Et, ils ne peuvent être mesurés que par relation à d'autres événements» écrit J. Lowenberg (dans «The non specious present», rapporté par W. Grossin 3, p. 6). Le temps en question est le temps des échanges s'effectuant au présent du temps, entre les deux moments d'une attente expectante qui impose son orientation transformatrice au champ opérationnel en «suspens» et apparemment statique.

4.2. L'attente passive ou le réactif d'attente

«Passé et futur ne sont rien sans leur présent qui construit et reconstruit l'un et l'autre» écrit G.H. Mead (5) et c'est bien ce que l'attente expectante a montré dans la mesure où elle met le temps en suspens pour que le présent puisse faire son plein. Le temps bénéficie d'une pause, d'un point d'orgue sans modifier son cours cependant, *juste un moment statique*, pour que ce moment-là précisément jouisse d'une certaine dilatation. Ce présent dilaté de l'attente expective se gonfle de toute la temporalité disponible dont la densité propice sert à éviter les allongements et les raréfactions de temps, garantie sérieuse contre les solutions de continuité. L'attente statique appartient à ceux qui ne manquent jamais de temps, ne sont que rarement débordés, réussissent un bon ajustement entre le temps disponible et les comportements qui sont destinés à ce temps. Le temps présent est garant du bon écoulement temporel et des bons mélanges entre les attitudes, les comportements et le temps.

Mais comme le note G. Bachelard, «le présent est couvert de nœuds» car il est pluridimensionnel: «il n'apparaît continu que sous une certaine épaisseur, grâce à la superposition de plusieurs temps indépendants» (6, p. 92). Ces temps superposés ou associés selon les fragments des tâches en cours peuvent se dilacérer, se séparer, se disjoindre, ou du moins mal se réunir, jusqu'au point où le présent peut, soit manquer le temps, soit manquer de temps. Temps distrait de son cours qui subit des arrêts, des secousses, une mise en suspens, des dérivations et prive le présent de l'action de son temps à lui. Chacun sait que les distractions au travail sont fatales, surtout dans les opérations mécanisées où les mouvements des machines continuent leur implacable succession alors que les mouvements humains qui leur sont accouplés, n'étaient pas au rendez-vous. A peine le temps de le dire et de le constater et c'est déjà trop tard, le retard est irréparable. Non seulement le présent du travail a manqué de temps, mais le sujet chargé de mener les opérations a manqué son présent opératoire par manque de présence. Et pourtant l'ouvrier est là, physiquement présent, les machines aussi, l'espace opérationnel n'attendait que la conjonction des comportements selon le programme prévu, mais *la disjonction temporelle* en décide autrement. On peut, bien sûr, considérer le facteur humain comme facteur principal, essentiel, et penser que c'est la distraction du sujet chargé des opérations qui en est la cause, du fait que celui-ci a manqué de présence. Peut-être. Mais les faits sont complexes, ils ne se laissent pas ramener à un seul facteur et l'analyse temporelle, elle, se montre moins docile.

Ces dissolutions temporelles concernent *les attentes passives* dominées par la réactivité. Le temps trop mou dévie de son cours, fait l'école buissonière. A-t-il été bien comptabilisé, bien distribué, *correctement compartimenté et délimité dans le programme des « temps préparés »*, c'est la première question à élucider. Toute situation de travail proposée fait partie d'un programme d'ensemble où les tâches sont sériées et échelonnées pour que le travailleur puisse les enregistrer, les programmer à son tour dans sa tête et dans ses gestes et enfin les exécuter en « lieu et en heure » attendus, au moment voulu. Si la préparation est défectueuse, si les explications ont été insuffisantes, si précaution n'a pas été prise d'un bon ajustement préalable, à blanc pourrait-on dire, entre la gestualité des tâches et les possibilités exécutrices des opérateurs, aucun étonnement à ce que l'attente se dérobe à elle-même et que le temps se manque à lui-même. La courbe temporelle, comme nous l'avons dit précédemment, est une résultante qui tient compte des moments du temps, des mouvements et d'un espace-temps qui est lui-même composé d'un espace visuel, d'un espace tactile — d'un espace perceptif en tout cas — et d'un espace actif, c'est-à-dire d'un espace dirigé, orienté (notons qu'il n'y a pas d'espace neutre) pour être balisé et rempli par les actions transformatrices souhaitées. L'attente expectante et statique ne fait qu'assurer la coordination de ces parties en un tout qui aboutit à l'élaboration du produit envisagé. On ne peut ramener les faits, sur le plan temporel, à une simple situation de stimulus-réponse et se contenter d'incriminer la bonne volonté ou la disponibilité ou le savoir-faire de « l'homo faber ». Une fois le programme de travail lancé, celui-ci obéit à ses temps spécifiques et les comportements sollicités ne se contentent pas de se dérouler dans le cadre temporel prévu. Les comportements déclenchés et reproduits une et une fois en vue d'aboutir à la résultante escomptée produisent à leur tour du temps et cette temporalité attendue d'ailleurs explicitement dans la suite opérationnelle doit bénéficier d'un bon accueil pour qu'elle ne prenne pas de retard, qu'elle ne soit pas en décalage et pour éviter ces déphasages que pourraient introduire des attitudes d'attente passive.

Le temps mou et invertébré des attentes sans attente réelle peut donc être dû à *la « qualité même du temps préparé »* dans la mesure même où il n'a pas été tenu suffisamment compte des variations tant quantitatives que qualitatives du temps en cours d'opération et de l'ajustement nécessaire entre le cadre de l'espace-temps proposé et du temps vivant, du temps frais produit par les mouvements à l'œuvre chez les opérateurs. On ne peut se contenter de dire que tel sujet « manque de réflexes ou qu'il n'a pas de bons réflexes »; il y a lieu d'examiner en premier s'il a pu les avoir et les produire de façon adéquate, c'est-à-dire en adéquation avec le déroulement de la situation de travail proposée. Les réflexes comprennent une double acception propre au mot et à la chose. La chose correspond à l'arc-réflexe proprement dit: la série de mouvements effectués en réponse à tel stimulus, opération qui prend en charge un certain état de la tonicité musculaire et une participation émotionnelle plus ou moins accusée. Le mot a bien d'autres connotations et traduit la présence à soi et au monde qui permet d'effectuer les bons comportements pour telle situation faisant appel à une participation de tel sujet à un moment donné. Si les dosages ont été bien réglés, l'attente statique nécessaire pour l'exactitude de l'ajustement permet d'obtenir le bon résultat, mais si le dosage des éléments en jeu est défectueux nous aurons un mauvais résultat lié à un décalage temporel. Un retard, ou une avance, sont enregistrés dans l'emboîtement des actes et des faits. Le moment perceptif et le moment de l'action aboutissent à une synthèse disjonctive avec l'espace opérationnel à investir, d'où dissolution temporelle et fragmentation des séquences de travail. On enregistre un mauvais résultat qui se produit soit au niveau des mécanismes en action, soit dans le produit fabriqué, soit chez l'opérateur. Les échanges sont perturbés du fait que le présent a manqué « son » temps et a manqué de temps pour assurer son être de présent dans le temps.

Les travaux de l'école de la Psychologie de la Forme ont montré toute l'importance de l'attente dans l'exécution des tâches, tout en soulignant que la surface d'accueil correspondant à cette mosaïque de lieux reliés de façon mobile et en échange temporel constant, offre un champ vivant d'attractions diversifiées. C'est dire que la distribution temporelle étudiée et proposée pour telle exécution de tel travail peut renfermer des points défectueux qui ne laissent aucune chance à l'éventuelle rencontre avec la temporalité propre à tel sujet et avec la temporalité produite au cours même de l'action une fois celle-ci déclenchée. Car les actes obéissent à des séries, appartiennent à des ensembles où chaque fragment offre ses connexions particulières avec des variantes possibles dont certaines peuvent être « inattendues », c'est-à-dire non attendues, passives donc et exerçant leur force réactive puisqu'elles ne pourront pas développer leurs effets jusqu'au bout d'elles-mêmes et de leurs possibilités. Aussi faut-il partir des effets constatés, pour retrouver les maillons qui ont pu sauter ou qui ont été «malmenés», pour essayer de remonter la chaîne et mettre à nu le processus afin de savoir si ce processus a été «bien ou mal mené» plutôt que s'attarder à incriminer une causalité primaire qui privilégierait tel ou tel élément de l'ensemble. Ce faisant on raterait la complexité de la multiplicité des éléments en jeu.

J.V. Uexküll a développé une théorie dite du contrepoint empruntée à l'écriture musicale : «Toute composition musicale vise à choisir les sons qui constituent une série mélodique... Cette liaison se fait selon les règles du contrepoint qui déterminent comment on peut réunir dans une partition les sons de différentes voix» (1, p. 134). Les «sonorités perçues» mettent en branle des «sonorités actives» du fait que les signaux enregistrés sont eux-mêmes en liaison temporelle. Cette liaison est temporellement élaborée à chaque instant selon les seuils perceptifs correspondant aux moments temporels du sujet considéré et aux seuils temporels de l'organe considéré (l'ouïe ici dont le seuil est de l'ordre du 1/1000 de seconde). En généralisant, *on pourrait dire que le temps perceptif et le temps de l'action fonctionnent en système de contrepoint*, non seulement ils se font écho point par point mais ils obéissent à une liaison de signification. Or il est des cas où la situation inflige une signification passive, subie par le sujet qui la perçoit et qui est dans l'incapacité de produire les séquences temporelles actives qui lui correspondent exactement. Cette non-exactitude appartient à une attente passive, attente sans attente, attente frustrée de son attention attentive et consommée en dissolution, en échec, en rupture, en réactivité. Tel sujet peut être soumis à une signification subie externe mais il peut aussi élaborer cette signification privative, en partant d'un élément exogène qui désorganise le bon déroulement de la séquence souhaitée. La non-coïncidence se traduit par une perte des rythmes, une distorsion des mouvements, un trou, un vide, un ratage, un désaccord dans l'harmonie contrapunctique.

4.3. L'attente active

Le présent de l'attente active est tendu en avant de lui-même, à l'extrême limite de ce qui appartient au présent pour «mettre la main» sur ce qui n'est pas encore là. L'attente active est avide de temps : elle cache une certaine possessivité sous une allure de prévoyance et de souci de bien faire. *Alors que l'attente statique s'occupait de bien remplir le présent, de ne pas le laisser s'échapper avant qu'il ne soit plein, l'attente active renforce ce temps plein, en fait parfois un temps dur et empiète sur le pas encore là, sur l'à peine annoncé.* Au seuil de l'impatience, l'attente active est toute imprégnée d'avenir proche, tout en demeurant pleine du présent de l'action. Tout le secret est dans ce savant dosage. Si le présent s'effiloche, s'il se déchire sous l'effet d'un trop brusque ou trop fort étirement du temps, la temporalité va en souffrir dans son à-venir : jamais le moment suivant ne pourra goûter de sa qualité de présent le moment venu si le présent qui le précède a été endommagé. *Tel est le danger des temps mous, des attentes passives et inattentives.* Le vide du temps qui en résulte introduit une hétérogénéité maladive dans le temps; celui-ci devient autre sans pouvoir devenir réellement.

Succédant à l'attente statique, se méfiant des attentes passives, *l'attente active vit et se développe dans le temps homogène, linéaire ou circulaire.* Le temps est découpé en instants bien mesurés — ni trop longs ni trop courts — pour qu'ils puissent appartenir à la fois au présent qui se termine et au futur tout proche qui s'annonce... L'attente active veille au passage du temps dans son écoulement perpétuel vers le stade ultérieur. La fonction essentielle de l'attente active est d'assurer la séparation entre l'antériorité et la postériorité de l'instant présent alors que l'attente statique assume la plénitude de ce moment qui n'est plus antérieur et pas encore postérieur. C'est dire que ces deux types d'attente expectante statique et active fonctionnent de concert et obéissent à une loi intime qui les articule soigneusement. L'homogénéité du temps en dépend. L'attente active facilite le passage et la succession du temps, marque sa progression de l'antérieur vers le postérieur et garde dans le présent ce qui disparaît de l'un et ce qui s'annonce de l'autre : *elle fait régner une relative simultanéité* microscopique entre ces deux moments cependant bien séparés. L'activité de l'attente subsume la prolongation des instants évitant les coupures brusques et marquant les solutions de continuité pour en faciliter la bonne liaison.

L'attente active assure la continuité de la durée et la continuité de l'action simultanément, tout en veillant à la quantité et à la qualité des opérations. Il s'agit d'exécuter le programme prévu, mais ce programme demande à être prévu constamment : jamais les choses ne sont faites ni exécutées une fois pour toutes. Une hésitation marque chaque passage d'un acte à un autre. L'attente active pourvoit à ces légers troubles en avançant implicitement ce qui va être fait ou ce qui le sera. Le cheminement s'appuie sur le déjà fait, introduit un présupposé concernant ce qui reste à faire et rend enfin explicite la continuité temporelle à travers les comportements prévus qui, dès leur entrée en action, produisent l'effet attendu. Tout se passe comme si la chronogenèse des diverses parties du cycle opérationnel était supportée ou mieux portée par la temporalité que ces mêmes actes produisent. Les mouvements linéaires ou circulaires permettent cet enchaînement par l'uniformité de leur articulation jusqu'à réaliser l'intégration de toutes les parties actives en un tout. Les influences du champ de travail se joignent à l'attention éveillée du travailleur pour tenir en alerte l'attente active. La prégnance du champ opérationnel est positive et se maintient telle: l'opérateur est pris dans une aire d'influences qu'il doit cependant développer. Il appartient à l'opérateur d'effectuer la suite d'entrées et de sorties dans un champ qui se modifie sans cesse même si apparemment cela ne se voit pas. On peut d'ailleurs affirmer que *si globalement la vue microscopique est stable* cela est dû précisément à la dextérité avec laquelle les divers aspects opératifs sont reliés entre eux pour éviter toute rupture dans une courbe temporelle elle-même discontinue. Les vibrations temporelles, les alternances des mouvements rapides et des mouvements lents, obéissent instant après instant, à un «sur-programme» qui vient se superposer aux prévisions initiales. Une telle répétition obéit à l'attraction de l'attente attentive qui tire les actes en avant d'eux-mêmes tout en évitant les «fuites en avant» et en ménageant des repos ou des tensions concentrées utiles pour vaincre les résistances qui ne manquent pas de surgir dans toute série opérationnelle si bien au point soit-elle.

L'attente active exige un *modèle mental*, soit un ensemble de représentations concernant le pas encore là mais supposé tel. Le processus dynamique exige une triple attitude pour confirmer son évolution dans le temps présent: prendre acte de ce qui est déjà fait et qui vient de se faire, surveiller attentivement ce qui est en train de se réaliser, prévoir, au seuil de l'achevé, ce qui va venir à la suite. Ce triple regard fonctionne comme un ensemble noématique qui propulse le travail des fonctions chargées de la vigilance et donne à celle-ci une plénitude par la constatation des effets enregistrés lorsque ceux-ci sont positifs. Ce fonctionnement devient plus ou moins automatisé et s'organise autour d'un *stéréotype dynamique* sans cependant s'oblitérer dans la passivité sous peine d'entrer dans une phase de temps mou dont on connaît les inconvénients. Disons que le fonctionnement du stéréotype exige à son tour une attention flottante pour le maintenir dans sa direction et lui conserver les rythmes souhaités pour la bonne répétition. La durée s'élabore et s'écoule à la fois: repérable objectivement par les effets produits et le trajet parcouru, vécue subjectivement en suivant les pulsations temporelles propres à l'articulation attentive et active des actes. Chaque instant de l'ensemble est une pièce de cette délicate architecture qu'un rien peut dérégler. A ce niveau microscopique en s'approchant au plus près du déroulement des actes, la délicatesse et la fragilité de l'architectonisation temporelle deviennent évidentes. Le temps fait sentir sa présence et montre comment dans son passage il prend son vrai poids, celui qui le fait être et le porte en avant.

4.4. Psychopathologie des attitudes, des comportements et des conduites d'attente

> *« Dis-moi comment tu traites le présent, et je te dirai quelle philosophie tu es... Si vous stérilisez le présent, tout est stérile, tout est vide. Si vous gardez le présent fécond, seulement alors toutes les autres fécondités pourront être ménagées et aménagées».*
>
> Charles Péguy

«Notre temps humain — explique J.V. Uexküll — est composé d'une série de moments, c'est-à-dire de laps de temps très courts, à l'intérieur desquels le monde ne présente aucun changement» (1, p. 25). Nous savons que le moment humain (un point de temps en quelque sorte) correspond à 1/18 de seconde. D'autre part les temps du présent sont multiples, nous dit G. Bachelard, et en effet *chaque moment correspond à un point de temps* qui appartient à un tout relationnel dont la structure fonctionne en «système» complexe. Les attitudes d'attente ne sont pas uniquement celles de l'homme pris en bloc en tant que sujet planté en face de l'environnement qui l'entoure, mais plutôt des attitudes fragmentaires qui prennent corps aux niveaux psycho-moteur, affectif et intellectuel et se déroulent dans un segment d'acte. Les comportements répondent à des ensembles d'attitudes organisées, orientées vers un but; le comportement est doté d'une tendance. Attitudes et comportements se constituent en conduites qui, au niveau de l'humain, recouvrent la totalité de l'activité. Attitudes, comportements et conduites appartiennent à l'univers de chacun, univers fait surtout d'artifices, incluant tout ce que les hommes ont appris et se sont transmis des uns aux autres et ce qu'ils continuent à apprendre et à fabriquer. Le temps humain fait partie aussi des artifices humains. Chacun sait et Heidegger l'a résumé pour tous, que sans l'homme il n'y aurait pas de temps. Pour J.V. Uexküll, le mérite revient, dès 1828, à Karl Ernst von Baer (7) «d'avoir montré concrètement que *le temps est un produit du sujet*». En effet «le temps considéré comme succession de moments change d'un milieu à l'autre selon le nombre des moments que les sujets vivent pendant le même laps de temps» (1, p. 37). Cette charpente temporelle se modifie chez l'homme à travers le temps par lui produit. L'homme non seulement crée ses propres perceptions, mais aussi le temps lui-même comme nous l'avons déjà indiqué et allons mieux le démontrer.

L'attente sous toutes ses formes paraît être la conduite essentielle dans cette double élaboration temporelle à la fois perceptive et productrice. Les conduites d'attente avec leurs éléments de régulation ou sentiments selon le point de vue de P. Janet, constituent un aspect du temps formant un tout en elles-mêmes. Elles appartiennent au *présent du temps* tout en le complétant et en le débordant ou à la rigueur en le diminuant lorsque la passivité envahit l'attente. Les variétés psychopathologiques oscillent autour des types fonctionnels répondant aux attentes statique, passive et active. Il n'y a pas lieu de caractériser certaines formes comme normales et les autres comme malades. Disons simplement que *la maladie du temps apparaît lorsque la production temporelle est troublée*. On peut enregistrer alors soit un tarissement de la temporalité humaine, soit un excès de la chronogenèse avec télescopage des moments les uns dans les autres, soit une discordance entre les diverses temporalités d'un présent même présent ou d'une suite temporelle. Pour mieux en parler il faut peut-être évoquer d'abord les rapports du temps et du langage et passer en revue ensuite les acquisitions qui résultent d'une bonne pratique de l'attente, ou mieux, des attentes. Plutôt que de se situer dans l'anormalité, la psychopathologie du temps nous apparaîtra comme étant la source créatrice d'autres temps, hélas non directement ni immédiatement utilisables par l'homme.

Trois moments à considérer: 1) le temps et le langage; 2) les résultats heureux de l'attente; 3) les variations psychopathologiques des attentes.

4.4.1. Temps et langage: le récit et l'attente

«La façon dont agissent les gens dans une situation donnée est en accord avec la manière dont ils en parlent». Cette remarque de Benjamin Lee Whorf (8, p. 98) découle de ses observations dans une Compagnie d'assurances contre les incendies et de ses recherches sur la culture hopi. Il avait remarqué combien la signification linguistique pouvait se plaquer sur la description verbale appliquée à une situation, au point d'agir sur notre comportement. C'est l'objectivation métaphorique des termes employés qui influe sur l'action en cours. Avançant dans l'étude des langues, Whorf affirme que le langage est créateur de pensée et qu'en particulier, l'expression linguistique, par sa valeur analogique, contribue à traduire soit une situation, soit un état, soit un phénomène, en lui attribuant un pouvoir créateur qui le constitue en lui-même. Quelle réalité auraient bien des notions, sans la nomination qui les concerne et les intronise dans leur réalité? Dont le TEMPS, qui reçoit sa valeur de catégorie de l'énonciation langagière comme le redit E. Benveniste par ailleurs (cf. Ch. 7). Whorf observe que le langage hopi est intemporel; qu'il ne possède pas de verbes de temps; le Hopi vit dans la durée. C'est le système à trois temps: présent, passé, futur de notre pensée-langage qui conditionne notre conception occidentale du temps. Les incidences du temps, sa fuite perpétuelle, de même que la comparaison des instants et leur succession nous sont connus parce que *parlés et dits* par une conjugaison temporelle. Les verbes tracent et retracent la courbe tendancielle du temps dans leurs conjugaisons modale et temporale. Les termes relatifs à l'espace et au temps les orientent, leur attribuent une intensité et une tendance. Certains mots sont appelés «tenseurs» du fait qu'ils expriment les intensités, les forces, les variations et la continuité du temps, et introduisent des oscillations sémantiques le concernant. «Les tenseurs introduisent des distinctions de degré, de proportion, de régularité, de répétition, d'augmentation ou de diminution d'intensité, d'enchaînement logique, d'interruption ou de séquence succédant à un intervalle, etc... Ils expriment également les *qualités* des forces...» (8, p. 95).

Tant objectivement que subjectivement, tant dans le récit des faits que dans le jeu des représentations mentales, le temps est délimité et orienté, apprécié quantitativement et qualitativement. «En résumé, ajoute Whorf, cet «univers mental» est le microcosme que tout homme porte en lui, par l'entremise duquel il «mesure» et comprend du macrocosme *ce qu'il peut*» (8, p. 96 n.s.). Et l'auteur ajoute: «Par «habitudes de pensée» et «univers mental» je n'entends pas seulement le langage, autrement dit les structures linguistiques elles-mêmes. J'y inclus la valeur analogique et suggestive de ces structures (par exemple, notre espace imaginaire et ses implications éloignées), et toutes les interpénétrations entre la langue et la culture...» (8, p. 96). Ce texte «Rapports du comportement et de la pensée pragmatique avec le langage» a été rédigé en 1939. Deux citations de ce texte sont encore à retenir. La première: «L'écriture a sans nul doute contribué à notre traitement linguistique du temps...» (8, p. 108); ceci permet de penser que la coexistence de deux modalités temporelles courantes selon leur mise en mots orale ou écrite est possible et suggère par ailleurs l'éventualité des variations dans l'appréciation du temps selon les cultures écrites et non écrites. Retenons encore cette deuxième citation de Whorf: «Les concepts de temps et de manière, qui sont des données de l'expérience, ne sont pas, dans leur essence, exprimés de la même manière par tous les hommes, mais ils dépendent de la nature de la ou des langues qui ont présidé à leur élaboration» (8, p. 117). Une incidence serait à souligner dans les rapports entre une formulation telle que: «time is money» et les injonctions à l'économie du temps d'une part et la surestimation ostensible de la vitesse de l'autre. Les expressions reçues font partie intégrante du complexe culturel.

P. Janet (9) a beaucoup insisté sur le rôle du récit dans la mémoire et dans l'élaboration du temps. On connaît ses remarques sur le comportement lié à la «commission». Celui qui est chargé de faire une commission à quelqu'un effectue un transport du temps par l'intermédiaire d'un récit. *L'attente apparaît comme un acte différé* qui implique des alternances et des successions de présence et d'absence. On peut rapprocher les remarques de Freud à propos du «Fort-Da» (Au-delà du principe de plaisir) où l'enfant apprend les attitudes d'attente jusqu'à ce que l'objet-jouet-substitut de la mère, puis la mère elle-même réapparaissent. Pour P. Janet l'attente est une conduite de recherche pour accentuer la démarche vers l'absence — et par là dirions-nous, renforcer le présent — «le récit est un acte qui a un but précis, il consiste à faire faire par des absents ce qu'ils auraient fait s'ils étaient présents» (9, p. 222). Le récit permet le déplacement temporel et par là l'élaboration d'une durée qui s'intègre dans les actes de mémoire et dans la création du passé.

4.4.2. Psychologie de l'attente

> «*Les actes sociaux se font en deux parties: une partie physique extérieure et une partie sociale. Il faut réunir les deux: ce n'est pas facile. L'attente pure et simple se borne à les réunir*».
>
> P. Janet (9, p. 221).

L'attente comme *acte différé*, concerne l'attente statique et l'attente active, c'est-à-dire que le temps sous tension remet l'action au moment opportun pour les faire coïncider avec le présent du temps. Tout différé est aussi une différence qui exige discrimination, séparation, préparation minutieuse facilitant l'avènement du temps dans ce point d'accueil où l'insertion fera la différence tout en propulsant la continuité. Au début de toute action il y a attente pour marquer *le commencement*. Le *sentiment de terminaison* peut survenir par contre brusquement. Mais comment saura-t-on que l'action est terminée si l'attente implicite n'a pas préparé cette fin attendue/inattendue ?

L'attente s'oppose aux événements temporels, et encore ceux-ci peuvent-ils être introduits par l'attente passive. Le décours presque indécis d'une attente passive peut aller, dans son inachevé, jusqu'à la cassure du fil du temps. Mais les événements temporels sont par définition inattendus. Ils surviennent sous le choc d'une autre temporalité ou dans la rupture imprévue de la ligne temporelle. L'événement du temps c'est ce qui trompe l'attente et la prend à revers. Le temps est coupé dans son élan, obligé de battre en repli, amené à se recroqueviller. L'événement temporel deviendra, une fois la rupture consommée, le point-source d'une autre temporalité hétérogène à la première et qui se conjugue mal avec elle. C'est la source de nombreux ennuis, le plus souvent, hormis les cas heureux où l'attente prise au dépourvu se voit comblée dans sa propre inattente. Cet «inespéré» n'est pas le lot habituel des attentes, le plus souvent déçues comme dans l'interminable attente de Beckett de «En attendant Godot».

La vertu de l'attente est avant tout l'*exactitude de la précision*. L'attente préside à la concordance des actes : elle effectue une soudure, elle achève les liaisons temporelles. La fonction essentielle de celui qui sait attendre, c'est d'être à l'heure, sinon de quoi lui servirait-il d'attendre ? La coïncidence du temps à soi et du temps des horloges exige la pratique des conduites d'attente, ce qui montre leur *origine sociale*. Chacun sait que les gens importants se font attendre et savent se faire attendre. L'attente est habituelle dans l'exécution du travail où l'exactitude est de règle. Le fait d'être à l'heure commence le plus souvent par un «pointage» à l'entrée et à la sortie du lieu de travail, sorte de rite qui contribue à mieux marquer les sentiments de commencement et de terminaison signalés par P. Janet. L'attente se prolonge dans les diverses phases opérationnelles et dans les rapports sociaux qui s'y greffent. La précision, l'exactitude, reçoivent valeur de vertus morales. On apprend à attendre en avançant en âge. On pourrait dessiner un diagramme allant de l'impossible attente de l'enfance, passant par l'attente attentive et tendue vers l'action de la jeunesse, florissant dans l'attente statique efficace de l'âge adulte qui a appris à faire ce qu'il faut en lieu et heure «attendus» pour se fondre lorsque le grand âge est atteint dans des attentes passives qui sont le plus souvent, disions-nous, des attentes sans attente, des attentes sans objet.

4.4.3. Psychopathologie des attentes

« La vie est une évolution lente; chaque moment du temps présuppose un degré dans l'activité et dans la sensibilité, un accroissement ou une diminution, une variation quelconque, en d'autres termes un rapport composé de quantité et de qualité. S'il n'y avait pas division, variation et degré dans l'activité ou la sensibilité, il n'y aurait pas de temps» écrit J.M. Guyau (10, p. 24). Il pourrait y avoir un récit, une narration, mais celle-ci suppose aussi l'action et de plus elle est elle-même des activités et des sensibilités mêlées. Les variations, les différences de degré introduisent la nouveauté, l'originalité, une création non attendue ou qui échappe à l'attente. Au seuil de ce qui échappe à l'attente se retrouvent les formes pathologiques, où le temps se trahit lui-même et s'engouffre dans une inadéquation à la fois intra-temporelle (dans la ligne du temps suivie) et extra-temporelle par rapport au cadre du temps. Les «inattentes» — dénommons provisoirement par ce néologisme ce qui échappe à l'attente — sont toujours doubles : a) dans la succession du temps qui les porte, la coïncidence peut se trouver frustrée, il y a ratage dans la connexion des moments du temps et b) par rapport au temps exogène qui fait partie du cadre spatio-temporel où l'opération se déroule il peut y avoir inexactitude. Les deux temporalités ne se superposant d'ailleurs pas. Ces décalages se feront en plus, en moins ou à côté. Nous aurons les temps hâtés, les temps impatients, les temps brusqués, les temps fougueux et imprudents, les temps mal contractés des précipitations... mais aussi les temps en retard, les temps retardés, les atermoiements, les temps qui ont toujours le temps ou aiment se faire attendre... enfin les temps à côté, les courts-circuits du temps qui n'assurent plus les rapports en «contre-point», les discordances temporelles aussi nombreuses que variées où le retard et la précipitation se conjuguent pour rater leur impact...

4.4.3.1. Les temporalités précipitées

Le «savoir-attendre» serait la première caractéristique du temps, nous n'osons pas dire sa qualité par excellence puisque le temps porte en lui cette «qualité» et que ce sera la quantification qui la lui fera perdre. Explicitons cette proposition. *Le temps qualitatif* est celui des forces, des variations, des degrés, au sens de J.M. Guyau, ce qui correspondrait au temps humain à l'état pur; ce temps produit dans ses intensités les moyens pour associer les moments les uns aux autres sans saccades, sans oscillations autres que celles exigées par le passage même du temps. Mais le *temps quantifié* — œuvre des hommes aussi pour leur propre mise au supplice — gâche l'harmonie des concordances. Le temps quantitatif c'est du temps construit qui a perdu ses qualités naissantes, c'est en quelque sorte un temps mort, déjà codifié par les calendriers et les horloges... mais c'est hélas, le temps en vigueur pour fixer les cadres du temps, déterminer l'heure et comptabiliser les gestes et les actes humains. Aussi court-on toujours après — malgré le dicton: rien ne sert de courir, il faut partir à point. Et l'on sait que « ce partir à point » constitue la base de la sagesse même du temps qui rejoint ainsi le « savoir-attendre ».

L'évolution du temps économique et social est régie par *les lois de la vitesse*: des machines aux courses à pied, des mouvements fulgurants des conquérants de l'espace intersidéral aux nageurs olympiques, tout et tous vont de plus en plus vite. L'atome, paradoxalement, nous a apporté une pause cependant dans la mesure du temps qui passe; désormais seules les horloges atomiques sont capables de donner l'heure exacte, c'est-à-dire avec la moindre avance ou retard sur les temps cosmiques. Le travail en particulier a subi la frénésie de la vitesse, par l'accroissement des rythmes d'exécution et de ce qu'on appelle les cadences: accélération du temps qui séquentialise les durées. Cependant les tâches prises en elles-mêmes exigent une articulation précise des divers segments qui les composent. Il existe énormément de travaux dits de *précision*. Depuis les conducteurs d'engins dans le bâtiment et dans les travaux publics jusqu'au personnel conducteur de mobiles ou aux travailleurs de la mécanique, chacun doit en ce qui le concerne respecter l'écoulement du temps et son insertion dans le champ opérationnel. L'exactitude semble préférable à la vitesse et d'ailleurs celle-ci n'est acceptable en milieu de travail que si elle s'allie à l'exactitude.

Le savoir-attendre reste impératif dans les rythmicités rapides. *La hâte, l'impatience, la précipitation* ne sont pas payantes: elles bousculent le temps, amènent des téléscopages des instants les uns sur les autres, réduisent en définitive l'écoulement du temps par les résistances qui apparaissent, les hésitations, les heurts. Le « hâte-toi avec lenteur » reste de rigueur. *La lenteur serait donc une propriété du temps*; du moins une lenteur relative, conduite selon le tempo propre au temps, c'est-à-dire dans une temporalisation qui assure sa continuité tout en ménageant sa discontinuité. Jean Pouillon qui a étudié le temps dans le roman remarque: « C'est dans chaque instant qu'il faut chercher le pourquoi et le comment de ses liaisons avec les autres et non en ceux-ci plus tard, une foi l'action (qui a été projetée) réalisée... Je ne pourrai dans un nouveau présent, saisir son rapport à mon projet actuel » (11, p. 160). Chaque instant réclame son temps de vie et il faut savoir le lui accorder. Plusieurs conquêtes sont indispensables: la stabilité émotionnelle, la non-angoisse, une bonne régulation de la tonicité de posture. Chaque nageur sait que pour aller vite il doit accorder à chaque mouvement son amplitude propre. Tout pianiste pratique la répétition gestuelle quotidienne pendant des heures pour obtenir ce toucher ineffable nullement perturbé par la dextérité des mouvements rapides. L'angoisse tourmente le temps, le précipite et parfois l'inhibe. L'éducation des bonnes contractions-décontractions musculaires permet de donner à chaque note sa sonorité pendant le temps qui lui est nécessaire; ni les accelerando, ni les retardando, ni les rythmes rapides, ni les rythmes lents ne doivent perturber ni le tempo de base, ni les timbres, ni les hauteurs des sons... ni la mesure du temps qui est inscrite sur la partition.

La patience serait peut-être la vertu majeure de l'attente. Si les impatiences fatiguent, cassent les rythmes, sont inefficaces, les mouvements envisagés dans la patience savent prendre leur temps: calme et rapidité ne s'excluent pas. La ponctualité réussit la conjonction harmonieuse du temps à soi et du temps hors de soi, mais elle réussit d'abord ce miracle qui consiste en ce que les moments du temps ne soient ni en avance ni en retard, qu'ils soient à l'heure. *Les arythmies et les dysrythmies du temps* finissent par être fatales au temps: son cœur risque de s'arrêter. Les battements du temps exigent par-delà la stabilité émotionnelle et la bonne tonicité de posture une *perception fine*: il faut éduquer sa sensibilité à entendre les pulsations temporelles, à suivre leur rythme de base et à accompagner les oscillations qui en font partie habituellement. Une connaissance plus éclairée est nécessaire pour savoir déceler l'inhabituel et à la rigueur les rythmes exceptionnels: ces modifications temporelles que chacun éprouve dans telle période critique de sa vie lorsque quelque chose de très important se produit et qu'il doit « tenir », pour aller jusqu'au bout de lui-même, c'est-à-dire aller jusqu'au seuil de la rupture pour devenir autre, provoquer et intégrer le changement, qu'il s'agisse de gagner un concours, dépasser un record, échapper à un danger, ou s'implanter dans une conquête... La patience, le savoir-attendre, la ponctualité, « l'être à l'heure », la lenteur rapide (ce n'est pas contradictoire), toutes ces formes où s'affirmit l'efficacité de l'attente pour rendre le temps à lui-même et l'instaurer dans son présent d'exécution, se gagnent, s'éduquent, exigent des expériences et des épreuves. Ces apprentissages passent par des périodes où les temps changent, déroutent, nous font croire qu'on est sur de fausses pistes... Mais le temps est irréversible, il suit son cours, ses cours, et chacun n'a que le choix de sa liberté qui est de le suivre et de le conquérir pour s'accorder en lui, à lui. Ainsi la vie fait un tout à la fois homogène et hétérogène. «C'est le présent qui se lie au passé — dit J. Pouillon — et non le passé qui d'avance pèserait sur le présent, puisque c'est dans le présent que s'opère cette liaison » (11, p. 158).

4.4.3.2. Le temps en retard sur lui-même: les attentes ratées

« L'attente véritable n'est jamais vide, ni passive, mais active » pense J. Pucelle (12, p. 22). Et cependant bien des attentes sont incomplètes, insuffisantes à elles-mêmes, impossibles à assumer. Curieusement l'impatient ne sait pas attendre et chacun sait que l'impatience est en progrès: personne n'aime ni accepte d'attendre, on vit à l'époque des rendez-vous. Mais il y a des rendez-vous manqués, des gens incapables d'assumer le temps d'attente; l'impatience entraîne parfois du retard. Puis il y a aussi la nonchalance, le laisser-aller, le relâchement, la pratique d'un temps qui a toujours le temps, la fausse lenteur de ceux qui vont à contre-courant ou qui sont en dehors du temps... La remise à plus tard semble moins fréquente. Le héros de G. Duhamel, Salavin, portrait type du psychasthénique de P. Janet, est-il aujourd'hui aussi fréquent qu'autrefois? La pression temporelle exogène induit un entraînement qui se répercute sur les individus. Il faut pointer à l'heure au travail; les trains n'attendent pas; les feuilles de Sécurité Sociale non présentées au remboursement avant deux ans sont périmées; les impôts impayés au jour fixé entraînent une augmentation supplémentaire de retard... mille et un faits de la vie sociale qui jouent un rôle « éducatif » ou « de mise sur les rails » ou « répressif » selon les opinions. Ces faits fonctionnent tels des synchroniseurs et sont créateurs en tout cas d'une disposition d'attente mesurée: ils invitent à être à l'heure pour éviter les inconvénients.

Les insouciants existent cependant: ils sont victimes du temps qui se joue d'eux sans qu'ils sachent le déjouer. Les raisons en sont multiples. La notion de non-responsabilité sociale ou d'incivilité, de même que les épithètes d'ordre moral sont à rejeter. Les effets et les causes n'appartiennent pas à une même ligne unilinéaire explicative. Le temps a des caprices, que ceux qui « arrivent toujours en retard », ceux qui « ne savent pas se lever à l'heure », ceux qui « vivent chaque jour le jour de la veille », ceux qui « oublient de mettre leur montre à l'heure »... connaissent bien. Ces maladies du temps affectent les attentes et les rendent passives. Ce sont les forces, les énergies qui sont incapables d'aller jusqu'au bout d'elles-mêmes et de s'affirmer dans leur polarisation active. Par contre ce sont les forces réactives qui dominent et rendent le temps en retard **avec** lui-même et en retard avec **les** temps des autres et du monde. Individus éteints, personnalités psychasthéniques, structures schizoïdes au schizophréniques, inhibitions émotives, apathies affectives ou mélancoliques, on retrouve tout cela derrière ces « fuites en arrière du **temps** ». On retrouve aussi d'ailleurs des hypertonies musculaires, et des paratonies, une incapacité à organiser les dispositifs émotivo-toniques indispensables à la formation d'un accueil au temps social. En un mot, tout ce qui gêne une production temporelle propre, capable de s'insérer dans le temps de la vie et de l'histoire.

4.4.3.3. Les désaccords des contrepoints temporels

Reprenant l'idée de J.V. Uexküll des échanges entre les milieux intérieur et extérieur sous forme d'une partition musicale de type contrapunctique, on peut enregistrer dans le domaine du temps des fractures temporelles qui mettent à mal l'écriture en contrepoint exigée par la vie en société. Les non-connexions et les déconnexions entre le temps à soi et les temps proposés-imposés appartenant au cadre temporel ambiant sont nombreuses. A côté des ruptures temporelles déjà évoquées (ch. 3), de la fatigue, du découragement et des dépressions de toutes sortes déjà trop connues et désormais du domaine journalistique pour qu'il soit utile de les décrire ici... on peut retenir trois séries d'inconvénients.

W. Grossin prétend que les temps imposés désorganisent les temps personnels, et que la plupart des sujets sont incapables d'introduire une régulation favorable et positive dans leur temps de non-travail. *Le sentiment de monotonie* a été longuement mentionné dans les travaux répétitifs où les attentes passives dominent dans la mesure où l'on subit ces temps exogènes. Les déphasages temporels entraînent des phénomènes d'itérativité, de persévération, d'intoxication par les rythmes rapides et les micro-gestes répétés; chacun a en mémoire les scènes des Temps Modernes de Ch. Chaplin qui ne sont qu'à peine exagérées pour mieux montrer les nuisances temporelles.

Lorsque les individus adhèrent très fortement aux temps exogènes et s'y soudent au point d'en faire partie, on peut observer *la routine*. Il s'agit d'une sorte de mécanisation ou de robotisation des comportements qui atteignent les individus et les plongent dans le désintérêt et l'inhibition.

A côté de ces formes cliniques extrêmes les attentes passives sont par elles-mêmes dissolvantes à travers *les sentiments de dépendance et d'ennui*. Pour J. Pucelle: «l'attente comporte un aveu de dépendance» (12, p. 23) par l'intrusion d'un temps étranger dans le temps à soi. Il est certain que si la passivité s'immisce dans le temps et si chacun n'obtient pas de lui-même la possibilité d'élaborer un système temporel qui lui soit propre et qui vienne coïncider avec le cadre temporel proposé, comme nous le faisions remarquer plus haut, le vide existentiel s'installe du fait que le temps se trouve vidé de sa substance. C'est la question même du temps qui se pose, la passivité ne produit pas du temps mais du temps spatialisé et à la limite peut-on même dire de l'espace. La réactivité favorise l'éclosion de fantasmes et d'images dégradées, autant de représentations à contenu spatial puisque le temps est irreprésentable. Le temps ne peut être que parlé et énoncé dans un véritable acte de langage pour qu'il ait sa véritable fermeté. P. Janet avait finement compris l'attente: «l'attente est une action par rapport au temps et non à l'espace...» (cité par I. Meyerson 13, p. 16). Mais si l'action est vacante, si l'attente correspond à une absence et à une vacuité, le sentiment d'ennui peut envahir la vie quotidienne. L'ennui est une véritable maladie du temps que nous décrirons plus avant. Laissons J. Lacroix conclure ici, en exposant sa conception de l'attente qu'il oppose ainsi au travail: «Le temps de l'attente est une sorte de temps pur, de temps vide, sans contenu, qui s'identifie à l'ennui: s'ennuyer c'est attendre sans faire, c'est exister sans vivre, c'est-à-dire contempler passivement un temps devenu pratiquement intemporel, puisqu'il n'est pas rempli. Le travail au contraire implique une temporalité authentique, parce qu'il a une densité, parce qu'il possède son rythme propre qui est celui des œuvres, parce qu'il est une perpétuelle objectivation des rapports de l'homme avec la nature et avec l'humanité. Les travaux et les jours sont liés puisque les premiers sont comme la matière et le rythme des seconds» (4, p. 92-93).

Conclusion

L'attente intervient dans le temps suspendu, avant l'action, mais préparant à l'action, et lorsque celle-ci est déjà en cours l'attente poursuit son travail d'attente pour veiller à la suite de l'action. Le temps est un fin tissage où chaque moment au moment suivant se trouve enchaîné, avec une spécificité pour chacun d'eux, marqué au sceau de l'irréversibilité. L'attente est une vigilance du temps orientée pour éviter les temps en trop et les temps en moins. Le temps exige des avant-gardes et se surveille lui-même dans son passé pour éviter les atermoiements et les retards aussi bien que les avancées subites. Chacun sait que toute régression est impossible. «La nature ne fait pas de sauts» prétendait Leibnitz, et les sauts en arrière seraient des sauts de mort. Le temps est irréversible et c'est bien cette irréversibilité qui exige la position de l'attente. L'attente agit pour éviter les déplacements temporels inutiles et les déphasages. Il faut que le temps puisse bénéficier de toute sa puissance temporelle et pour cela chaque instant doit faire son plein de temps afin qu'il puisse à son tour en imposer à ces «temps imposés» que soi-disant on lui propose... L'attente active est l'unique manière, la seule, de faire attention à la vie, afin que le temps ne se détourne pas de lui-même, que les instants se prolongent sans que jamais le temps ne se fige et se transforme en carcan.

Bibliographie

(1) UEXKÜLL J. von, Mondes animaux et monde humain, coll. Médiations, éd. Gonthier, 1965 (première éd. fr. 1956; première éd. allemande: 1934).
(2) LAPICQUE L., La machine nerveuse, Flammarion.
(3) GROSSIN W., Les temps de la vie quotidienne, Université de Lille, Service de Reproduction des thèses, 1973, 1 volume de 553 p. (Edition Mouton, 1974).
(4) VICTOROFF D., G.H. Mead, sociologue et philosophe, P.U.F., 1953
(5) MEAD G.H., The philosophy of the present, Chicago, Open Court Publi. Co. (première édition 1932).
(6) BACHELARD G., La dialectique de la durée, P.U.F., 1963.
(7) BEAR Karl Ernst von, Uber Entwicklungsgeschichte der Tiere; Königsberg, 1828 (indiqué par J.V. Uexküll, cf. 1).
(8) WHORF B. Lee, Linguistique et anthropologie, Coll. Médiations, éd. Gonthier, 1971 (première éd. fr. 1969; première éd. U.S.A. 1956). Cet ensemble de textes a été rédigé entre 1936 et 1941 (Whorf B.L. est décédé en 1941).
(9) JANET P., L'évolution de la mémoire et de la notion de temps, A. Chahine, Paris, 1928.
(10) GUYAU J.M., Genèse de l'idée de temps, Alcan, 1890.
(11) POUILLON J., Temps et Roman, Gallimard, 1946.
(12) PUCELLE J., Le temps, P.U.F., 1955.
(13) MEYERSON I., P. Janet et la théorie des tendances, Journal de Psychologie, 1947.
(14) LACROIX J., Personne et Amour, Seuil, 1955.

Chapitre 5
Les archives du temps et la constitution du passé

« Savoir c'est faire ».

Bacon.

« Les individus doivent sentir le temps dans chaque phénomène ».

Kant.

« Essayez de vous représenter le temps comme tel; vous n'y parviendrez qu'en vous représentant des espaces ».

J.M. Guyau (1, p. 11).

« La véritable action n'est possible que si l'homme accepte le temps ».

F. Alquié (17, p. 32).

5.0. Position du passé

Le passé est le sédiment de l'histoire, de notre histoire. Le passé est le dépositaire de notre savoir-faire; mieux il n'y a un passé propre, personnel, que si l'on a fait, et ce passé est constitué de ce que l'on a fait. Et cela depuis la petite enfance. « L'animal et l'enfant, faute de moyens de mesure, vivent au jour le jour » nous dit J.M. Guyau (1, p. 7). Piaget (2) et Malrieu (3) qui se sont penchés, l'un sur les origines de la notion de temps, l'autre sur l'élaboration des attitudes temporelles, observent que le temps lointain, le pas-encore-là et peut-être même le jamais-là sont « fabriqués » avant le passé; tout le travail mental de l'enfant est imaginatif et fabulateur, imprécis, dépourvu de mesure(s). « L'enfant n'ayant pas développé l'art du souvenir, tout lui est présent » renchérit J.M. Guyau (1, p. 9). Ici la formule est frappante « tout lui est présent », c'est-à-dire que tous les faits sont vécus au présent sans que la notion d'un présent déjà élaboré soit sous-entendue... Comme si le souvenir et l'art de la mémoire étaient nécessaires pour étayer ce « présent » et l'asseoir sur un « passé ». En effet, le présent correspond à cette tranche du temps qui sera la plus longue à édifier dans sa stricte mesure, en pleine temporalité d'abord et dans l'ajustement qui lui est imparti entre « le pas-encore-là » et « le déjà-plus », ensuite. Chaque présent repose sur ce qui lui est antérieur, l'incluant dans sa tessiture et le conservant dans l'architecture finale du temps où tout s'intègre en définitive.

Le passé constitué est œuvre de la mémoire et le déjà appris revit constamment dans les habitudes: deux aspects premiers du passé qui concernent les actes humains. On en soupçonne déjà les effets: la permanence des conditionnements et des automatismes acquis, pour éviter de recommencer à zéro chaque jour comme si rien n'avait été appris. Mais aussi le poids de ce passé dépassé qui risque d'étouffer le présent et d'opacifier le futur. Si la conservation d'une gestuelle, des structures, des modèles, des formes d'action est utile pour poursuivre l'évolution répétitive du travail, la pesanteur des schèmes appris peut empêcher d'apprendre le nouveau, freiner le changement, clore l'histoire en introduisant un faux éternel retour du même, simple somme d'états semblables... La problématique du passé sera abordée entre ces deux issues, laissant surgir entre les deux, l'hésitation, le doute, l'ambiguïté, voire l'oubli et le refoulement... autant de difficultés que rencontre le temps dans son déploiement pour être présent à lui-même. Les perturbations psychopathologiques liées au passé du temps apparaîtront mieux ensuite, dans l'après de l'exposé descriptif de ces trois aspects premiers. Ce chapitre comprendra donc: 1) le passé des actes dans la mémoire et les habitudes; 2) la pesanteur du passé et les limitations du présent; 3) les enclaves du passé dans le temps enlisé; 4) la psychopathologie des rétrospections temporelles et du passéisme.

5.1. Le passé des actes

> « *Le temps se manifeste à moi dans l'irréversibilité des changements: il est le caractère qu'ont les changements d'être irréversibles* ».
>
> F. Alquié (17, p. 7).

Les actes moteurs sont, pour P. Janet, au début d'une possible mémoire. Actes-mouvements d'abord sans organisation aucune, qui, progressivement reçoivent une direction, ont un début, une continuité, une fin. Découpage sensori-moteur premier, pour que les séries puissent s'édifier, devenir conscientes, s'accompagner de sentiments, être inventoriées, emmagasinées, enregistrées, transformées en mémoire: faire partie de l'acquis. Les actes s'ordonnent et se hiérarchisent, ils suivent une orientation où se détachent les notions de succession, de continuité, pour se constituer en durée. Ces propriétés de la matière vivante, déjà à l'œuvre chez l'animal, présentent, au niveau humain, un degré de complexification et d'enrichissement à travers le langage. Le codage premier en signaux qui s'organisent en stéréotypes dynamiques, en conditionnements et en chaînes d'actions-réactions circulaires se double d'une codification en signes, dans l'ouverture des systèmes signifiants qui enveloppent tout l'acquis dans l'activité symbolisante. Les premières actions humaines sont extérieures, motrices; la subjectivation est ultérieure lorsque la délimitation temporelle est déjà possible. La durée s'applique d'abord aux choses, à l'extériorité; elle implique la succession et les rythmes. Y a-t-il place pour une pure durée subjective? Bergson y a cru et a pensé trouver là la véritable temporalité. On sait que Bergson séparait pour cela deux mémoires: l'une sensori-motrice, corporelle, servant à accumuler les faits bruts, matériels, et pouvant déboucher sur des automatismes; l'autre, dite mémoire pure, spirituelle, serait la mémoire de l'esprit, celle des souvenirs purs, indépendants somme toute du corps. Le corps et l'esprit ainsi compartimentés dans leurs activités se voient distribuer les tâches d'incorporer, l'un, l'espace et le temps spatialisé ou l'espace-temps, et l'autre, le temps pur, la durée. Mais la vie est avant tout vie sociale, lieu où tous les aspects de l'homme sont en étroite interaction. S'il est utile de faire des séparations pour mieux conduire l'analyse, aucune explication n'est possible, qui s'essaie à attribuer à l'un ce qui viendrait de l'autre. L'activité humaine se mêle dans un même processus qui passe par des degrés de complexité progressive, s'enrichit selon une hiérarchisation où apparaissent, a posteriori, des niveaux différents, qui sont codés dans leur totalité par ce double système des signaux et des signes. Les schémas sensori-moteurs et les schèmes mentaux s'organisent en trois étapes: fixation-conservation d'abord, reproduction ensuite, enfin reconnaissance. Ces cycles s'effectuent à travers les échanges intimes de la chimie nerveuse, échanges de microénergies avec production de flux qui se codent et se re-codent pour créer un espace d'action et une temporalité d'emblée surtout rythmique mais aussi formatrice de périodes et de séquences de durée différente.

Apprendre, c'est aborder le nouveau pour se l'approprier et le faire sien: le décodage de ce qui apparaît se poursuit par un encodage personnel qui permet de retrouver le contenu et de le reproduire à volonté. Les choses perçues, les conseils écoutés, les enseignements reçus sont «engrangés» selon une certaine localisation spatio-temporelle. La reproduction implique la recréation d'un champ opérationnel où l'avant et l'après, l'antérieur et le postérieur, peuvent être respectés dans un temps qui correspond au cycle des comportements concernés. Les circuits se forment sous l'action des *mimétismes de répétition* où l'*imitation* joue un rôle majeur ainsi que la *représentation mentale*, image, figure ou fantasme, qui est surtout de nature spatiale. Mais les distances et les vecteurs de l'orientation, haut-bas, avant-arrière, droite-gauche, répondent à des *échanges* et des transports d'énergie «plastique» et se constituent à partir des temps : temps d'enclenchement de l'échange, temps-durée de l'échange, temps-rythme quantitatif des échanges par unité de temps, temps-durée globale des échanges... on trouve le temps «en dernier ressort» à tous les stades, sous sa forme biologique la plus profonde. Quant à l'objectivation du contenu de l'apprentissage, l'opération exige une actualisation qui est chaque fois une recréation nouvelle dans le présent du temps. Ainsi se forment les circuits gestuels, les cycles opérationnels, les conditionnements complexes qui seront la structure intime des *habitudes* et *l'arrière-fond des automatismes*, ces comportements qui se font «sans y penser». Cette mise en forme des habitudes aura demandé beaucoup de temps et d'efforts pour affiner les segments des actes, les accoupler, les ajuster, les rendre, jour après jour, plus efficients, jusqu'à obtenir l'exactitude, la précision, la «mécanisation» dans l'exécution. Que l'on pense à l'ajusteur en mécanique ou au pianiste, au conducteur d'engins ou à l'ébéniste, à la dactylo ou à la couturière, au chirurgien ou à l'horloger, chacun a dû consacrer une partie de sa vie et de son temps personnel à élaborer des aspects de lui-même en fonction d'un travail, et à se constituer des habitudes professionnelles, une mémoire opérationnelle, qui représentent son capital acquis, le passé de son temps, sur lequel il compte désormais pour «entrer dans la vie active».

Ce passé du temps individuel et gage d'autonomie, source de vie nouvelle, affirmation constante d'un soi dans le temps qui vient. *Le passé obéit cependant à certaines exigences particulières car il n'est pas constitué une fois pour toutes.* Très «normalement» ce passé se déconstruit et se construit sans cesse, grâce à un effort de présentification-actualisation qui lui permet d'être présent à lui-même. Les actes de *mémorisation* ne sont pas que simples retours d'objets représentés, d'images passives de ce qui a été appris. Ces actes se déroulent dans le temps et ce temps est re-mémoré par l'intermédiaire des réseaux de signalisation — qui reviennent en séries pré-organisées selon les stéréotypes de formation — et par la médiation des processus de signification, soit sous forme d'énonciation narrative dans le tissu des récits, soit sous forme de signes groupés en schèmes mentaux qui se réorganisent lors de l'objectivation. Mémoration et re-mémoration obéissent aux impératifs temporels pour que les faits de mémoire soient reconnus en tant que *faits passés* qui se ré-actualisent et qu'ils ne soient pas confondus avec des tranches de vie présentes. Il est bon de *préciser tout de suite que ce travail de différenciation se fait à chaque instant, dans l'actuel, et qu'il ne se trouve pas « tout fait » comme un montage électronique ou cybernétique qui pourrait fonctionner tout seul dans un automatisme absolu.* A chaque moment, les signaux et les signes contribuent à cette discrimination intracérébrale dans la chair vive du temps afin que le présent se retrouve « incarné » par sa présence. Le temps présent peut conserver ainsi les écarts nécessaires avec ce qui appartient réellement au non-présent c'est-à-dire au passé, puisque le futur est par définition ce qui n'est pas encore là. C'est dire combien l'attention au présent demeure importante et combien les conduites d'attente statique et d'attente active déjà décrites sont à chaque point du temps à l'œuvre. La mémoire et le temps sont étroitement intriqués à deux niveaux : dans la situation et le repérage du temps en tant que passé et dans l'actualisation de ce passé lorsque celui-ci est sollicité. On peut encore ajouter que le passé jouit de la possibilité de se rappeler de lui-même, de manière « non » attendue, selon que les activations du temps présent sont « maîtrisées » ou « non maîtrisées ». Le passé peut, à la limite, être trahi en tant que passé par le présent du temps, nous verrons comment et pourquoi.

Le passé du temps s'organise en histoire et se stratifie pour se conserver. L'inné — d'importance variable, les avis varient sur ce point — préfigure certaines mémoires cellulaires dès le niveau génétique. L'homme ne naît pas sans une potentialité téléologique d'apprendre et de retenir l'appris. Une première mémoire bio-chimique, faite des codages déjà structurés, est déposée dans les gènes et hérités même si on ne connaît pas encore tous les maillons de la chaîne de transmission. Cette première mémoire n'est qu'une disposition, une possibilité. Son fonctionnement, son amplification et sa complexification sont l'œuvre de l'activité humaine. Les débuts de la vie sont les plus favorables. Sur ce terrain « vierge », tout fait empreinte et ces empreintes premières ont une force d'incrustation très forte. Jouent plus tard les lois de l'appétit, des besoins, de l'intérêt, du désir... autant de motivations qui favorisent l'ouverture des acquisitions. Tous ces aspects de l'acquisition se situent dans le temps, mobilisent le temps et produisent du temps, dans la mesure même où *chaque nouveau montage ou encodage relatif à une acquisition est sous-tendu par des échanges temporels et réclame de façon stricte et absolue une position temporelle afin de perdurer et de maintenir sa place dans l'échelle temporelle.* Comment l'acquis le serait-il, si sa réactualisation n'était pas réalisable ? Cette double opération exige *une double activation temporelle. L'une pour marquer l'événement* comme tel dans la chronogenèse, *l'autre pour le présentifier* à chaque instant de la temporalité. Seule la temporalité peut effectuer cette double activité et attribuer son propre temps de façon spécifique au moment du *marquage* et au moment de *l'actualisation*. Le temps se sépare sans se rompre; et se divise pour régner. Le temps est une valeur affirmative: plus on le divise, plus il s'accroît. Le tout — nous le verrons — sera de maintenir les divisions temporelles en harmonie et en relation constante afin de laisser le temps poursuivre son processus d'affirmation sans qu'il puisse se confondre avec l'espace-temps ou le temps devenu espace.

Chaque être humain puise dans son passé un *horizon temporel* qui évolue selon les échelles de l'âge. Si l'horizon est derrière soi, vers la fin de la vie, il est faux de prétendre qu'il soit devant soi dans la jeunesse. L'enfant manipule un horizon temporel de fiction, malléable et déplaçable selon les instigations de l'intrigue narrative; tout se passe dans le hors-temps en réalité. Le futur de l'enfant est un faux futur. Le grand adolescent et l'homme jeune peuvent être sollicités par un avenir romanesque mais ils savent que la réalité se joue au plus immédiat, juste devant eux, et en fonction de ce qu'ils peuvent et de ce qu'ils savent, ou — ici une dérive survient — *de ce qu'ils croient savoir et pouvoir*. Des déceptions sont possibles et les illusions du temps peuvent jouer de mauvais tours, mais l'horizon temporel est ce repère qui se dessine dans le lointain... passé. Ce n'est que par un effet de mirage que «l'horizon» peut paraître devant soi. Si l'horizon temporel était devant soi, il serait, répétons-le, comme chez l'enfant, en «hors-temps». Mais ce lointain horizon du passé est; et, en tant que tel, il conserve son importance. L'horizon temporel est le coffre-fort de tout ce qui a été fait et appris, de tout ce qui a été vécu et pensé, il est affecté de tous les échos affectifs dont chacun a été capable; il est porteur d'espoirs et de désespoirs et chacun s'y réfère de façon explicite ou implicite, sans cesse. Le lointain horizonné du passé est gage du présent du temps et de son passage vers le futur, tout en attirant le temps vers lui, en essayant de le retenir, de lui résister, de lui faire des entorses, de le détourner de lui-même, de le mettre en hors-temps.

5.2. La pesanteur du passé et la limitation du présent

> « L'habitude nie le changement dans la mesure où il est un apport. Les déformations professionnelles, les habitudes perceptives empêchent l'homme de prendre conscience des aspects sans cesse nouveaux du réel, l'amènent à réduire le nouveau à ce qu'il sait déjà ».
>
> F. Alquié (17, p. 25).

Durer, c'est à la fois changer et persister. Le présent est le lieu où le temps se fait et se déploie. Mais le présent est fugace, sa consistance est puisée dans la notion de *permanence* qui prend assise dans le passé. *La durée dans l'égrènement des instants n'est jamais donnée, elle est construite et, à chaque instant, de nouveau recommençante: c'est une suite de recommencements.* Mais l'endurance de la durée est dans sa permanence et dans les archives du passé, passé qui s'enracine lui-même dans les « cadres sociaux de la mémoire » selon l'expression de Halbwachs. Passé individuel et passé collectif ne sont pas les mêmes. Mais le passé individuel s'affirmit à travers les repères empruntés au groupe et à la vie sociale. La permanence du passé est aussi celle des traditions, des coutumes, des rites, des impératifs sociaux. « On se sert du mot coutume, explique Edward Sapir, pour désigner l'ensemble des modèles de comportement transmis par la tradition et logés dans le groupe, par opposition aux activités personnelles de l'individu qui sont plus contingentes » (5, p. 171). Les comportements de travail sont à la fois personnels et collectifs, ils ont été enseignés par les autres, appris en commun, ils doivent s'intégrer dans des ensembles cohérents: on ne travaille guère seul, les tâches appartiennent à une communauté, à une équipe, à une brigade... Pour Sapir « le mot coutume est souvent utilisé comme synonyme aux mots 'convention', 'tradition', 'mœurs' » (5, p. 172). A ce titre les conduites de travail sont aussi des *habitudes sociales*. Aussi, se référant toujours à Sapir, peut-on dire: « Habitude et culture sont des mots qu'on peut définir avec quelque précision: on devrait les substituer au mot « coutume » dans un discours strictement scientifique; habitude ou système d'habitudes doit être utilisé pour nommer les comportements dont le lieu serait l'individu; modèle culturel ou culture, ceux dont le lieu serait la société » (5, p. 173). Habitudes individuelles, habitudes sociales, modèles et patterns culturels sont étroitement mêlés, d'autant que tout comportement de travail doit être *reconnu et accepté* par les autres comme faisant partie d'un même ensemble, adapté au but poursuivi, produisant le rendement attendu. C'est dire que l'habitude individuelle, agie par le passé du temps, se greffe dans un passé plus large, celui des autres, qui lui sert de chambre de résonance. La permanence du passé à soi est soutenue par celui des autres; tout le monde tient à la conservation des conventions minimales reconnues nécessaires pour assurer la durée du groupe et par là la durée individuelle. L'interaction se fait par un encouragement réciproque, l'approbativité, la solidarité, afin d'éviter les effritements de la cohésion. Passé individuel et passé élargi des structures ambientales se mêlent pour mieux cimenter la persistance des habitudes et des traditions et surveiller, voire contrôler, les éventuelles mutations.

«La mémoire est le sentiment du même opposé à l'idée du différent et du contraire» dit J.M. Guyau (1, p. 80). Précisons du moins que le même se répète et se reconnaît lui-même en intégrant les différences ou les aspects éventuellement contraires tels qu'ils ont été enregistrés, tout en maintenant une méfiance vis-à-vis de ce qui n'en fait pas partie. La pesanteur du passé peut s'exercer contre ce qui, de neuf, lui est proposé. Tout dépend des lois de l'intérêt, du poids effectif des motivations. Précédemment, on a vu que le passage, au cours du dernier siècle, d'un type de travail agraire et artisanal à celui du machinisme industriel, avait pu se réaliser avec une certaine célérité et sans soulever de difficultés majeures. Très récemment a déferlé dans les usines françaises une population d'origine strictement agraire et qui plus est, déracinée, or, l'adaptation des OS (ouvriers spécialisés) s'est effectuée de façon à peu près efficace, malgré la coupure linguistique. L'appréciation ici avancée est surtout sociale et économique. C'est-à-dire que coutumes et traditions, habitudes et modèles culturels, de même que le passé individuel élaboré autour d'un faire de nature totalement différente, ne semblent pas avoir soulevé d'obstacles majeurs pour une adaptation professionnelle donnant satisfaction dans les conditions de travail proposées... Et même si des signes d'intolérance surviennent après une certaine période d'activité chez certains de ces sujets «déterritorialisés»... Ces intolérances du déracinement déjà bien connues (cf. p. ex. chap. 6) sont dues à des facteurs divers mais, en concentrant ici notre analyse sur le temps, on peut suggérer que si le passé semble «docile» dans une première phase, cette «docilité» se révolte en quelque sorte contre elle-même, amenant la temporalité à revenir à «ses premières amours». Résistances du passé ici différées, maintenues sous latence, pendant qu'un présent factice, purement opérationnel, et un peu extérieur à l'homme, peut se manifester dans une apparente positivité.

La pesanteur du passé peut prendre d'autres formes, surtout dans les travaux modernes de plus en plus affinés, faisant appel à des tâches fragmentaires et à des montages précis. Nous pensons à certains accidents survenus en milieu nucléaire, lors d'un travail sur réacteur dont nous avons analysé les modalités de déroulement (cf. 7). Il était manifeste que les accidents avaient pu survenir dans la plupart des cas examinés, lorsque le facteur humain entrait seul en jeu, du fait qu'un schème opérationnel bien ajusté pour une intervention donnée, avait été transporté tel quel dans une autre intervention pourtant tout à fait différente de la première... Mais ces différences n'étaient pas apparentes selon les caractéristiques habituelles de signalisation et chacun sait que le risque radio-actif est lui-même inapparent. D'où ces difficultés qui montrent, on ne peut mieux, la résistance propre au passé qui, par sa pesanteur «naturelle», exerce une certaine inertie ou un pouvoir d'effacement vis-à-vis des éléments différents dans la situation nouvelle.

«L'attachement aux objets est basé sur le sentiment du même» rappelle encore J.M. Guyau (1, p. 80), et en effet le même tient à conserver sa «mêmeté» et s'affère à ce qui fait sa constitution propre. Des perturbations se voient encore dans bien des tâches nouvelles du même type que celles évoquées chez les travailleurs nucléaires dans lesquelles l'exécution se double de conduites de surveillance des opérations en cours et du contrôle des résultats acquis. Cette triple activité fait appel à une temporalité circulaire et éclatée, c'est-à-dire à une temporalité segmentaire et séparée, présupposant des confluences des segments temporels et des rencontres dites de «sécurité» qui assurent le déroulement complexe du processus global. *Ici c'est le passé récent*, l'immédiatement appris qui peut mettre en échec ce qu'il faut apprendre pour tenir compte du changement en train de se produire. Le présent peut se trouver limité par la pesanteur du passé alors que, sans lui, la permanence du temps ne peut être assumée. D'où nécessité d'une vigilance pour que le passé soit à la fois fort et souple, consistant et ouvert au changement. Plusieurs éléments peuvent gêner une telle acquisition; signalons trois d'entre eux.

D'abord si le passé est trop saturé en archaïsmes, en traditions trop attachées à leur survivance, si les assemblages du passé demeurent trop imprégnés dans le collectif et pas assez individualisés, leur manipulation sera plus lourde, et le passé du temps aura au contraire tendance à retomber en lui-même, à s'endormir sur un acquis qui «ronronne» dans la routine. Mais le passé peut tenir à lui-même pour d'autres raisons plus psychologiques telle *la rémanence des formes*. *Nous pensons à la prégnance de la symétrie* telle qu'elle se constitue dès l'enfance sous l'influence de l'environnement... (un écrivain parlait du syndrome de l'autel, qu'il retrouvait dans l'arrangement du mobilier de bien des maisons... reproduisant le système trinitaire d'une statue avec un pot de fleurs de chaque côté...). Si le travail traditionnel mettait en œuvre une temporalité linéaire, les opérations se succédant selon des périodicités tout à fait prévisibles, égales entre elles et symétriques..., il n'en va pas de même dans le temps brisé des tâches actuelles, profondément dissymétriques, voire asymétriques et qu'il faut souvent laisser en suspens, inachevées, coupées dans leur élan...

Le troisième élément de résistance du passé est lié à sa force affective; un passé qui a été longtemps en soi veut y rester et se replier dans la chaleur de ce soi. Les affects se mobilisent pour retenir et pour évoquer ou pour ne pas retenir et ne pas évoquer... Et à côté de la problématique de l'oubli que nous aborderons bientôt, il y a tout simplement la force de rétention du passé affectif qui veut rester collé à lui-même en s'opposant aux mutations, aux changements, à tout ce qui «dérange». Les affects fonctionnent dans la ressemblance et la similarité, ils s'attachent au pareil, une façon encore de conserver la mêmeté du même.

«Le temps passé est un fragment de l'espace transporté en nous; il se figure par l'espace» commente J.M. Guyau (1, p. 39). Le fait est que le passé conserve et veut conserver: il attire à lui et fabrique de l'accumulation. Et notre société qui se veut «moderne», qui va de l'avant, où chacun veut «être dans le vent» et se situer si possible en avant de lui-même dans la très fréquente «fuite en avant»,... semble devancer toutes les sociétés précédentes par le goût de la conservation et de l'accumulation des biens de consommation. Une pièce d'Ionesco en montrait le ridicule. Dans «Le nouveau locataire» (1953), un homme seul dans son appartement réceptionne l'ensemble de son mobilier et des objets lui appartenant: il les fait déposer dans un entassement progressif jusqu'à ce que les pièces en soient remplies, ne laissant pour lui-même qu'un espace d'habitation exigu. Il en va de même dans la subjectivité individuelle, pleine de souvenirs qui s'agrippent à nous, plus que nous ne tenons à eux, et qui encombrent le passé jusqu'à le stériliser... Le passé l'emporte contre l'apparente attitude de révolte, de coupure avec l'autrefois... et, le moment venu d'aborder le changement, l'habitude dit... non... tant le «chasser le naturel, il revient au galop» reste encore vivace.

Le vrai passé est un passé vraiment dépassé, désamorcé, dé-construit... mais ceci est une autre «histoire» car, comme l'affirme J.M. Guyau: «le sentiment du passé nous est donné par l'effacement des souvenirs» (1, p. 44).

5.3. Les enclaves du passé dans le temps enlisé

> « L'histoire n'est pas une pure succession d'états réels; mais un ingrédient de la réalité même. L'homme, non seulement a eu et a une histoire, mais encore est, en partie, sa propre histoire ».
>
> Xavier Zubiri (8, p. 33 n.s.).

L'histoire de l'homme pour l'homme n'est pas la même que l'histoire vue du dehors par le psychologue ou à la rigueur par le psychologue-historien. L'histoire de l'homme est à la fois une histoire des faits et des récits. Les faits, on peut les circonscrire, leur attribuer un lieu et une date; on peut décrire les conséquences qu'ils ont eues au moment où ils se sont produits, les retentissements qu'ils ont encore dans le présent actuel, leur devenir potentiel éventuel dans l'évolutivité du temps. Chaque fait a une histoire propre de par la forme qu'il a prise et de par le dynamisme qui l'anime. Ce sont les récits du passé qui font problème. D'une part, ils aident à constituer ce passé: seul le langage peut donner au temps cette armature, cette cohésion, cette catégorisation qui font du temps le temps humain. Réfléchissons à cette remarque de E.T. Hall: «L'homme est un organisme doté d'un extraordinaire et merveilleux passé. Il se distingue de tous les autres animaux par le fait qu'il a réussi à créer ce que j'appellerai des *prolongements* de son organisme» (9, p. 16). Le temps n'est pas qu'un prolongement de l'organisme, il est, si on ose avancer cette inversion, le prolongement même grâce auquel l'organisme se prolonge. Les récits bâtissent le temps — disions-nous — et ils le bâtissent en racontant la suite des faits de différentes façons. La critique du témoignage a démontré expérimentalement les variations fluctuantes des narrations effectuées sur un même fait, soit par des personnes différentes, soit, aspect bien plus inquiétant, par la même personne, l'acteur en personne. Deux histoires cohabitent, celle des faits et celle des récits... puis on s'aperçoit que l'histoire des récits se ramifie, se transforme, s'enrichit, se perd et se retrouve, joue à cache-cache avec elle-même, maintient des fragments narratifs hors de la scène visible ou «consciente», conserve dans certaines zones profondes des tranches de vie insoupçonnées et à première vue insoupçonnables... Le passé ne se laisse pas faire, il a une force qui lui est propre qui favorise la remémoration ou l'empêche. Il peut suivre une évolution à éclipses «refoulant» certains aspects, soigneusement. Oublis involontaires, refoulements, retours incomplets, rappels inconscients, doutes, ambiguïtés... peuvent cohabiter avec des survivances intattendues, voire inadmissibles, désagréables même et pourtant liées à leur présence contre toute décision. C'est que le passé obéit à son *architectonisation* intime qui n'est pas celle que nous lui attribuons ni celle qui, croyons-nous, correspond à la vie comme elle fut. La vie telle qu'elle a pu se dérouler pour quelqu'un, présente une *architecture* extérieure : ensemble des liens apparents, les uns objectifs, les autres subjectifs, qui maintiennent l'édifice dans son existentialité. Mais il y a, comme disait M. de Unamuno, une « intra-histoire » (cf. 10) faite des mille et un petits faits dont on ne tient pas compte et qui marquent cependant. Enfin, il y a l'histoire découverte par un spécialiste qui, tel un psychanalyste avec ses théorisations et ses grilles d'interprétation, attribue des séries de « pourquoi et de comment » enfermant le sujet dans une chaîne signifiante dont il ignorait jusque-là la possible existence. La situation est pirandellienne, on se croit un et on est deux, dix, mille... à « chacun sa vérité ». Chacun joue vis-à-vis de lui-même son propre rôle tout en jouant pour les autres les rôles qu'on lui fait jouer... « chaque pantin veut qu'on le respecte, non tellement pour celui qu'en lui-même il croit être, que pour le rôle qu'il doit jouer dehors » (11, p. 367, « Le bonnet de fou » de 1916). Telle s'ouvre la problématique du passé du temps que nous ne suivrons pas dans toute sa complexité, pour nous limiter à quelques aspects les plus proches de notre propos.

C'est *l'attitude pragmatique à l'égard du passé* qui nous intéresse. Les actes récitatifs du passé, comme le souligne P. Janet (4, p. 240), sont des *actes portatifs*. Récitation verbale, certes, mais aussi jeu de symboles et de mouvements qui facilitent l'évocation et la véritable remémoration tant sensori-motrice qu'intellectuelle. La seule *réminiscence* est à cet égard insuffisante car elle n'est pas adaptée à l'actuel, elle exige un long délai de rappel, elle est trop rigide et invariable dans sa reproduction. Comme l'indique P. Janet (4, p. 212), la réminiscence est au seuil de « l'acte asocial » du fait qu'elle n'évoque que des détails d'une scène donnée. La réminiscence utilise mal le temps du retour alors que si celui-ci est fort et bien chargé, se produit le souvenir complet, précis et efficace. Tout *dépend du rapport des forces en jeu*. Toutes proches des réminiscences, se produisent les *persévérations* des gestes ou des mots qui perdurent au-delà de leurs effets significatifs et se comportent comme des vestiges anachroniques introduisant de l'insolite, de la désorganisation, du désarroi, dans une série de conduites qui se voudrait harmonieuse dans sa présentification. Ce passé qui revient en dehors des injonctions du présent ou qui revient de manière incomplète et dégradée peut se manifester dans les opérations de datation et d'attribution d'appartenance des comportements ou des énonciations entraînant avec eux le doute, l'hésitation, l'ambiguïté, ce qui perturbe la localisation de la position temporelle. Ces dyschronies s'effectuent dans la réactivité du passé qui se vide de son temps propre et se met en marge du temps et parfois en contre-temps, comme si des oppositions prenaient source dans le passé lui-même pour le dévier et favoriser la naissance de dérives à la lisière du pathologique. Pas tout à fait cependant: il s'agit ici d'un passé dégradé — au sens fort — c'est-à-dire mal gradué, dont les gradients de régulation ne parviennent pas à moduler son retour de façon appropriée, surtout par «manque de temps» et parce que le temps contient des faiblesses qui le débilitent dans sa structure temporelle alors que les figures de l'espace, les représentations et les fantasmes sont dominants. D'où incertitude, imprécision, inefficacité.

La *question du refoulement* permettra de mieux situer ces prémisses. Pour Freud le passé peut être remémoré, il est alors intégré dans la vie, dissous, assumé, mais il peut aussi être oublié et alors ce passé non reproduit et non reproductible spontanément, continue une vie inconsciente: le passé, un certain passé ou certains aspects du passé sont condamnés à se répéter, gênant ainsi le fonctionnement de la vie consciente. On répète parce que l'on refoule, et c'est le refoulé qui se rappelle en quelque sorte à l'attention. Le passé refoulé et le passé forclos conservent pour Freud et ceux qui ont prolongé ses théorisations, une force propre et une possibilité — à première vue difficile à admettre puisqu'elle viole la loi d'irréversibilité du temps — celle de revenir sur la scène de l'actuel, celle du retour. L'inactuel s'avance dans l'actuel de façon intempestive et contre toute attente. Le refoulement est envisagé comme un processus à dynamique rétroactive qui fixe par régression et qui régresse par fixation. Le refoulé correspond à un contenu d'images, de pensées, de faits mentaux en tout cas, de tout ce qui n'a pas pu se liquider au moment où cela s'est produit, parce que trop conflictuel, trop gênant, impossible à imposer aux instances répressives du sur-moi. Des pans de vie entiers sont ainsi submergés, confinés dans l'oubli, condamnés à une existence close. Seule une exploration minutieuse par associations libres en permettra le retour cathartique, objet précisément des cures psychanalytiques à travers des mécanismes complexes dont il n'y a pas à faire ici état. Toujours est-il que si, pour Freud, le passé est *éternisé* en passant du conscient à l'inconscient, il pourrait être *daté* en re-passant de l'inconscient au conscient.

Les représentations refoulées sont liées à l'appareil pulsionnel du «ça» soumis à l'obéissance par le «surmoi». Seule, l'autonomie du «moi», venant se placer à la suite et à la place du «ça», pourra «libérer» le matériel psychique refoulé. Cette topique reste fort séduisante et, plutôt que de la critiquer, il est possible de «l'exploiter» et de la conduire dans ses retranchements pour mieux apercevoir la problématique du temps. Deux aspects seront ici retenus, seulement. Freud dit lui-même: «le temps ne joue aucun rôle dans l'oubli» dans «La psychopathologie de la vie quotidienne» (12, p. 291) après avoir indiqué dans «Science des rêves» que les rêves sont «intemporels» et avoir précisé que l'inconscient n'est pas soumis à la loi du temps. Tous ces écrits datent des années de la fondation de la psychanalyse, époque dite de la première topique. Dans les textes ultérieurs, lors de la deuxième topique des pulsions, Freud écrit par exemple dans «Essais de psychanalyse appliquée»: «le fantasme compose une image de l'avenir sur le modèle du passé» (13, p. 75) où cette imitation inconsciente présuppose un certain transport de temps par lequel le passé viendrait enclaver le temps du futur, ce qui suppose donc un temps enlisé. La question se pose, en fonction de nos développements précédents, et de l'irreprésentabilité fondamentale du temps, s'il ne faut pas créditer Freud aussi de cette invention qui nous montre que cet inconscient intemporel ou atemporel serait plutôt «spatialisé». Les images comme les fantasmes ou toute représentation dégradée ne transportent en réalité que des figures d'un espace qui serait alors re-fabriqué par le temps actuel. Nous aurions alors, non une temporalité feuilletée avec des enclaves de passé ou des îlots de l'autrefois forclos, mais bien un temps enlisé parce qu'il coule mal ou qu'il coule peu et qui pourrait même ne pas couler du tout puisqu'en réalité le temps fait défaut. Ainsi, le psychanalysant, au lieu de faire revenir l'impossible, tisse-t-il à son insu une autre toile du temps qui restitue différemment les événements passés, les remet sur d'autres rails qui les conduisent vers le repos de l'oubli. Si le passé est placé en hors-temps, il le doit à sa saturation représentative et spatiale, à son pouvoir de conservation pour rester tel, et le travail du temps actif ne sera plus alors celui de le rappeler mais de le dissoudre, de le dé-construire pour faire régner l'oubli actif, seule façon de redonner au temps sa puissance et sa qualité primordiale: celle de s'écouler dans son irrévocable irréversibilité pour que le futur advienne dans la plénitude du présent.

5.4. Psychopathologie des rétrospections temporelles et du passéisme

> *« Seule (en effet) la pensée du temps peut nous apprendre que le moi ne peut être tenu pour un état, ou un ensemble d'états, mais qu'il est une pure action ».*
>
> F. Alquié (17, p. 32).

Du passé, on constate les effets; et c'est, par induction, qu'on peut remonter du présent (et du passé dans le présent) à ce que ce passé fut ou a pu être. Epistémologiquement on ne peut poser un passé arrêté ou fixé, toujours actif en tout cas, d'où il serait possible, par une suite de déductions, de faire découler une causalité qui ferait qu'on retrouve dans le présent, le passé en action. Les faits du passé prennent valeur historique lorsque l'historien travaille sur eux, à partir des effets constatés. Cette remontée aux sources implique un certain degré d'incertitude et de présupposition propre à la démarche inductive. Lorsqu'il s'agit d'affirmer la continuité de la personnalité, c'est bien plus la présence du passé dans l'actuel qui détermine la suite d'une identité, que l'existence d'un passé en soi, isolé et dogmatique. « La catégorie d'identité appartient à un temps continu, extensif » avance Pierre Bertrand (14, p. 104). Continuité du temps et continuité de la personnalité sont étroitement liées et la question sur l'identité surgit dès qu'il y a rupture, non-continuité et qu'aujourd'hui ne reconnaît plus hier. Comme le suggère Xavier Zubiri : « Ce que nous sommes aujourd'hui, à l'instant présent, c'est l'ensemble de possibilités en notre possession, du fait d'avoir été hier. Le passé survit sous forme de ce qui rend possible le présent, sous forme de possibilités. Il se conserve donc et se perd à la fois » (8, p. 41). Mais le passé peut se perdre sans se conserver et nous aurons alors ces dissolutions du passé qui font que celui-ci n'est pas récupérable par le présent. Ce sont les *amnésies*, qui méritent en premier un bref exposé dans cette psychopathologie des rétrospections temporelles.

L'attention au passé est nécessaire. « S'en occuper, c'est, dans ce cas, s'occuper du présent. Il ne survit pas dans le présent sous forme de souvenir, mais *de réalité* » précise X. Zubiri (8, p. 33, n.s.). Ce sont les perturbations de la notion de réalité dans sa structure intime et dans les attitudes pragmatiques requises qui traduisent les défaillances intégratives du temps et de la mémoire, ce qui inclut la localisation spatiale. Il faut peut-être rappeler à la suite de E.T. Hall, et de J.V. Uexküll (cf. chap. 2 et 3) et de bien d'autres, que l'homme se construit un univers d'artifices grâce à ses acquisitions et que temps et espace sont étroitement liés dans son champ opérationnel (cf.

chap. 2). « Au cours de son développement mental, l'homme s'est domestiqué lui-même créant ainsi une série de mondes nouveaux, tous différents les uns des autres » rappelle E.T. Hall (9, p. 19). Si l'homme élabore un environnement spatial dénommé « bulle » — équivalent du territoire des animaux — ce sont les distances impliquées dans cet espace de vie qui importent et qui nous importent. Il existe des « zones critiques » et des « distances critiques » selon la terminologie de E.T. Hall, qui demandent impérativement à être respectées non seulement pour éviter de rompre le consensus spatio-temporel (ce qui ferait apparaître éventuellement les « distances de fuite » et « les distances d'agressivité ») mais surtout pour conserver l'intégration des « distances opérationnelles » (ici le terme est de nous) permettant les manipulations adéquates et les approches correctes dans une aire de travail par exemple. C'est dire que les perturbations des analyses et des synthèses du temps telles qu'on les appréhende dans les amnésies impliquent aussi des troubles de l'espace vécu. Il en va de même dans la pathologie des significations des actes de la série agnosique et dans les ratés de l'exécution observée dans les apraxies.

5.4.1. Les amnésies ou le passé défaillant

Suivant la clinique classique on peut rencontrer des amnésies antérogrades, rétrogrades et localisées.

Les *amnésies antérogrades* se caractérisent par un oubli à mesure, la non-acquisition, la non-fixation et, par là, la non-reconnaissance de ce qui vient d'être perçu. La forme la plus connue est habituelle dans le « syndrome de Korsakoff » où, à la suite d'une intoxication alcoolique chronique, on retrouve polynévrite et amnésie associées à une possible fabulation de compensation. Mais ces amnésies antérogrades peuvent se rencontrer dans bien d'autres affections neuro-cérébrales (tumeur du cerveau, traumatisme crânien, atteintes encéphaliques d'étiologie vasculaire, toxique ou infectieuse), dans les états démentiels et préséniles dont il serait fastidieux de reprendre ici la description... et aussi dans les états psychotiques (mélancolies, schizophrénies) et dans certaines névroses (hystéries en particulier). Il semble qu'à chaque fois, nous avons affaire à un trouble électif du temps qui ne permet pas l'organisation de la série mnésique et temporelle en un tout homogène, garant de la constitution du passé. C'est ainsi que Van der Horst a pu démontrer expérimentalement que les amnésies antérogrades du syndrome de Korsakoff, consistaient en la non-fixation des moments du temps correspondant au déroulement de l'expérience et en une non-fixation de la succession de ces moments (cf. 15). L'intérêt en médecine et en psychologie du travail, réside dans la possibilité de déceler ces troubles dès leurs premières manifestations à partir des erreurs constatées dans l'exécution des tâches, dans la finition des produits ou dans la qualité de l'efficience et des résultats obtenus. Baisse de rendement qu'il ne faut pas attribuer, de façon par trop automatique, à la simple fatigue ou au «passage à vide» ou à la non moins classique «dépression». Chaque fois qu'un trouble de la temporalité est constaté, avec perturbation du déroulement intégratif de la série de comportements habituels dans un champ de travail donné, il sera bon de déclencher un examen psychopathologique approfondi pour connaître les modalités de ces perturbations et en rechercher l'enchaînement causal. Il en va de même pour les *amnésies rétrogrades* où l'oubli porte sur le passé plus ou moins lointain. Le trouble, ici, consiste en une destruction des organisations antérieures ou en un effacement des voies de rappel de ce qui fut déjà mal organisé. Ces amnésies signent les états déficitaires et les effritements de l'édifice neuronique quelle qu'en soit l'étiologie.

Les *amnésies localisées* et les *formes de mémoire retardée* portent sur des périodes incluses entre des zones temporelles mieux délimitées: si celles-ci peuvent être évoquées, les enclaves effacées demeurent qui ne se laissent pas présentifier. On les rencontre dans certains états neurologiques et post-traumatiques mais aussi en pathologie mentale et dans quelques névroses où elles posent un problème voisin de celui du refoulement et de celui des oublis sélectifs.

Dans les amnésies, le temps est perturbé à trois étages: soit dans son propre passer et il ne peut alors s'inscrire comme passé, soit dans sa présentation pour actualiser le passé dans le présent, soit, dans l'un et l'autre cas, dans son utilisation pratique. Cette pratique du temps peut porter aussi bien sur les appréciations de mesure, de distance, que sur les orientations des vecteurs d'action concernant tel ou tel acte, ou encore sur l'organisation d'ensemble des divers paramètres temporels qui entrent en jeu pour délimiter les dimensions d'exécution, de surveillance et de contrôle des opérations. Ce sont les opérateurs temporels qui «dérapent», entraînant des confusions et des télescopages entre l'avant et l'après, le postérieur et l'antérieur, l'antécédent et le conséquent, dans la suite des divers moments d'un programme de travail.

Les amnésies s'accompagnent de désorientations spatio-temporelles. Une forme particulière d'amnésie serait «la perte de la mémoire topographique» mentionnée par Hécaen (16, p. 216). Il faut aussi signaler dans le groupe des *apraxies* et des *agnosies* les perturbations des sériations temporelles qui portent sur l'exécution de l'ordre des segments temporels pour un même acte, sur la synchronisation des actes d'un ensemble donné ou sur la reconnaissance des formes temporelles qui les accompagnent.

5.4.2. La rétrospection excessive ou le passé en trop

La qualité du présent peut montrer des déficiences, du fait de la présence excessive du passé. Persévérations temporelles et échopraxies chroniques peuvent additionner leurs effets dans une itérativité qui annule ou affaiblit l'effet du présent. Dans la névrose obsessionnelle, le poids du passé est trop lourd; le déjà-passé ne l'est jamais en réalité et reste toujours là sans permettre au présent de lui succéder. La simple caractérologie des sujets obsessionnels et scrupuleux sans véritable névrose organisée, montre la persistance du temps retardé dans son écoulement sous forme de stéréotypies, d'actes répétés, de rites de vérifications, où le retour du temps est un faux retour. Tout se passe comme si les circuits gestuels et les schèmes mentaux parcouraient des courbes beaucoup trop réduites pour qu'ils puissent assumer le passage du temps et son possible retour. En réalité tout se réduit, et tout est réduit, champ opérationnel et opérations qui s'y déroulent. Les rythmes sont ou ne sont pas perturbés; la vitesse, la périodicité sont le plus souvent conservées. Mais c'est la *durée* qui ne perçoit pas son amplitude temporelle. Les cycles sont toujours trop courts, le besoin de revenir sur le lieu à peine quitté est impérieux, ce qui provoque l'apparition de gestes inutiles et de mouvements parasites, le tout dans un climat subjectif de grande anxiété.

Les sujets schizothymiques et les schizophrènes capables de travailler peuvent présenter des symptômes portant sur la chronogenèse des comportements. La chronogenèse est perturbée à cause d'une excessive prégnance de la réalité ambiante, vécue comme écrasante, *entraînant* une compression des distances et des temps. Tout est réduit et dissocié, mal accordé, malhabilement agencé. Le temps de travail subit un tarissement, se fige sur les actes qui le portent, les ralentit, les met en retard et les rend discordants, alors que le temps intensif sous-jacent peut renfermer une grande vivacité comprimée et repliée sur elle-même avec de possibles irruptions explosives où le temps vole en éclats, se meut avec une grande célérité mais en désordre, sans adéquation transformatrice effective.

De simples *hypnoses du passé* se manifestent dans les comportements répétitifs qui ne peuvent s'éloigner d'un point d'action donné. De même les *accumulations et les encombrements temporels* dus à une densité excessive du temps exigeant un surcroît de précautions et une conservation soigneuse de tout ce qui touche le respect des modèles ainsi qu'une *minutie scrupuleuse* dans l'uniformité d'exécution vis-à-vis des plans temporels prévus. Ces envahissements du passé exercent leur tyrannie dans les caratères à *analité dominante* selon les références psychanalytiques. Les effets de reduplication et de mimétisme, la non-originalité inventive, la prédominance des dispositifs de (re)production par copie, par calque, où la mêmeté du même est sauvegardée, sont prédominants.

5.4.3. Le passé extra-temporel et la fabulation

Vivre dans le passé entraîne la reviviscence d'attitudes passéistes, les unes non voulues qui s'imposent d'elles-mêmes, telles les *illusions du déjà-vu*, du déjà-entendu. Ces actes de mémoration insolites sont pour P. Janet des actes de *reduplication* (4, p. 333). Il ne s'agit pas pour lui de simples phénomènes de fausse reconnaissance tels ceux étudiés par Bernard Leroy ou de dédoublements d'une même image comme le pensait Wolff, mais bien d'une double perception actuelle dont l'une, sitôt effectuée, re-vient comme déjà passée. P. Janet rapproche ces étranges faits de mémorisation des manifestations d'écho de la pensée ou de vol de la pensée, c'est-à-dire d'une reduplication des commentaires. *On sait l'importance donnée par Janet — que nous suivons absolument sur ce point — au récit dans la constitution de la mémoire et du temps.* Le passé est évoqué par reduplication dès que la perception d'elle-même est effectuée, sorte de résonance langagière qui passe inaperçue et qui, très rapidement, se re-présente pour ré-occuper le présent deux fois. L'avidité du passé est ici telle qu'elle force le temps à un retour immédiat pour s'assurer deux fois du présent tout en dépossédant celui-ci de son caractère de nouveau présent, puisqu'il a déjà eu lieu. Les *paramnésies* décrites par Pick seraient de même ordre mais de production plus automatique. Les *ecmnésies* introduisent une désorganisation passagère du présent; elles transportent un pseudo-passé qui par sa force évocatrice de faits et d'affects mêlés et par la vivacité des scènes correspondant à une tranche d'âge antérieure, fait brusquement irruption dans le champ de l'actuel; on rencontre ce phénomène, par exemple dans certaines formes cliniques des épilepsies. Dans tous ces phénomènes *l'incomplétude du présent résulte d'un grignotage par le passé*, qu'il s'agisse d'un passé vraiment passé ou d'un passé à peine passé qui envahit le plan du déroulement du temps, empêchant le réel fonctionnement du présent du temps. C'est un passé extra-temporel qui ne prend aucune précaution avec la suite structurelle du temps et qui ne peut s'y faire un emplacement: il reste étranger et réveille des sentiments d'étrangeté mêlés d'angoisse.

Le récit peut s'en prendre au passé de façon plus directe, soit pour l'évoquer sans cesse par des narrations recommencées, soit pour le transformer, l'embellir ou le dénigrer. Le récit de l'autrefois se meut toujours au seuil de la fabulation quand il n'est pas pure fabulation, vivante mythomanie ou *délire de mémoire*. Chacun connaît ces récits des mille et une fois où la seule «bonne fois» convient à celle d'un «il y avait... ou d'un c'était» toujours accompagné de l'inévitable appréciation subjective «de son temps». Les récits du passé sont sans cesse re-datés et se ressourcent chronogénétiquement à la date qui correspond à celle de la belle époque de chacun, celle de la fleur de l'âge et des vingt ans périmés. Un *passé merveilleux* dort dans la mémoire de chaque individu et attend pour se réveiller la première anicroche du temps lorsque celui-ci s'englue dans son écoulement. Pour tous, le temps s'écoulait mieux autrefois. Le passé se valorise aux dépens d'un présent d'impuissance. Mais cette impuissance devient contagieuse et se glisse aussi sur le passé; celui-ci ne deviendra merveilleux que par moments et à certaines époques. *Les sentiments d'échec et de vie ratée* se mêlent à toute évocation non affirmative du passé, effectuée dans une temporalisation molle et atone, ce qui a pour effet de teinter la vie présente d'une coloration morne et pessimiste.

Dans les délires de mémoire on assiste à des décalages temporels d'un passé devenu mobile, se déplaçant pour positionner le temps autrement qu'il ne le fut, selon la trame des récits et les croyances qu'ils suscitent. Ces modules temporels déplaçables résultent de troubles intimes de la temporalisation dont la marche selon «la flèche du temps» d'Eddington ne se fait pas. Tout se passe comme si, à partir d'une excitation de la chimie nerveuse — quelle qu'en soit l'étiologie —, il se produisait un remou, ou dérèglement temporel, une accélération des échanges chroniques intracellulaires et intercellulaires dans le cerveau, d'où changement des rythmes et des durées qui modifient *directement* la production même du temps biologique. Ce n'est pas la perception de ce temps décalé ou sa représentation qui sont le fait premier mais bien la modification productive du temps; les phénomènes perceptifs et représentatifs intervenant au deuxième degré. Le tout est repris dans le tissu langagier de l'énonciation directement sous-tendue par la production temporelle et reprise dans un mécanisme en feed-back par la production temporelle résultant de l'activation discursive. Ainsi à chaque niveau de production, à deux degrés, le processus se reprend, se répète et poursuit sa marche en avant. Ainsi se produisent des différences incomplètes qui échappent au processus ou qui restent enclavées et forcloses dans ses mailles intimes. Ces différences incomplètes «manquent» au temps pour poursuivre son cheminement;

elles grossissent le refoulé, accroissent les condensations ou minent les dissolutions qui se font jour dans la trame du temps. Telle semble être l'origine de ces constructions délirantes ultérieures, origine très matérielle donc, dans les plis secrets du temps biochimique et psychologique à l'état naissant. La déformation du contenu mnésique fait le reste, accueillant les narrations fantaisistes dans une élaboration qui se situe en hors-temps. Le moindre événement temporel qui contre le temps et le contrarie, peut être le point-source insoupçonné de créations extra-temporelles ou de mises en plates-formes hors-temps de modules délirants porteurs d'engendrements monstrueux. Le non-temporel est le risque permanent affronté par le temps, dans la mesure où le figuratif s'en empare trop pleinement pour l'alourdir, le freiner et le transformer en espace. Le temps ainsi dévitalisé en tant que temps, ne peut que produire des formes temporelles dégradées, extra-temporelles ou en hors-temps, alimentées par un passé, lui-même modifié et déplacé sinon inventé de toutes pièces.

5.4.4. Le passé absorbé par le temps et l'oubli actif

Le passé demande à être neutralisé pour faire partie du temps et y rester vivant comme passé. Eviter les reviviscences insolites du passé et atténuer la saturation passéiste qui sans cesse nous guette, exige une pratique de l'oubli. Mais pas n'importe quel oubli. Il s'agit d'un oubli actif qui fait partie du temps lui-même. Cet oubli se dresse comme autant de cloisons qui compartimentent le temps et attribuent à chaque moment ce qui lui revient. C'est l'instauration d'une répartition ajustée du temps, un communisme intégral «nouvelle manière», non une distribution égalitaire, monotone et isochrone qui rendrait tous les segments du temps les uns aux autres semblables, renforçant les synchronismes au point d'arrêter le temps dans sa qualité diachronique la plus pure. Les instants se doivent à eux-mêmes et réclament d'être conservés tels; seulement ainsi, ils pourront répondre, chacun à son heure, de l'architectonisation dernière du temps. C'est ici qu'entre en lice, déjà, le futur. *Comme l'indique P. Bertrand, suivant en cela la leçon de Nietzsche: « Le passé ne peut être sauvé qu'à partir de l'avenir, ne peut être créé que comme avenir, que par une création de l'avenir »* (14, p. 82). Que ferait un passé de lui-même, en effet, s'il n'avait pas d'avenir? Nul étonnement alors à ce que la fabulation cède à la tentation de valoriser le passé, de lui trouver une issue, même fausse ou fictive, dans le présent et dans la futurition. Mais nous savons que ce n'est pas le moyen idoine pour donner au temps la force qu'il attend. Le temps a besoin du passé pour entrer en fonctions et pour créer l'avenir. Aussi, seul l'oubli actif, en tant que représentant le présent et déjà l'à-venir dans le passé, peut exercer cette mutation bienfaisante et nécessaire. «L'oubli affirme un passé conséquemment un temps débarrassé de toute sujétion» (14, p. 83) précise P. Bertrand qui suggère toujours dans la meilleure inspiration nietzschéenne que «L'avenir qui est constitutif du passé fait d'oubli est lui-même fait d'oubli» (14, p. 82).

L'oubli actif est gage de progrès, de progression, de transformation, de transmutation (cf. 18, en particulier chapitres 5, 6, 9). Le temps y puise sa vitalité, échappe aux accumulations et aux mimétismes identitaires. La répétition temporelle peut se jeter dans sa production différenciante dans un vrai éternel du même où le même n'est jamais le même même, dans son avancée vers l'autre. Nietzsche ne déclarait-il pas dans la «Généalogie de la morale»: «L'oubli est une force et la manifestation d'une santé robuste».

Conclusion: Le passé sans temps

> *«Le temps limite toujours mon pouvoir... L'homme ne peut organiser son bonheur qu'au sein de l'inquiétude... il faut consentir au risque du monde».*
>
> F. Alquié (17, pp. 37-38).

Le drame du passé c'est qu'il est dépourvu de temps et qu'il fait défaut au temps. L'accumulation de repères matériels et de souvenirs, la conservation de signes témoignant de la vivacité de ce qui fut, enlèvent tout caractère vivant à ce «il y a eu», et empêche tout écoulement temporel réel. Le temps du passé est un temps atone, un temps sédimenté, un temps fossilisé; son aplatissement le couche sur lui-même, en fait de l'espace. C'est un temps pathique qui souffre de l'absence de temps. Aussi le passé exige-t-il une continuelle présentification: «Tout est présent en nous, y compris le passé même» notait finement J.M. Guyau dès les premières lignes de la préface de son merveilleux livre (1, p. 1), car disait-il encore: «une chose n'est réellement passée que quand nous en perdons toute conscience; pour revenir à la conscience elle doit redevenir présente» (1, p. 11).

Une autre exigence du passé est sa datation; la mise en ordre de ce qui fut. Le passé naît avec la fonction des archives: il sacrifie au mimétisme de répétition pour durer, pour s'inscrire dans la durée, pour posséder cette durée. Mais «comment se représenter l'ordre sinon d'une manière figurative qui est toujours plus ou moins spatiale?» souligne J.M. Guyau (1, p. 14). C'est un fait qui exerce sa pesanteur tout au long de l'histoire des hommes, introduisant la confusion dans les notions mêmes de temps et d'espace. Aussi avons-nous mis en exergue ce propos de J.M. Guyau : « Essayez de vous représenter le temps comme tel ; vous n'y parviendrez qu'en vous représentant des espaces » (1, p. 11). Le représenté, le représentatif, le fantasmé, l'imaginé, sont des figures et donc de l'espace. Le temps exige du mouvement et du changement ; il est le changement du mouvement ; il est fugace, mobile, passant, forcé d'éclore à chaque instant. C'est « l'activité motrice et la volonté qui fournit le fond vivant et mouvant de la notion de temps » écrit toujours J.M. Guyau (1, p. 111). Définition formulée autrement par P. Janet pour qui « le changement est le point de départ de toutes les sciences du temps » (4, p. 79), reflétant ainsi la conception recherchée par H. Bergson pour qui le temps est le changement lui-même, et qui a tenté d'échapper à la représentation en inventant « la saisie immédiate » par « l'intuition » d'un passé (à la fois écoulé et vivant) qui serait « souvenir pur » et « pure durée ». L'entreprise bergsonienne demeure simultanément titanesque et impossible. L'emprise du passé est matérielle, il faut vivre avec et elle est indispensable à la vie, à la continuité de la vie, à la naissance du temps présent. Mais il est bon de le savoir pour ne pas être dupé par le temps. Celui-ci perd, dès son surgissement, si on n'y prend garde, ses traits les meilleurs, son aspect révolutionnaire (au sens fort), tourbillonnaire, spiralé ; sa nature qualitative intensive ; sa force propulsive qui envahit le présent et le porte en avant. Il s'aligne bientôt après, il cesse de se singulariser, il s'amoncelle dans une figuration linéaire, il devient (sans plus aucun devenir) repérable, mesurable, quantifiable : c'est de l'espace-temps, c'est de l'espace et c'est sous cette forme qu'il faut savoir l'explorer sans jamais « le saisir », le connaître, sans jamais plus jouir de sa puissance perdue. Le temps, une fois passé, pèse par son dépassement. Seule son activation actualisante permet de le rendre léger ; mais pas de faux espoir : il ne peut revenir, nous ne pouvons pas régresser vers lui.

Les maladies du temps se montrent ainsi sous leur vrai visage. Le passé réel se caractérise par sa non-reconnaissance en tant que passé, il s'agit d'un temps passé, d'un temps perdu, irretrouvable irrévocablement dans sa « qualité » de temps. Lorsque l'on retrouve le passé, il s'agit d'un passé avec des caractéristiques différentes, celles d'un espace-temps qui exerce sa pesanteur tout en nous rassurant, par sa pseudo-présence qui nous fournit un socle et une assise qui flattent notre « instinct de conservation » et conditionnent nos attitudes secrètement conservatrices et mimétiques. La non-acceptation du temps en tant que temps intensif, écervelé, fougueux, absolument neuf qui nous désarçonne toujours maintient vivace l'étonnement et l'éveil, mais inquiète, dérange, est source d'angoisse et d'effets d'opacification pour le faire taire, le domestiquer, le tuer somme toute. Les troubles psychopathologiques sont bien des troubles du temps, ils traduisent bien les modifications non assumées des rythmes et des durées, leur non-reconnaissance, la résistance qui est opposée au temps naissant, la complaisance avec laquelle on accepte le poids stérilisant du passé... Le reste : symptômes, figures de la signifiance, sont les formes d'extériorisation, ce qui nage dans les fausses surfaces, les simulacres et les épouvantails qui perpétuellement nous déroutent. Le trouble profond, en dernier ressort, réside dans la force du temps, dans la perturbation de son passer lorsque celui-ci engendre le faux éternel retour du même, dépourvu de sa puissance différenciante, englué dans le mimétisme.

Bibliographie

(1) GUYAU J.M., La genèse de l'idée de temps, Alcan, 1890.
(2) PIAGET J., Le développement de la notion de temps chez l'enfant, P.U.F., 1946.
(3) MALRIEU Ph., Les origines de la conscience du temps; Les attitudes temporelles, P.U.F., 1953.
(4) JANET P., L'évolution de la mémoire et de la notion du temps, A. Chahine, Paris, 1928.
(5) SAPIR E., Anthropologie, Seuil, Coll. Points, 1971 (première éd. fr. Minuit, 1967).
(6) CHAMPION Y., Essai de synthèse des recherches en matière d'épidémiologie et de pathologie mentale concernant la mobilité géographique des populations, Thèse médecine, Paris, 1958.
(7) SIVADON P. et FERNANDEZ A., L'étude des attitudes psychologiques des travailleurs nucléaires vis-à-vis du risque radioactif, EURATOM, Bruxelles, 4198 cf. 1968.
(8) Le Temps et la Mort dans la philosophie espagnole contemporaine; Etudes et essais publiés sous la direction de Georges Hahn, éd. Privat, 1968.
(9) HALL E.T., La dimension cachée, Coll. Points, Seuil, 1978 (première éd. New York, 1966).
(10) UNAMUNO M. de, Vérités arbitraires, Sagittaire, 1925.
(11) PIRANDELLO L., Théâtre complet, Tome I, La Pléiade, Gallimard, 1977.
(12) FREUD S., Psychopathologie de la vie quotidienne, P.B. Payot, n° 97.
(13) FREUD S., Essais de psychanalyse appliquée, Coll. Idées, Gallimard.
(14) BERTRAND P., L'oubli, révolution ou mort de l'histoire, P.U.F., 1975.
(15) HORST Van der, Le sens de la temporalisation pour la mémoire et l'orientation; *Evolution Psychiatrique*, 1956 n° 1, pp. 189-205.
(16) HECAEN H., Introduction à la neuropsychologie, Larousse, 1972.
(17) ALQUIE F., Le désir d'éternité, P.U.F., 1963 (première éd. 1943).
(18) FERNANDEZ-ZOILA A., Blanchot Jabès, Temps et sémantique textuelle (à paraître).

Chapitre 6
Le futur du temps : le possible, le réalisable, la prospective

> « *Se connaître, c'est se construire; et on ne se construit qu'en devenant ce qu'on n'est pas* ».
>
> Y. Belaval (Le souci de sincérité, Gallimard, première éd. 1944).

> « *Le vrai point de départ de l'évolution n'est donc pas plus l'idée du présent que celle du passé ou du futur. C'est l'agir et le pâtir, c'est le mouvement succédant à une sensation* ».
>
> J.M. Guyau (1, p. 30).

6.0. L'annonciation du futur

> « *L'homme engage à chaque instant une part de lui-même dans l'avenir* ».
>
> J.M. Sutter (16, p. 97).

Le futur c'est le devant-être, catégorie du temps à venir pour que le temps soit. Ce devant-être ne sera tel que si le présent est déjà présent et si la succession des présents à parcourir advient pour atteindre le point de perspective. A première vue, toute anticipation paraît inutile, puisque seule l'effective réalisation du présent du temps permettra à celui-ci de continuer sa course. Assurer le jour d'aujourd'hui est la garantie pour que demain survienne. Occupons-nous donc d'aujourd'hui et laissons ce qui déborde le maintenant pour l'après-maintenant ou pour le plus tard. « Le présent n'est pas un résidu de la temporalité, il en est la source » écrit J. Pouillon (2, p. 164). D'ailleurs le non-encore-là, on ne peut que se le représenter et l'imaginer; sa réalité ne peut être que factice. Le futur est le résultat d'une narration, il se trouve à l'aise dans les romans de science-fiction et dans les perspectivismes futuristes. Mais le présent ne prend une réelle consistance que dans sa continuation dans le temps, ce qui exige plans et projets de réalisation, une gestion du temps pour envisager son déroulement, son emploi, sa distribution. « Si c'est toujours un présent qui doit être rendu, insiste J. Pouillon, c'est parce que dans le présent même je peux saisir et le passé et le futur» (2, p. 164). Le présent est le creuset d'où émane la matière première du temps. Dans la mesure où le temps forge dans le présent son proche devenir, le maintenant du présent pourra se transformer ou se poursuivre en un présent-futur. La roue du temps n'est pas un être imaginaire — répétons-le — mais, comme le souligne J. Pouillon encore, «le caractère de ce qui se temporalise» (2, p. 156).

Le présent du futur sera le premier stade survenant dans le juste après du présent actuel. Entre le temps actuel et le futur, même le futur immédiat, est et demeure une *probabilité*: rien ne peut nous assurer de sa réalisation absolue. Mais rien ne peut se réaliser non plus sans le préalable de la prévision, sans la préparation réelle de l'avènement de l'après. Ainsi le futur est, dès le présent, le résultat simultané d'une probabilité qui fait du futur une valeur relative, et d'une *prévision* qui assure le futur d'une préparation anticipatrice prête à accueillir ce temps qui finira par se plier à ce qui l'attend, si rien ne vient le détourner de son cours... Si la prévision fait défaut, le temps est condamné à l'improvisation, soumis à tous les aléas de la temporalisation.

La futurition est donc non seulement nécessaire mais impérative. Elle ne peut pas ne pas être: elle manquerait au temps et par ricochet le temps manquerait au présent dans son devenir au-delà de lui-même. *Tout présent est un passé-présent et un présent-futur, un moment du passage* qui marque l'évolution temporelle par sa présence isochrone au temps. Le présent en-temps mord sur le futur et celui-ci prendra son amplitude temporelle dans la réalisation effective de ce qui a été prévu, en y ajoutant ce qui peut naître de neuf dans ce temps ignoré qui est le temps à venir. Il faut lever toute menace de contradiction et préserver la liberté du temps. L'aléatoire et la prévision ne s'opposent pas. Mais pour que l'aléatoire du temps soit en-temps, il faut aussi préparer son avènement et rendre prévisible sa venue: ce sont deux opérations différentes. L'improvisation pure du temps serait le temps livré à lui-même, un temps fou, risquant de se mettre en hors-temps et s'affolant sans cesse du fait de cette extra-temporalité. Préparer le temps dans son avènement n'est donc pas limiter son surgissement, amputer son devenir, couper les ailes à ses possibles envolées; bien au contraire c'est soumettre le temps à une *discipline strictement temporelle* (ce n'est nullement une tautologie) afin d'assurer sa chronogenèse continue. Rien n'empêche la chronogenèse de varier dans ses modalités de mise en forme pour attribuer des valeurs différentes aux moments temporels, facilitant ici les arrêts, là les dilatations, modifiant les rythmes et les vitesses, faisant alterner les temps syncopés et discontinus et les temps uniformes, intronisant tous les aléas possibles quant à l'hétérogénéité et à la discontinuité du temps, mais à condition que la chronogenèse se poursuive immanquablement dans son irréversibilité afin que le temps demeure en-temps.

La problématique du futur exigera une approche par «sautillements», tenant compte des oscillations attendues/inattendues, faisant la part à la destinée, tout en maintenant l'anticipation du possible. Nous partirons du *présent-futur*, première étape pour nous éloigner du présent et prendre déjà de la distance avec le passé qui conditionne le présent, sans oublier que ces phases du temps se succèdent très vite... et qu'ici par exemple, en écrivant ces mots au présent, ce qui constitue un travail, la phrase se tend vers l'immédiatement après, sans savoir autrement que de façon imprécise encore, ce qui va s'inscrire dans le moment suivant. La vitesse du présent dans son accès au futur impose réflexion; elle réclame une pause. Aussi le deuxième étage de cette montée vers la futurition — apparaît ici une détermination directionnelle, le futur encore inaccessible implique pour nous une montée, une élévation; cette direction ne pouvant toutefois en aucun cas être opposée à une descente — consistera à tracer les grandes lignes de l'*anticipation et de la prospective*, c'est-à-dire *tracer les desseins* poursuivis pour essayer de savoir précisément où l'on va et vers où l'on va au-delà et pouvoir maintenir ainsi le temps orienté. Apparaît logiquement la troisième phase de cette démarche : les *désenchantements du temps*, du fait des programmes non remplis, des prévisions mal élaborées; autrement dit du *vide du temps*, par rapport à ce qu'on lui avait fait espérer : les promesses non tenues dans le diagramme temporel lui-même, c'est-à-dire les trous du temps dans sa trajectoire en-temps. Il sera facile alors de dégager, dans le hors-temps, le non-temps et tout ce qui trahit le temps dans une temporalisation destinée à produire du *psychopathologique* dans l'extra-temporalité tout en produisant simultanément des tentatives pour rejoindre le temps... Et comme notre avenir à nous tous en dépend, tant pour assurer notre présent de travail de demain dans la joie que pour tracer la destinée de nos lignes de vie, disons que cette recherche temporelle doit faire appel à toutes nos meilleures énergies pour «coller» de près à la chronogenèse même de ce texte — qui se veut lui-même un travail — et par là pour que la démarche entreprise puisse demeurer jusqu'à son terme, encore lointain, en-temps.

Quatre étapes s'annoncent donc : 1) le présent-futur, l'anticipation et l'immédiatement possible; 2) le lointain, la prospective du réalisable et l'emploi du temps; 3) les vides du temps et le futur désenchanté; 4) le futur hors-temps dans ses formes psychopathologiques. Déterminisme et contingence du temps seront ainsi préservés dans la matérialité d'une chronogenèse qui sans cesse retourne à son autoproduction. Comme l'écrit si clairement X. Zubiri: «Seul est futur ce qui n'est point encore, mais dont actuellement, toutes les possibilités sont déjà données pour sa réalité» (3, p. 42).

6.1. Le présent-futur, l'anticipation et l'immédiatement possible

> «En ce qui concerne l'anticipation, la principale difficulté consiste en ce qu'elle met en cause l'avenir».
>
> J.M. Sutter (16, p. 97).

Le passé apporte au présent sa permanence dans le temps et le futur la consacre. Le temps affirme sa continuité dans la permanence et celle-ci érige le futur en nécessité. «Hoy es siempre todavia» écrit le poète espagnol du temps, Antonio Machado: «Aujourd'hui est toujours encore». Vers où, trois adverbes de temps: aujourd'hui, toujours, encore, instituent la pérennité temporelle. *Aujourd'hui* maintient «le maintenant-déjà-là» dans le temps; *toujours* intègre la durée dans sa continuité comme une structure inféodée au temps, en effet aucun adverbe n'est plus temporel que le terme «toujours» qu'on ne peut imaginer hors du temps; *encore* marque la circularité du temps, son nécessaire retour de toujours dans l'aujourd'hui afin que le processus suive son cours... Ainsi en va-t-il du travail et des séries de tâches programmées les unes à la suite des autres et si, pour réaliser celle qui correspond au présent, il faut inhiber la tentation de passer à celle qui vient juste après et fermer par conséquent les portes du futur, il n'est pas moins vrai que la tâche actuelle ne peut atteindre sa finitude provisoire que déjà placée dans la perspective d'enchaînement avec la tâche sériellement placée à la suite. Les unes faisant avec les autres un tout. Ce premier aspect du *futur proche* appartient presque au présent, c'est pourquoi ce moment-charnière qui relie *virtuellement* les deux temps pourtant différents — puisque l'un est celui de l'exécution en train de se faire et le deuxième celui de l'exécution qui se fera immédiatement après — pourrait se dénommer le *présent-futur*, c'est-à-dire le présent du futur immédiat. Lorsque les tâches s'échelonnent de façon automatique dans la temporalité, tout paraît simple car elles obéissent à une ordination linéaire ou circulaire qui leur assigne une place et une position déterminées dans le cycle opérationnel. Mais tout ce qui est fait, une fois fait, soulève moins d'interrogations que lorsqu'il s'agit de faire et d'envisager une suite d'actes. Plusieurs aspects psychologiques sont à retenir, les uns portant sur la partie présente de ce présent-futur, les autres empiétant déjà sur ce qui bientôt ne sera plus présent.

Pour clore le présent, point ne faut trop anticiper dans le «plus loin». Cette fermeture de toute pro-tension aide à éviter la dispersion, l'instabilité, voire l'affolement et la fatigue. Si l'attrait du pas-encore est excessif, s'ensuivent des mobilisations d'énergie inutiles *avec dispersion des gestes*. Ces réactions correspondent à un mauvais réglage des mécanismes sensori-moteurs et à un défaut de cohésion de ceux-ci avec les schèmes mentaux. Se créent ainsi des réactions d'incertitude, un à peu près inquiétant, source d'imprécisions et où le risque de malfaçon et d'accident s'accroît dangereusement. L'*instabilité* s'éprouve dans la mélodie kinétique, dans son déroulement même, dès que l'incitation à passer à l'opération suivante intervient. Les réactions de suggestibilité se manifestent par incitation passive devant l'attirance de ce qui pourrait survenir après. On assiste à l'effacement de la représentation de l'actuel, de ce qui est en train de se faire pour valoriser dans le maintenant le schéma opérationnel (ou un fragment de ce schéma) alors que cette injonction ne devrait intervenir que dans un moment ultérieur. Ces *distractions* cassent les rythmes en pleine exécution, induisent des hypotonies et des hypertonies qui accroissent la fatigue musculaire partielle et locale. D'autre part une telle *désorganisation* amène une fatigabilité nerveuse excessive d'autant plus grande que le constat du désordre devient réalité. Un possible affolement lié à un retentissement affectif dévalorisateur peut survenir d'autant que d'éventuelles remarques critiques viendront sanctionner le sujet. Les séries opérationnelles réclament une *ordination* et il semble que si le pouvoir inducteur de l'après ne doit pas être excessif *il est absolument nécessaire qu'interviennent une visée de l'après, une perspective de la suite et de sa continuité*. D'où la valeur de cette deuxième partie du joint présent-futur, laquelle, en tant que *futur-proche* est gage de la réalisation de «*l'immédiatement-possible*». *C'est la conquête progressive de l'anticipation en elle-même*, ce qui implique la subordination du présent à son futur immédiat sans bousculer en rien ce présent qui permettra la mise en place de la *notion de hiérarchie des actes*.

Le cycle opérationnel est basé sur une *règle d'alternance*: au moment où un acte se termine, un autre, venant à sa suite, s'ébauche. Interviennent dans ce parcours, de façon couplée, l'attente statique et l'attente active aiguillée par l'attention, dispositif qui joue dans l'achèvement du présent des actes. A ce dispositif se joignent l'*initiative individuelle*, une certaine *tension de continuité, le sentiment de recommencement, la prégnance du futur* tel qu'il est présupposé ou envisagé. A la limite existe aussi un certain attrait pour *l'aventure*, tout dépend de l'opération concernée. Peut-être que le terme «aventure» dans cette analyse au niveau microscopique de la série des actes pourrait apparaître comme excessif, mais si on applique un coefficient de grossissement suffisant, il n'est pas difficile de constater que *rien, absolument rien* ne conditionne absolument l'enchaînement des actes de façon spontanée. Un peu gratuitement, on parle d'instinct, de tropismes opératoires ou opérationnels, d'activité réflexe, d'impulsions... autant de mots dépourvus d'un étayage épistémologique évident. *La temporalisation des actes, dans une suite, exige l'apprentissage minutieux de leur hiérarchisation et de leur architectonisation.* C'est pourquoi les liaisons et les enchaînements des actes sont le résultat du pouvoir de *prégnance du dispositif élaboré* (et en particulier de l'élément du dispositif fonctionnant comme futur) et de *l'initiative de l'opérateur.* Chronologie, chronométrie et chronogenèse se trouvent nécessairement liées pour bâtir les hiérarchies sérielles des actes. La chronologie, à travers les temps mesurés proposés, la chronométrie exigeant de l'opérateur qu'il re-produise les temps imposés dans les actes qu'il exécute et qu'il fasse entrer ses actes dans les temps adoptés. Enfin la chronogenèse par la force productive du travailleur qui produit à la fois le temps de ses actes et son propre temps de vie tout en maintenant l'adéquation d'ensemble avec le cadre temporel dans lequel lui-même et les opérations envisagées évoluent. Si l'on se contente d'un examen macroscopique et d'une vue d'ensemble de l'architecture des actes on simplifie les faits et on scotomise la structuration interne ou architectonisation.

La temporalité du présent-futur est portée à bout de bras par les mouvements en cours; sa constitution intime est cinétique et dynamique; les moments temporels qui la composent sont des moments ayant une extension, des moments avec un prolongement. Le temps du présent-futur est une charnière vivante où le pro-venir et le ad-venir se mélangent étroitement sans se fondre cependant ni se confondre. Si le résultat des actions engagées est figurable, représentable et spatialisé, favorisant les analyses rétrospectives, le temps qui assure la réalisation affective du pro-jet ne se laisse ni figurer ni représenter. Ce temps demande à être saisi dans ces modules ou dans ses formes actives qui sont la mise en ordre, la sériation, la hiérarchisation, l'architectonisation... des actes. Il s'agit d'une *topologie temporelle où la conduite d'anticipation est primordiale.* Autant *l'attente* a pu être fondamentale *pour l'achèvement du présent*, autant l'anticipation agit déjà dans l'avènement de ce qui est appelé à advenir. Mais il faut insister encore sur la nécessité de ne pas laisser l'anticipation dissoudre le moment présent ou le laisser inachevé en se portant trop tôt dans le moment qui ne doit venir qu'après. Si l'anticipation fonctionne comme un fragment du temps détaché en avant du présent, comme une antenne d'exploration tendue à l'avant-garde du temps qui vient, elle n'en est pas moins soumise à la loi du présent avec lequel elle doit faire corps. Le jeu est serré et l'articulation minutieuse, c'est pourquoi en analysant les choses de près le terme d'*aventure* concernant ce passage mouvant n'est pas aussi exagéré qu'il y paraissait de prime abord.

«Le présent c'est la part de soi-même que le sujet consacre à la résistance du réel et à la refonte de son activité» note P. Malrieu (4, p. 57). Une pause en quelque sorte dans l'écoulement du temps, un palier pour ne pas se laisser déborder et marquer de sa griffe ce qui est en train de se faire. Pour affronter aussi *le devenir* qui apparaît de prime abord *incoordonné*, dans une perception globalisante et floue. *Si la perception est, par nature, anticipatrice*, l'homme n'est pas que perceptions, il aborde le temps avec des états affectifs et des dispositifs pour l'action. *L'anticipation* dans sa prise de position à partir du présent *émet un jugement synthétique sur l'avenir*: une option, une proposition d'expérience, un présupposé expérimental inductif. La distinction intervient à mesure que l'action avance et que le temps produit son passer. La perception et l'avancée «jugeante», pleines de considérations intellectuelles doivent s'appuyer aussi sur les éléments de la sensation. *La sensorialité du temps* passe par l'éprouvé des qualités sensitives des actions en cours. Le temps est comme une musique, on ne peut l'envisager de façon neutre, «une tâche imminente incombe à l'action qui montre les choses en les créant d'une certaine manière...» souligne Heidegger (5, p. 215). A chaque moment du temps l'action et la chose faite s'accouplent dans le résultat processuel d'une interaction. Les impressions, les sensations qui rythment ce procès se laissent volontiers démultiplier en sensations plus élémentaires où se déploient les couleurs, les sons, les pressions, les chocs, se constituant en assemblages sensoriels qui, une fois intellectualisés, s'élaborent en formes. Cette sensorialisation de l'action en cours, de la chose et du temps, reste fondamentale. On a pu opposer la sécheresse et la stérilité sensorielle des tâches effectuées en atelier et en usine, aux travaux plus proches de la nature, pleins de sève affective, de même que l'on a opposé le temps traditionnel et le temps hachuré correspondant aux tâches fragmentaires. C'est une question de point de vue et de degré dans l'évolution des activités. Ce qui paraît «naturel» a été naturalisé comme dirait Bachelard et rien — en soi — ne s'oppose à ce que le mécanique et les techniques les plus abstraites fassent partie du paysage habituel des hommes. Ici joue aussi *l'anticipation préparante* avec ses composantes sensorielles et perceptives associées afin de pouvoir «*intuitionner*» un avenir qui n'est pas encore objet de connaissance. L'intuition — sous cette forme — correspond à ce mélange de pro-tension et de perception avancée qui cherche à se porter en avant du moment présent sans le quitter. La vulgaire et très habituelle vision «pifométrique» des choses en découle, mais à condition de conserver en elle un certain degré de saturation sensorielle pour toucher, goûter, entendre — et non simplement voir ou envisager — le temps qui vient et assister, le plus près possible des choses, à leur emboîtement constructif pour la fabrication des œuvres. «L'œuvre œuvre le monde» prétend Heidegger (5, p. 215) pour mieux souligner la concrétude d'une action qui n'est réellement acte opérant que dans son aboutissement en œuvre, ce qui implique en premier de ne pas rater le temps.

L'anticipation présuppose une immobilité relative du présent-passé et une non-accélération des rythmes de la pré-perception qui influenceraient secondairement la vitesse d'exécution de ce qui est en train de se faire. *L'anticipation ne doit pas jouer avec la vitesse*, faute de quoi la gestualité pourrait être attirée au devant d'elle-même, par une prégnance de fascination ou par un mouvement désordonné, et aboutir alors à un mauvais résultat: accident pour l'opérateur, erreur dans l'usinage. L'anticipation doit respecter à la fois le cadre temporel de l'organisation préalable des actions prévues entre la machine et l'homme, et aussi la démarche de l'opérateur dans sa vitesse d'exécution uniformément liée aux moments temporels impartis. L'anticipation rend plus efficace *la lenteur relative* des comportements — qui évoluent très objectivement selon leur courbe temporelle — tout en évitant les attitudes d'accélération et de ralentissement, et aussi ce qu'on appelle les trous ou les temps morts, c'est-à-dire les moments improductifs. Mais l'anticipation s'apprend et s'enseigne, elle ne peut être laissée à la charge exclusive des opérateurs livrés à leur inventivité ou à leur bon vouloir. *L'anticipation n'est* ni une simple attitude ni un comportement mais une *conduite complexe* doublée de sentiments de régulation au sens de P. Janet. L'anticipation ne prend toute sa signification que par rapport à l'intégrité du temps en action. *L'anticipation est une aventure du temps*. Selon V. Jankélévitch: «L'aventure est liée au temps qu'on appelle le temps futur et dont le caractère essentiel est être indéterminé, parce qu'il est l'empire énigmatique des possibles et dépend de ma liberté; le possible n'est-il pas ce qui peut être ainsi ou autrement... le passé étant déterminé et définitif, et ceci pour l'éternité, puisqu'il a déjà existé, ne saurait être la région de l'aventure» (6,

p. 10). Le futur du temps est ce qui n'existe pas, l'anticipation propose une option sur ce temps; c'est une sorte de *questionnement* qui demande à être confirmé par la réponse de sa réalisation dans l'immédiatement possible. L'indétermination préparante soumet le temps à une relative rupture aventureuse, à une sorte de pari que seul le temps peut tenir.

6.2. Le lointain, la prospective du réalisable, l'emploi du temps

> « *Seule l'action dans laquelle on ne s'engage point seul, peut « faire passer le temps »; sans elle, le temps s'arrête* ».
>
> J.M. Sutter (16, p. 104).

Les conduites d'anticipation sont continuellement mises à l'épreuve par la progression du temps, épreuve de réalité qui corrobore la prévision ou montre l'éventuel décalage. Une expérience s'en dégage, qui permet d'affiner sans cesse l'anticipation et de faciliter la prospective proprement dite. Le temps, dans sa matérialité, s'effectue dans les actes suivis de réalisation, et ce n'est que rétrospectivement que prennent alors valeur réelle «les plans prévus». Mais la continuité même de la temporalité sollicite les conduites d'anticipation et les avancées dans l'au-delà du temps, un peu déjà dans l'authentique futur, pour permettre les recommencements de l'action. Pour continuer à travailler sur ce texte une idée globale du contenu du chapitre s'impose dès que sa rédaction est conçue, texte qui vise à s'implanter dans un ensemble plus vaste recueilli par la forme même du livre. Mais, la rédaction proprement dite avance sans connaître, avant son objectivation, ce que celle-ci pourra être, admettant les variantes et les dérives qui surgiront du processus textuel lui-même, re modifiant le plan initial et remodelant l'assemblage des «matières» à mesure qu'elles «se matérialisent» jusqu'à ce que le point final boucle le procès rédactionnel, fixant définitivement la forme ainsi obtenue. Il y a bien eu projet, série de planifications successives, conduites d'anticipation segmentaires selon le découpage en chapitres et en sections pour recueillir et organiser la thématique de l'ouvrage. Mais avec la notion qu'une modification pourra intervenir à mesure que le travail devient effectif dans une évolution menée avec souplesse. Sans le projet initial qui propulse dans l'avenir «l'objet» comme étant déjà créé, les planifications intermédiaires n'auraient pas pu intervenir pour amener la réalisation concrète, thème après thème et chapitre après chapitre. *Le lointain prévisible ne devient réalité que par le truchement d'une segmen-*

tation de la prévision qui se peuple de moments d'anticipation fragmentaire favorisant la mise en forme écrite de l'exposé. Ainsi s'élabore la temporalité du texte à propos du temps qui est différente de la ligne finale proposée par l'ouvrage terminé, car la démarche rédactionnelle ne s'effectue pas dans une suite linéaire de la première à la dernière page, séquence après séquence, mais bien plutôt selon une modalité circulaire et éclatée, les morceaux progessivement rédigés s'ajoutant les uns aux autres d'après les exigences du montage. Le temps de fabrication rédactionnelle et le temps de fabrication typographique du livre ne coïncident pas. Les temps de la conception, de la mise en écrit, du montage et de la lecture ne sont pas les mêmes. Dans cet exemple le lointain du temps tire à lui en quelque sorte les contenus de l'action prévue qui re-structurent les planifications successives jusqu'à ce que le temps spécifique de l'ouvrage ayant pris corps par la réunion successive des temps fragmentaires, la densité temporelle finale atteinte, le projet prenne fin. *Le futur, une fois saturé, prend lieu et place de présent.*

La question peut se poser de savoir si ce type de projet se réfère réellement à un futur; X. Zubiri ne dit-il pas: «Ce qui n'existe pas encore et par rapport à quoi n'existent pas davantage ses possibilités concrètes, n'est pas, à proprement parler, futur» (3, p. 42). Et, en effet, le futur ne devient tel qu'une fois la démarche amorcée, déjà en cours d'exécution, se faisant, créant ses propres moyens pour la mener à bien, produisant le temps nécessaire pour y parvenir. *Deux futurs sont donc à l'œuvre.* Un *futur général abstrait, inauthentique,* appartenant à d'autres projets similaires dans lesquels peut prendre naissance un projet particulier: il y a matière pour faire un livre, deux auteurs se mettent d'accord pour l'écrire et se répartissent les tâches, ils peuvent se procurer du papier, de l'encre, se mettre au travail, etc... Quant au *futur authentique, concret,* appartenant à ce projet-ci et seulement à lui, ce futur commence réellement avec la mise au travail; le futur reçoit par là une forme «futurible»: but à atteindre par un présent déjà en marche, destiné à s'en rapprocher dans un délai plus ou moins long et selon certaines stratégies éventuelles. *Le futur requiert un présent déjà actif;* il ne peut surgir par simple analogie, par décision discursive d'où qu'elle vienne. *A la limite, l'engagement ne suffit même pas: c'est la mise en route qui est exigée. Sinon le temps reste au conditionnel et en partie du moins non temporel.* Le temps futur réclame un temps ayant «pignon sur rue», susceptible d'avoir un répondant, une temporalité potentielle somme toute, sur quoi compter. «Le futur sera donc ce sur quoi, à ma façon, je puis compter, dans une certaine mesure» affirme X. Zubiri (3, p. 42). *Le futur se nourrit de la puissance déjà incluse dans le présent.* Le futur est un présent développé qui naît dès que le développement est en cours... tout en conservant par devers lui, la contingence : le projet pourra aboutir, ou ne pas aboutir. La prévision sera ou ne sera pas honorée par la réalisation.

Si l'anticipation est une extension du présent, la prévision est un aspect du futur qui vient à la rencontre du présent. Quant à *la prospective* qui inclut le calcul du temps et des temps, elle prend en charge toutes les planifications intermédiaires qui sont autant de développements « en maquette » du projet proposé à réalisation. Dans l'ensemble de la construction d'une maison, le travail démarre au stade du plan, ce qui présuppose la prévision de l'utilisation et de l'acquisition de l'immeuble. L'anticipation entre en action au jour le jour, à mesure que l'édification se poursuit, selon le plan prévu précisément. Ici la temporalisation est linéaire et successive, du moins dans le style de construction classique... et le futur se rapproche à mesure que les murs s'élèvent et qu'ils reçoivent le toit. Par contre la *prospective* peut être prise en défaut s'il n'a pas été tenu compte de l'organisation de l'espace intérieur et de l'aménagement de l'environnement en fonction des caractéristiques des éventuelles nuisances. La futurition de l'édification et celle des conditions d'habitation ne sont pas similaires. La prospective fonctionne dans ce cas sur une double temporalité dont la coordination future n'implique pas l'articulation des deux présents, mais seulement la possibilité de cette coordination ultérieure.

Le futur n'est pas fait d'une seule dimension temporelle, mais de plusieurs dimensions qui, séparées au départ, se rejoignent dans l'éventuelle réalisation. Les cas évoqués montrent dans leur simplicité une futurition dominante pour le premier, deux futuritions confluentes pour l'édification de la maison. Mais les futuritions adjacentes, parallèles, secondaires, toutes subordonnées aux lignes dominantes du temps sont nombreuses. *La prospective* dans sa complexité fait appel au *calcul du temps*, aux *lois de probabilité de la temporalité*, parfois en partant de ce que l'on sait déjà, parfois en inventant de toutes pièces pour foncer dans l'inconnu. D'où difficultés pour bien faire, tout envisager, tenir compte de tout. Surtout que la prospective n'est en réalité ni une science du temps ni une science du futur temporel ; elle évolue à travers des nombres et des diagrammes, établissant des courbes et des tableaux. Le temps est ainsi « spatialisé » et « nombré » avant qu'il ne soit assigné à résidence, afin que la rencontre soit possible. Nos sociétés contemporaines sont obligées de prévoir, de dresser des plans pour construire l'avenir, de dessiner des lignes de priorité, de se livrer à une ordination futuriste essayant d'entrevoir les problèmes qui pourront surgir. Et l'homme est pris dans ces réseaux prévisionnels et dans ce dédale de calculs. Les statistiques augurent de l'avenir pour connaître à l'avance la population du globe, l'âge moyen des décès, le nombre de tués qu'il y aura sur les routes dans l'année à venir, l'accroissement de la morbidité et de la consommation médicale. Les études de marché, les possibilités de vente, décident, avant le lancement de la fabrication d'un produit, si celui-ci suscitera de l'intérêt et si son accueil répondra aux efforts de préparation entrepris pour sensibiliser l'opinion à l'achat. Quel que soit le type de société, que celle-ci fonctionne selon des «plans quinquennaux» ou des planifications d'un autre ordre, les chiffres président à la destinée des investissements sous la bonne garde des ministres et des bureaux «du plan»... Il n'est plus question d'aborder l'avenir à l'aveuglette, sans savoir de quoi il sera fait. Le filet de la prévision-prévoyance s'installe partout, même si chacun, singulièrement, se croit dispensé d'en tenir compte ou pense ne pas être concerné... La fringale du futur a consolidé le sens du temps, tout en accélérant la marche en avant et en maintenant ferme «la flèche du temps» en avant d'elle-même, voguant vers le cap hypothétique d'un avenir somme toute déjà hypothéqué.

Au niveau individuel, pour le travailleur, non seulement les tâches à faire sont prévues et programmées, mais des mesures sont prises pour s'assurer des coïncidences à venir. Les retards ou les avances s'apprécient par rapport aux références établies par le «plan» plus que par rapport aux constats du présent. Aussi, chacun en ce qui le concerne, se doit-il de rentrer dans le rang et d'appliquer les normes prévues dans le cadre du groupe de travail ou de l'équipe dont il fait partie. Dans certaines structures sociales l'attrait du futur devient tel que les personnalités individuelles se fondent dans le collectif pour atteindre ensemble et si possible dépasser les objectifs prévus par le «plan». Les chantiers ne sont pas seulement des lieux de travail mais des creusets où les personnalités se remodèlent, s'alignent les unes sur les autres, forment un tout solide et bien unifié qui va de l'avant. Au cours de ce XXe siècle les exemples ont été nombreux de pays qui se sont créé ainsi une industrie moderne, une place sur les marchés internationaux, une situation prépondérante à l'échelle du monde... et cela sous l'impulsion de motivations fort diverses: appât du gain ici, passion mystique là où les deux ensemble souvent, mais sous l'appel d'un futur que les hommes voudraient docile, apprivoisé, maîtrisé et dominé.

Sur le lieu de travail, le couple homme-machine ou homme-poste de travail est englobé dans un cycle opérationnel démultiplié et souvent différencié, lui-même intégré dans l'équipe qui, par intégrations et hiérarchisations successives, se voit absorbée par des sections, des ateliers, des départements, des usines, des complexes industriels, des ensembles industrialo-commerciaux de plus en plus vastes. La structure militaire archétypique s'y retrouve vivace sous sa forme pyramidale classique. Le cycle opérationnel ne comprend plus les seuls actes d'exécution mais, comme nous disions plus haut, les opérations de surveillance et de contrôle : l'attention de l'opérateur est sollicitée différemment. La temporalité, tout en restant linéaire, éclate en plusieurs fragments qui s'agencent autrement. Les actes peuvent être divisés et répartis entre plusieurs agents pour diversifier les interventions de chacun; le rendement quantitatif et qualitatif s'en trouve accru alors que de façon parallèle les interventions individuelles limitées dans leur action et tronçonnées dans leur exécution, permettent au dispositif de production de se dérouler de façon plus souple et en meilleure sécurité. Une division existe souvent entre ceux qui prévoient et ceux qui exécutent, ceux qui surveillent et ceux qui réalisent, mais chacun est appelé, s'il veut bien tenir sa place et occuper son poste, à élaborer en lui-même son propre système de prévision, de prévoyance et d'autosécurité. *Personne ne peut réellement se sentir totalement séparé de ce qu'il fait, entraîné qu'il est dans ce qu'il a à faire... pour ne pas se sentir dépassé, mis à part, exclu...*

Comment concilier le temps à soi et le temps du travail, le temps attribué aux tâches et le cadre-temps qui régit l'ensemble, c'est là un problème complexe à l'étude duquel nous avons réservé la suite de cet ouvrage. Mais disons qu'*un emploi du temps* à l'échelle individuelle paraît indispensable si l'on veut accorder au présent le temps qui lui revient et éviter qu'il ne soit englouti par l'appel du futur. Le passé pouvait être tyrannique, persévérer et influencer le présent, mais voilà que sous l'emprise des modifications d'ensemble, le futur s'est emparé du temps, le dilatant et l'entraînant dans une irrésistible fuite en avant qui risque de réduire le présent à une portion congrue et de gommer les effets pourtant indispensables et salutaires d'un passé destiné à intégrer le tout du temps à mesure qu'il passe et à conserver sa permanence. L'emploi du temps viserait à accorder à chaque moment son propre temps, à les séparer, à les hiérarchiser pour prévoir le futur tout en tempérant ses exigences. Sans quoi hommes et tâches risquent d'être dilués dans le temps de la prospective et du plan, temps anonyme appartenant à la «société» et à un «univers» qui, bien que contenant tout le monde, risque de ne concerner personne en particulier. N'assiste-t-on pas à des calculs de temps qui permettent par exemple de réduire le temps accordé au présent de la phase de finition des produits, sachant que le gain sera supérieur, même si certains produits sont mal finis et défectueux, à condition que le nombre soit respecté? Ne tolère-t-on pas des temps individuels parfois inadaptés pourvu qu'ils soient englobés dans l'unité productrice de l'équipe et que celle-ci tienne les normes de rendement prévues? Exemples minimes apparemment, mais qui traduisent une façon tout autre de traiter le temps que celles de l'artisan, du compagnon ou du paysan d'autrefois.

Anticipation, prévision, planification, prospective présupposent des choix temporels. Selon F. Braudel (7), deux chronies distinctes coexistent, une chronie rapide et dense de l'actuel et une chronie plus dilatée, à longue portée, dite des «longues durées». *La problématique de la longue durée* n'est peut-être encore ni tès connue ni très utilisée, elle s'applique à l'histoire du passé déjà, mais rien ne s'oppose à ce qu'elle donne à la prospective une armature authentiquement temporelle, lui permettant d'inclure les temps à soi du présent, les temps des tâches et les temps de la vie quotidienne. Le réapprentissage du «hâte-toi avec lenteur» pourrait de nouveau devenir efficace.

6.3. Les vides du temps et le futur désenchanté

> *«Notre anticipation déborde de nous-mêmes sur les autres, elle les implique, elle les entraîne...».*
>
> J.M. Sutter (16, p. 99).

Le temps dans son futur est la «terra incognita» vers où il faut tendre et qu'il faut conquérir dans «les plus brefs délais». La vitesse se superpose au temps pour le presser, le raccourcir, le rejoindre et aller plus vite que lui. Celui qui conquiert le temps règne sur lui et sur les autres. Les mythes de l'éternelle jeunesse et de l'éternel retour ont grisé tous les hommes. Aller de l'avant mais sans vieillir; aller jusqu'au bout mais revenir. Si les hommes passent sans retour, le temps, lui, peut passer et revenir mais ce revenir n'est ni une réversibilité ni une régression. Le revenir du temps correspond à une fonction intratemporelle dans sa modalité même de production, en liaison avec la fonction même de synthèse temporelle. Le temps chronique et mesuré, le cadre-temps, lui, est figé et se meut dans son immobilité toujours égal à lui-même. Le temps humain produit intensivement, est un temps qualitatif différent, qui obéit à d'autres lois, dont celle d'un éventuel retour (retour dont nous préciserons plus loin les caractéristiques). Mais ce temps intensif doit aussi parallèlement entrer en adéquation avec ce temps chronique mesurable et déjà mesuré qui le déborde de toutes parts. Les temps de travail font partie de ce cadre-temps; ils enveloppent et conditionnent la vie de l'homme pendant presque toute son existence. Le temps-cadre modèle l'existence du travailleur mais aussi et déjà auparavant celle de l'écolier, et celle de la période d'apprentissage et de préparation au travail. De même la période de plus en plus longue qui prolonge la cessation de l'activité pendant la retraite et le vieillissement, restera aussi influencée par les habitudes temporelles de la vie antérieure, tant la prégnance du temps exogène aura été grande. Aussi comme G. Dumézil sait le mettre en relief : « Réservoir des événements, lieu de puissance et action durable, lieu des occasions mystiques, le *temps-cadre* prend un intérêt particulier pour quiconque, Dieu, héros ou chef veut triompher, régner, fonder : celui-là quel qu'il soit, *doit essayer de s'approprier le temps* au même titre que l'espoir » (8). Or toute conquête du temps implique prévision et prospective, il faut se porter dans le futur à la rencontre du temps avant que n'importe qui d'autre ne s'en empare.

Aller vers le futur, oui, mais il y a des *fausses pistes* à éviter. L'inconnu attire et inquiète à la fois. Un *fort désir* est nécessaire pour se porter constamment en avant, avec toutes les qualités requises pour que le désir triomphe : patience, « suite dans les idées », persévérance, séries de recommencements. La force du désir fait que le futur n'est pas totalement « *inconnu* », chacun se le figure de quelque façon, et même si le futur n'a pas encore de forme bien nette et arrêtée on sait qu'il se trouve au bout du projet, et, dès que la planification entre en scène, le processus temporel pro-jette in fine un but, fût-il provisoire. Comme le souligne Heidegger : « L'inconnu n'est pas ce dont nous ne savons absolument rien mais ce qui, dans le connu, s'impose à nous comme un élément d'inquiétude » (9, p. 216). Le futur n'étant pas connaissable, on ne peut non plus le dire inconnu, puisqu'il se trouve en tant que but potentiel au bout de la pré-perception opérante qui l'envisage et le forme en quelque sorte, « en le portant à bout de bras ». L'option qui mise sur le futur, mise simultanément sur le devant-être et affirme par là la temporalisation dans son irréversibilité.

Le désir humain est le vrai pro-moteur de la temporalisation. « Un être qui ne désirerait rien, qui n'aspirerait à rien, verrait se fermer devant lui le temps » insiste J.M. Guyau (1, p. 32). Les hommes élaborent leur propre temps, dans la mesure où ils se l'accordent et se le donnent, et cela en partant de leurs situations précises de vie, à un moment de l'histoire et dans un concensus socio-spatial déterminés. C'est pourquoi la conquête du temps-cadre indiquée par G. Dumézil est une des conditions premières de cette affirmation temporelle, ce qui passe par la nécessité de l'apprentissage, de la formation culturelle et professionnelle, pour connaître les paramètres du temps chronique et pouvoir bâtir les adéquations indispensables — selon notre exposé en cours — pour que le processus temps-personnel-temps-cadre fonctionne en système contrapunctique selon l'expression de J.V. Uexküll. Le temps n'est pas neutre, il faut lui faire violence. Si le temps a ses lois propres, on peut néanmoins lui infliger une orientation, une direction soutenue, qui s'accorde aux possibilités de chacun. Mais ces efforts et cette orientation doivent toujours passer sous les «fourches caudines» du temps, il faut lui obéir pour mieux le déterminer: ne jamais se mettre en travers, ne pas aller à rebours ou à contre-temps. J.M. Guyau explicite ainsi sa pensée: «De même pour le temps: il faut le désirer, il faut le vouloir, il faut étendre la main et marcher pour créer l'avenir. L'avenir n'est pas ce qui vient vers vous, mais ce vers quoi nous allons» (1, p. 33).

On entrevoit les difficultés: toute faiblesse dans l'effort, tout écart du point de mire, risque de mettre en péril la réalisation du futur entrevu. Le projet doit être suivi au jour le jour, de manière à rectifier chaque fois que cela est nécessaire tant la ligne temporelle à suivre que les moyens mis en œuvre pour atteindre le but désiré, sinon les démarches impliquées par le projet risquent — si elles passent inaperçues et «tournent» mal — de faire chavirer l'entreprise. Mais les difficultés peuvent encore être autres et le futur peut être frustré des espoirs initialement conçus. Nous en retiendrons trois. Il peut y avoir erreur de direction, on peut se leurrer, être victime d'un mirage, envisager un futur là où il n'y a pas de futur, du fait que la temporalisation n'est pas «prise dans le bon sens». Il peut y avoir tentative de soustraction du futur à l'avenir, et en voulant sauter les étapes, prendre des raccourcis qui se situent en «hors-temps», cheminent par une fausse temporalité fictive, temporalité sortie toute prête de la fabulation. Enfin le futur peut assister à une non-concordance du temps à soi et du temps-cadre, désaccord qui laisse le futur exsangue, puisque ni le temps ne se reconnaît dans cet avenir ni les hommes ne reconnaissent ce temps comme étant le leur. *Le futur désenchanté se retrouve vide de temps.* Si le temps est victime d'une déviation il dérive vers les parachronies. Si le temps est en hors-temps, utopique, il est victime d'une uchronie. Si le temps ne coïncide pas avec le temps des hommes qui l'ont désiré, ceci entraîne une intolérable dischronie. *Parachronies, uchronies, dischronies seront les trois faillites de la chronogenèse du futur.*

6.3.1. Les parachronies

Le temps doit être pris là où il se trouve : devant lui. Le temps présent et le temps passé sont du temps déjà employé, déjà occupé. Le temps à venir est disponible. Les hommes peuvent *prospecter* ce temps à venir pour se l'approprier. De même que la pensée ne progresse que dans l'impensé, et en pensant cet impensé, le temps sera fait de ce qu'il y a en lui de *virtuel*. Le futur est donc la mine du temps, le filon inexploité susceptible d'être dompté et assagi. D'où la nécessité d'apprendre à prévoir et à traiter les informations qui nous parviennent du futur à partir des «*détecteurs chroniques*» positionnés en avant-garde. Entreprise qui demande vigilance et disponibilité, de la part de ceux qui s'y lancent afin d'éviter les fausses pistes, les erreurs de calcul et ne pas se laisser aller à prendre ses désirs pour des réalités. Les parachronies correspondent aux temporalités qui ne rejoignent pas la chronogenèse du temps futur, soit par erreur de mesure soit par négligence des virtualités du temps.

Les parachronies liées aux insuffisances de la chronométrie sont monnaie courante. Il n'y a pas de plan qui ne doive être redressé en cours de route, ajusté aux «événements imprévus» et «imprévisibles», ajoute-t-on pudiquement. Prenons l'exemple désormais bien connu de l'avion supersonique Concorde. Le temps n'a jamais été au rendez-vous escompté et soi-disant prévu. Il y a eu erreur sur le calcul du coût correspondant au temps de fabrication et au temps de mise en état de vol des prototypes. Il n'a pas été tenu compte de l'énorme consommation en oxygène. La prévision n'a pas pris en charge ce fait que le coût du carburant résulte de la confluence de plusieurs paramètres temporels qui n'appartiennent pas à un seul pays et se situent dans un avenir bien hypothéqué. Enfin la prospective concernant l'exploitation de l'appareil semble avoir négligé l'utilisation du temps de vol par les divers exploitants en fonction des autres paramètres temporels : leurs propres engagements et les autres choix qui sont intervenus pendant le temps qui s'est écoulé. Cependant il ne s'agit ni d'utopie ni d'uchronie. Si le coût a été élevé, les progrès obtenus par la technologie mise en œuvre ont été immenses. Historiquement le Concorde restera une conquête de plus de l'industrie aéronautique française et le couronnement des efforts investis dans le domaine de l'aviation. Et surtout à partir des enseignements reçus, la construction de l'actuel Airbus est devenue possible, dont la commercialisation et l'exploitation dans le futur semblent bénéficier d'une prospective qui semble elle, authentiquement pleine d'espoir.

Au niveau individuel les chronométrisations défectueuses sont légion. Elles diminuent classiquement à mesure que l'âge avance, avec une appréciation plus correcte des durées et une pratique des rythmes d'exécution plus exacte. Mais l'apprentissage des calculs et des mesures du temps reste encore empirique. Cet apprentissage se fait sur le tas, par corrélations implicites d'essais heureux et malheureux en fonction des réussites. Le proverbe «Si jeunesse savait, si vieillesse pouvait» n'est nullement démodé... Quant à la locution «si j'avais su», elle fait encore partie des gémissements qui accompagnent le constat des erreurs commises et par là non réellement admises ni critiquées. Savoir calculer le devenir du temps et le point de rencontre des diverses dimensions des temporalisations à l'œuvre lorsque les tâches sont complexes, n'est pas encore chose courante. D'où différences qualitatives entre les hommes, entre ceux qui savent prévoir et ceux qui sont simplement «prévoyants»; les premiers sont calculateurs du devenir et en bons utilisateurs des circonstances ils font de bons «placements» sur le futur; les seconds font confiance à la providence et se confient aux «instituts de prévoyance», misent ainsi sur le déjà acquis, sur le déjà passé, ce qui met au défi la discontinuité du temps futur même linéaire!

Les parachronies par méconnaissance de la *virtualité* du temps sont autrement graves. Elles partent d'une confusion entre l'espace et le temps. Si le cadre-temps est mesurable et calculable, il le doit à ses projections spatiales et à ses repères, mais le temps n'est pas cependant de l'espace figuré et figurable, visible souvent et toujours représentable. Le cadre temporel du temps chronique est invariable : nul espoir de voir se modifier le calendrier, de voir s'arrêter l'écoulement du temps, ou de voir diminuer ou augmenter le nombre des minutes des heures... mais dans l'écoulement d'une minute, peuvent survenir un certain nombre de *variantes intratemporelles*. Le temps est une matière vivante, plastique, susceptible de changements en elle-même. La virtualité de ces modifications, condensations, ruptures, déviances, dilatations, exige une observation fine et un enregistrement «microscopique» des phénomènes de variance. Or, le temps mesuré est le plus souvent traité comme de l'espace par analogie avec les lieux qui eux ne bougent pas du point de vue «macroscopique». Non seulement le temps varie selon le lieu en fonction des fuseaux horaires mais «chacun n'a pas sa montre à la même heure». Le temps (ce sont des temps en réalité) possède une complexité de fonctionnement qui n'est pas évidente et chacun l'apprend à ses dépens. D'où déceptions, désillusions, mécontentements et tendances à vivre à côté de soi... En témoignent les expressions quotidiennes du franc-parler para-argotique de «pédaler à côté du vélo» plus actuel que le toujours cependant de rigueur «perdre les pédales».

6.3.2. *Les uchronies*

Les uchronies sont les fantaisies du temps. En pleine *utopie*, le temps s'adonne à la fiction et chacun vit dans son pays imaginaire où tout est toujours possible. Fabulations et délires s'emparent du temps et le modèlent à leur guise. Le temps uchronique est malléable et souple à souhait. Les projets de réalisation impossible en témoignent, dans lesquels, croyant pouvoir inventer son temps à soi sans réellement le produire, ce temps de fiction se trouve en hors-temps dès sa naissance et ne rejoindra jamais aucun futur. Les temps en hors-temps ne sont pas «futuribles» et retombent toujours en poussière. Ce sont des temporalités branchées sur les idéologies, les passions, les rêveries, les contes et les fables de toute sorte. Rêveurs et idéalistes passionnés en font les frais et autres inventeurs d'un avenir à la fois sur mesure et démesuré.

La chronogenèse du temps en hors-temps ne fonctionne pas; elle est arrêtée sitôt commencée; elle n'a jamais de recommencement. *Le futur ici est un faux futur*. L'horizon du temps est une subreptice projection en avant d'un horizon toujours dépassé, enfoui dans le passé. Le temps horizonné est un temps mythique incapable de nourrir la moindre entreprise et bientôt incapable de maintenir en éveil celui même qui l'invente. Il s'agit d'un auto-engendrement temporel placé d'emblée hors orbite et qui suit une trajectoire tangentielle à la réalité, s'éloignant à chaque instant tendanciellement de toute rencontre avec le futur du temps.

6.3.3. *Les dischronies*

Si parachronies et uchronies se laissent circonscrire et inventorier, les dischronies ou désaccords dans le temps lui-même et entre le temps chronique-repère et le temps à soi, présentent d'autres subtilités. D'où leur importance et aussi la nécessité minimale où l'on se trouve d'essayer de préciser ce qu'est le temps à soi pour pouvoir l'appréhender et l'objectiver. Il ne s'agit ici ni de projet saugrenu ni de calcul incomplet concernant l'écoulement du temps chronique, ni de vision futuriste inconsidérée, ni d'actes achrones ou anachroniques... Il ne s'agit pas de mettre en vente le temps céleste ou les hypothétiques options sur le temps de l'au-delà comme cela se négociait au temps de Luther... Mais des désillusions très réelles qui surviennent lorsque, le moment arrivé, alors que tout a été réalisé «selon les plans prévus» on ne se reconnaît pas dans ce qui arrive. Ce qui est enfin obtenu ne correspond pas aux vœux prononcés car la satisfaction-plaisir et le désir initial son en discorde. La futurition est frustrée du bénéfice escompté alors que la temporalisation a été bien suivie et que les réalisations à chacun des paliers-repères intermédiaires a correspondu à la prospective mise en place. Une dischronie apparaît entre le temps-cadre et le temps à soi, décalage infime parfois, mal décelable dont seul l'écho parvient à celui qui en est concerné, du fait «qu'il n'avait pas cru ou pensé que cela allait être ainsi». Ces décalages tiennent d'une part au temps lui-même, du fait des sursauts intratemporels méconnus et d'autre part au fonctionnement différent du temps humain qui est un temps vivant constamment produit et du temps chronique qui lui sert de cadre évolutif et qui est un temps mort-en-soi bien qu'indispensable comme invariant relatif et repère historique pour tous.

«Dans le développement, la forme future peut jouer un rôle en tant que motif» prétend J.V. Uexküll (10, p. 140). Ce motif attaché à la forme influence l'évolution et la temporalisation. Entre la mise en forme initiale du futur et ce qui en résulte à partir de cette «forme futurible» comme effets sur la temporalisation apparaissent des événements, c'est-à-dire des formes intermédiaires, inattendues, insolites, qui déconcertent. Ces formes temporelles intermédiaires sont intrinsèques au temps et modifient la chronogenèse dans son intratemporalité intime. Ces modifications se font dans la méconnaissance, dans un certain «inconscient» si l'on veut; mais qui n'est ni régression vers le passé ni retour du passé, mais série de trans-formations qui se produisent dans l'actuel, dans le processus formateur du temps et qui font surface précisément dans le futur, au plus grand étonnement de celui qui en a entrepris le cheminement. On retrouve ces faits dans tous les vécus de *perplexité* et d'*étrangeté*, liés à des dissociations très fines dans la tessiture même du temps où le temps intensif ne parvient pas à s'insérer et à féconder le temps chronique. Ces *schizophrénies du temps* (cf. 11) sont l'effet d'une perturbation de la chronogenèse et à leur tour ont un effet de dislocation temporelle par leur pouvoir de prégnance intratemporelle. Ce sont des développements en-temps, trop près du temps, où les actes et les conduites se soudent, donnent l'impression d'être figés: il s'en dégage un sentiment d'*immobilité*. On peut rencontrer ces faits dans les tâches répétitives où l'effet d'entraînement des temps imposés finit par créer une sorte de mécanique temporelle chez l'opérateur, qui a pour effet de gommer le temps exogène en tant qu'incitateur pour ne valoriser que le temps des actes eux-mêmes qui se trouvent ainsi comme désincarnés, dépourvus de repère, étranges et vides. Mais les temps agraires, les temps mornes et lents trop distendus, peuvent aussi favoriser ces formes en points de suspension du temps où le sujet se replie en lui-même et ne peut suivre que les pulsations syncopées de sa propre temporalité. Les *formes* revêtent une importance considérable et en particulier la *forme du futur* qui, même si elle semble infigurable et indescriptible, agit à distance, pour favoriser le tissage de son temps à soi avec le temps-cadre exogène ou au contraire coupe et détache ces deux temporalités, mettant en relief une non-synchronie où se trouve favorisée la *monochronie du sujet* qui, ne pouvant se ressourcer dans les échanges, finit par se dévitaliser et s'enliser.

A chaque instant, les changements surviennent au niveau microscopique de sorte que comme l'explique J.V. Uexküll: «L'homme reste lié à sa nature humaine dont chaque individu procède toujours à neuf» (10, p 147). Ce renouvellement reste inaperçu à moins qu'on se penche beaucoup sur soi, pour *écouter vibrer le temps*, suivant des méthodes d'analyse et d'examen objectif à travers ce qui est dit, ce qui est fait, ce qui est senti aussi bien en soi que hors de soi et chez les autres. «Les mélodies du développement, dit J.V. Uexküll, qui deviennent ainsi *structures* empruntent leurs motifs aux mélodies de développement d'autres sujets qu'elles rencontrent dans leur milieu» (10, p. 145). Chacun sait *qu'il y a des rencontres déterminantes*, des chocs qui produisent des changements inattendus et parfois impensables et à partir de là ces *formes ou structures* nouvellement créées déterminent la continuité du temps autrement. Le temps exige une pré-formation constante, une mise en forme, produite par notre intuition, notre entendement et notre sensibilité ensemble. Kant avait trouvé le bon terme attribuant cette production à «l'imagination transcendantale» (qui n'a rien à voir avec l'imaginaire, ou avec l'imagination des enfants ou des poètes, pas plus qu'avec tout ce qui concerne les images...) qui opère par *synthèses pures ou a priori*, c'est-à-dire sans se référer à un temps déjà existant. *La synthèse a priori est une plongée à vif dans le futur*: le temps vient de l'avenir. Heidegger a remarquablement interprété cette pensée kantienne: «Le temps surgit comme intuition pure de l'imagination transcendantale» (9, p. 229). «Le temps comme intuition pure *forme spontanément* ce qu'il intuitionne» (9, p. 231). C'est l'imagination qui forme le temps et l'intuition (c'est la seule fonction de l'intuition dans ce sens précis et il faut oublier les sens habituels psychologiques de ce terme) le fait surgir: *c'est une production*. «L'intuition est synthétique en elle-même» (9, p. 235) et c'est «cette visée intuitive (qui) *forme* en elle-même ce qu'elle vise. La synthèse pure comme appréhension, en tant que présentative du «présent en général» forme le temps» (9, p. 235). Et Heidegger avait précisé: «Son mode de «présentation» est un mode «*productif*»; ce que la présentation intuitive pure *produit* est la vue immédiate du maintenant comme tel...» (9, p. 235). Or, c'est la synthèse projective, celle qui sera bientôt l'avenir, qui permet aux synthèses d'appréhension et de reproduction de se réaliser: « La synthèse — de recognition pure — apparaît ainsi comme la première, c'est-à-dire celle qui détermine d'avance les deux autres... » (9, p. 241). « Sa prospection (de la synthèse de recognition pure) est, en tant que *pure*, la *formation originelle* de ce qui permet tout *projet*, c'est-à-dire de *l'avenir* » (9, p. 241). *C'est donc à partir d'un acte prospectif — nous disons bien un acte — que le temps est pré-formé dans l'avenir afin d'être ensuite, dans sa succession, produit comme « maintenant »*. Le temps vient du futur, seule réserve vraie, mais il exige, pour être formé et produit, des *actes* qui mobilisent les opérations de synthèse, d'intuition et d'imagination *simultanément*, à l'état pur (au sens de Kant) c'est-à-dire n'agissant que sur le temps en tant que temps matériel et sans aucune référence au déjà-là, à l'existentialité. On comprend alors que le temps humain qui résulte de cette production pure du temps et ses modalités existentielles personnelles (durée ou temps chronique interne, temps vécu et diégèse ou contenu spatio-temporel des énonciations discursives...) puissent présenter des moments de non-coïncidence, des dischronies plus ou moins évidentes. Il en va de même dans les décalages vis-à-vis du temps chronique exogène qui sert de temps-cadre aux activités dans ses rapports avec l'ensemble des temps humains. Et *ces dischronies viennent du futur, se produisent dans le futur* et deviennent effectives lorsque le futur se transforme en « maintenant » et que le temps s'intensifie et se vit qualitativement au présent.

6.4. Le futur en hors-temps dans ses formes psychopathologiques

> *« Cette anticipation qui déjà se déploie dans un avenir sans existence, qui défie notre notion du temps, voici qu'elle s'extravase hors de nous-mêmes... ».*
>
> J.M. Sutter (16, p. 100).

Le temps est en perpétuelle évolution sans être lui-même l'évolution proprement dite. Le temps conditionne les successions et les changements mais ce sont les successions et les changements qui découlent des mouvements, font que le temps soit, en tant que flux, dans son incessant passage. On peut parler de *maladie du futur* dans la mesure où des *stases* interviennent qui dérobent le temps à lui-même. Le temps est lié à ces idées apparemment générales de progrès, d'évolution, de création. P. Janet consacre à chacun de ces thèmes un chapitre dans son ouvrage sur le temps, édité en 1928 (12). Si le futur du temps est privé de sa fonction créatrice il ne peut évoluer, il ne peut progresser...; le temps actuellement en marche ne pourra pas rencontrer ce temps futur; le temps manquant de futur ne pourra que stagner et se mettre en hors-temps... Ces affections du temps surviennent dans les fabulations et dans les mythomanies qui, fuyant l'idéation active et les actes-temps dans leur efficacité, ratent le temps et favorisent ces parachronies, uchronies et dischronies que nous venons d'évoquer. Les *délires chroniques* sont les grands pourvoyeurs de figures hors-temps du temps mais aussi l'*hystérie* qui vit toujours en dehors d'elle-même à travers les mille et une figurations d'existence où elle puise sa réalisation.

Les mises en hors-temps du temps sont aussi collectives. Les appels à «libérer l'avenir» d'un Ivan Illich (13) et les mises en garde du «choc du futur» d'un Alwin Töffler (14), marquent certains aspects actuels du *souci* lié au futur. Des à-coups et des dissensions surviennent, mues par des idéologies factices qui, sans cesse, débordent la planification et la prospective. Ces *espoirs* et ces *craintes* agissent telles des ombres qui se projettent dans l'horizon (antérieur et postérieur) temporel de chacun, limitant celui-ci dans son efficience présente, hypothéquant l'avenir en lui-même et risquant de le mettre, en définitive, en hors-temps.

Deux exemples pourraient concrétiser ces figures en hors-temps. «Libérez l'avenir» concerne ceux qui sont gênés par le présent et qui ressentent d'autant plus violemment la pression temporelle qu'ils sont animés par un *idéal passionné* de réforme ou de révolte pour que le futur ne soit pas le monotone reflet de l'aujourd'hui. Envolé dans l'attraction du futur, le présent est mal vécu et grignoté dans sa consistance d'où, sentiments d'incomplétude et perturbations du jouir du temps avec rejet parfois, voire dégoût même, pour le travail accompli dans le mécontentement et l'insatisfaction... ensemble d'indices d'une dysharmonie affective grave lorsqu'elle s'accompagne d'une absence de joie et qui plus est de souffrances, d'anxiété ou de névrose. «Le choc du futur» survient lorsque l'avenir est générateur de peur et de crainte. C'est fréquent. Mais on pourrait retenir les cas de ceux qui dirigent et sont obligés de prévoir, de se placer en permanence dans la prospective. Ici la peur du futur peut entraîner une saturation du présent dans la routine et le «ronron» quotidien. L'absence de perspectives bouche le futur et rend amer le présent. D'où ces possibles troubles névrotiques connus sous le terme de «maladie des dirigeants» (cf. 15). Or l'avenir ne sera que ce dont il sera fait et cela pour chacun d'entre nous qui tout en puisant dans le futur le temps pour le faire, le bâtissons à chaque instant par nos pensées les meilleures et par nos actes.

Conclusion

Le futur du temps c'est le devant-être. Les conduites d'anticipation, de prévision, de prospection, de prospective le sondent et le préparent. La planification s'essaie à le rapprocher en rendant les projets effectifs dans une perspective temporelle qui sache tenir compte de la chronologie et de la chronométrie simultanément pour affirmer la chronogenèse. Le lointain, le moyen-terme et l'immédiat du futur offrent des degrés d'investissement et d'engagement diversifiés. Un adéquation est constamment nécessaire pour rendre compatibles les temps à soi et le temps-cadre des temps de travail et des temps sociaux, sans toujours pouvoir éviter les parachronies, les uchronies et les dischronies.

Le futur est le temps des avènements et de l'aventure. « L'avenir est un je ne sais quoi... » dit V. Jankélévitch (6, p. 12). Un « je ne sais quoi » où chacun se doit d'être à l'affût du « kairos » pour saisir l'occasion et la bonne qui permette le mélange heureux de son propre temps et du temps des autres dans le temps-cadre exogène. Le destin intervient sous forme d'événement qui correspond à une rupture du temps dans l'instant, à une croisée des chemins. L'esprit d'aventure est exigé par la pensée du futur, sachant que l'aventure peut survenir à la dimension de l'instant... D'où la clairvoyance de V. Jankélévitch qui dit : « L'aventure infinitésimale est liée à l'avènement de l'événement » (6, p. 12).

Bibliographie

(1) GUYAU J.M., Genèse de l'idée du temps, Alcan, 1980.
(2) POUILLON J., Temps et Roman, Gallimard, 1946.
(3) Le temps et la Mort dans la philosophie espagnole contemporaine ; Recueil d'études et d'essais publiés sous la direction de G. Hahn, Privat éd., 1968 (cf. notamment les texte de X. Zubiri, José Gaos, Pablo de A. Cobos...).
(4) MALRIEU Ph., Les origines de la conscience du temps. Les attitudes temporelles de l'enfant, P.U.F., 1953.
(5) HEIDEGGER M., Qu'est-ce qu'une chose ? Gallimard, 1972 (première éd. alld., 1962, Séminaire 1935-1936).
(6) JANKELEVITCH V., L'aventure. L'ennui. Le sérieux, Aubier, 1963.
(7) BRAUDEL F., Ecrits sur l'histoire, Flammarion, 1969.
(8) DUMEZIL G., Temps et Mythes ; Recherches Philosophiques, V, 1935-1936.

(9) HEIDEGGER M., Kant et le problème de la métaphysique, Gallimard, 1953 (première éd. en allemand, 1929; texte de 1925-1926).
(10) UEXKÜLL J.V., Mondes animaux et monde humain; Médiations, Gonthier, 1965 (première éd. fr. 1956), (première éd. en allemand du texte ici cité : 1940).
(11) FERNANDEZ-ZOÏLA A., Le temps brisé des schizophrènes, *L'évovution Psychiatrique*, 1976, n° 4 pp. 973-991.
(12) JANET P., L'évolution de la mémoire et de la notion de temps, A. Chahine, Paris, 1928.
(13) ILLICH Ivan, Libérer l'avenir, Seuil, coll. Points, n° 36.
(14) TÖFFLER A., Le choc du futur, coll. Médiations, Gonthier-Denoël, Paris, 1971 (première éd. New York 1970).
(15) SIVADON A. et FERNANDEZ-ZOÏLA A., Aspects psychopathologiques des conduites temporelles chez les dirigeants; Journées de Médecine du Travail, Marseille, 26-29 mai 1960.
(16) La folie, le temps, la folie; Vapeurs 1979, éd. 10/18, n° 1305, 1979; Textes publiés sous la direction du Prof. Yves Pélicier (cf. J.M. Sutter: La relation à autrui dans l'anticipation, pp. 97-109).

Chapitre 7
Les temps de non-travail et le temps de travail

> *« Le temps est une réalité resserrée sur l'instant et suspendue entre deux néants ».*
>
> *« L'instant est le caractère vraiment spécifique du temps. La vie c'est le discontinu des actes ».*
>
> Gaston Bachelard (10, p. 13 et p. 23).

7.0. Budget-temps et emploi du temps « développé » : point de vue de l'individu

> *« Nous nous entêterons à affirmer que le temps n'est rien s'il ne s'y passe rien ».*
>
> Gaston Bachelard (10, p. 39).

Même si les propos d'origine populaire « gagner du temps », « ne pas perdre son temps » ne revêtent pas une signification identique pour tous, chacun sait que le prix du temps est inestimable. Le temps, dont la pensée médiévale attribuait la propriété à Dieu, est devenu progressivement un temps des hommes, à la suite de conquêtes successives. Ce temps, désormais humain, apparaît dans ses multiplicités : les temps des hommes sont pluriels. Par contre le travail reste fixé à un temps qui, malgré ses diverses modalités et ses typologies distinctes, demeure *un* et, comme tel, fait pression, singulièrement, sur chaque travailleur. Le travail demande pour être exécuté un certain temps, passé dans un lieu — hors de chez soi le plus souvent — où il faut se rendre. Pour l'individu le temps de travail correspond donc à ce laps de temps qui le retient hors de chez lui et qui englobe le temps du trajet et le temps de séjour dans les lieux du travail, à savoir, outre le temps proprement professionnel, celui consacré à de multiples petites activités : changer de vêtements, veiller à l'hygiène corporelle, s'apprêter à l'activité professionnelle, mettre son champ opérationnel en état, préparer enfin tout ce qui est nécessaire pour passer la journée sur les lieux où s'exerce la profession. Ce temps de travail global axe la distribution temporelle de la journée, de la semaine, de l'année, tout au long d'une vie. C'est autour de ce temps de travail, et par rapport à lui, que se situent les autres modalités temporelles humaines, du moins chez la plupart des gens. Plusieurs conséquences en découlent.

La physique relativiste nous a appris que chaque chose appartient à son temps et qu'une chose non faite en-temps, est en réalité une chose non-faite. Il y a une concordance entre le temps et le faire, et, à chaque moment, l'opération qui lui appartient produit un événement singulier, spécifique de cet instant. A mesure que le temps devient possession individuelle, les propriétés temporelles intrinsèques prennent du poids et chacun y attache aussi plus de prix. Les populations et les hommes se différencient par leur manière de valoriser le temps. La dimension culturelle conditionne la façon de se comporter avec le temps mais aussi les attitudes pour le vivre, le produire, l'utiliser. Les ethnologues, les sociologues, les historiens nous enseignent que les diverses caractéristiques humaines liées aux milieux de vie, sont l'œuvre des hommes eux-mêmes, qui ont construit et continuent à construire leurs espaces de vie, leurs territoires d'habitation, leur moyens de déplacement, leurs lieux et leurs conditions de travail. Dans ces organisations et ces systèmes de vie, le faire du travail et le temps que ce faire réclame, occupent une place privilégiée.

La diversité des moyens de travail, leur évolution au cours des âges ont préservé l'attachement fondamental du temps et du faire. Ni des rêves, ni l'imagination n'ont pu parvenir à libérer l'homme du travail et du temps. Et si les rêveries recommencent à chaque pas, brandissent ici des projets précis et là, des idélogies confuses, le Paradis terrestre atemporel, laissant l'homme libre de toute occupation semble ne pouvoir être encore proche. Du «Premier Paradis», la chute aurait jeté l'homme dans le travail et ce travail fut vécu comme une peine, une nécessité, un rachat inévitable, un temps pénitentiel, un esclavage... Ces survivances conceptuelles demeurent et conservent encore un écho plein de reviviscences.

Si des progrès ont été enregistrés dans l'articulation du temps et du temps de travail, ces ajustements ne sont pas parvenus à modifier de manière notable la durée globalement nécessaire pour la production. L'économie montre que la durée du temps de travail est tributaire du temps lié à la production même des marchandises, à leur commercialisation et de celui demandé pour leur conception préalable et pour leurs transformations ultérieures. Du temps, on ne peut se passer. Il s'agirait donc, pour certains, de le distribuer autrement, *d'accroître le lot du temps disponible, par exemple, en diminuant le temps de travail.* Ou encore, selon d'autres idées, il s'agirait de rendre plus dense le temps productif : accroître le rendement mais pour une période temporelle moindre. Les deux démarches ont cheminé de concert. A ces aspects *quantitatifs* on voudrait joindre le souci de *la qualité de la vie* et introduire des aménagements du temps en fonction des cas concrets et de chaque personne concernée. Un fait demeure impératif et c'est la pression de ce temps de travail sur la multiplicité des temps de l'homme.

En témoignent, les mécontentements et les insatisfactions enregistrés. Les réductions du temps de travail global, l'accroissement du temps disponible n'ont pas recueilli partout et chez tous des retentissements positifs. Sans doute abordons-nous ici *l'utilisation qualitative du temps*, au moins de façon générale. Les conditions de vie et de travail ont évolué de la période néolithique à nos jours. Des hommes, chaque jour plus nombreux apprennent le prix du temps et savent mieux l'utiliser. On peut penser qu'il s'agit encore de cas particuliers, de privilégiés échappant aux mors des tenailles du système productif... ou de ceux qui, plus malins, ont su, disons-le simplement, mieux se débrouiller. Possible. Mais on ne peut nier que la diminution effective de la durée du temps professionnel, l'amélioration des conditions de transport, d'alimentation, de vie, l'évolution de l'outillage mental ainsi que le meilleur contrôle de sa socialisation par les institutions, accroissent les possibilités de «l'avoir temporel» de chacun, relativisant d'autant les rapports entre les divers investissements. Peut-être, les quarante heures de travail hebdomadaires d'aujourd'hui ou les trente-six heures de demain, réveillent-elles plus d'insatisfaction que les soixante ou les quatre-vingts heures d'esclavage des siècles derniers... C'est que la problématique du temps est globale et qu'il ne suffira pas d'épargner du temps d'un côté pour que, de l'autre, sa bonne consommation devienne automatiquement d'usage courant... Est-ce le même temps d'ailleurs ? Peut-on se contenter de déplacer simplement les attributions temporelles pour qu'elles gagnent en efficacité ?

Il semble qu'opposer temps de travail et temps disponible soit insuffisant si, précisément, on ne sait pas faire fructifier le temps disponible. L'homme forme un tout avec les prolongements sociaux et culturels qu'il a fabriqués. Or, on assiste à une sorte de renversement des influences; ce sont ces «prolongements» qui échappent à la maîtrise de l'homme pour le dominer à son tour. Un décentrement de la catégorie homme est en train de s'opérer à travers les formes qui ont été construites. Les formes et les processus ont une vitalité propre, spécifique; ils opèrent en retour, une re-distribution des rapports des forces et des alliances du temps. L'homme n'est plus le centre de toutes choses. Les effets émanant des actes de l'homme et des processus qu'il a déclenchés, l'emportent indirectement sur lui-même en tant qu'agent. La notion même d'un homme-sujet est en question.

Le qualitatif l'emporte sur le quantitatif. Les effets deviennent plus importants que les causes. Cette attitude practico-théorique s'observe dans la manière «contemporaine» d'aborder les problèmes de la vie. Les vieilles théorisations sur les rapports entre l'homme et le milieu n'obéissent plus aux mêmes prémisses. Chacun sait être le possesseur original d'un monde de significations qui lui appartiennent en propre et sait que la vie de l'autre est différente. Parallèlement, l'homme apprend aussi que «l'un et l'autre» sont absorbés par des circuits sociaux, institutionnels et culturels qui intègrent tout le monde. L'expérience quotidienne en témoigne: les films, les romans, les œuvres de fiction en dessinent les contours sous forme de documents d'actualité ou d'expression futuriste qui seront bientôt la réalité. Aussi des stratégies et des tactiques deviennent nécessasires: ce qui a été appris dans la pratique guerrière devra être transposé dans un art de vivre déjà en train de naître.

Le temps et l'homme forment une unité indissoluble dans la diversité des temps produits. Les ratés du temps entraînent des souffrances, se muent en maladies. Le temps et le désir demandent à faire bon ménage pour participer aux mélanges heureux. L'intelligence, la vigilance, les stratégies et les tactiques de vie sont requises pour ré-aménager, à l'échelle individuelle, les compartimentages du temps entre le temps de travail et le temps disponible, en fonction du temps à soi. Le plaisir de la vie appartient à sa propre temporalité; il exige pour être effectif, d'être pensé lui aussi; le plaisir non seulement doit être prévu et organisé pour durer en évitant les interruptions douloureuses mais demande aussi une action de toute la pensée pour que sa temporalité s'intensifie et soit préservée dans ses qualités singulières.

Tous ces aspects du temps suscitent une réflexion nouvelle. Après l'analyse détaillée des constituants temporels, une sorte de prospective s'impose. Elle se fera à partir de trois points de vue différents: celui de l'individu, celui des structures socio-économiques, celui spécifique du temps qui réclame, lui aussi, «une éthique» pour s'affirmer dans les bons mélanges.

La confrontation mouvante DES temps de l'homme et DU temps de travail se déploiera en trois moments. D'abord leur relation dans la sphère individuelle : la place de l'emploi du temps et le contenu du budget-temps au sein de la typologie temporelle produite par l'homme. Ensuite, la très importante question de la gestion et de l'autogestion du temps en fonction des impératifs sociologiques, économiques, historiques. Le temps est affaire d'Etat. Les hommes sont concernés doublement : directement parce qu'ils produisent le temps, indirectement parce qu'ils subissent les effets des dispositifs temporels institutionnels. Enfin, les rapports du désir et du temps dessineront les orientations «éthiques» les meilleures. Celles-ci, purement qualitatives favorisent les échanges intratemporels et intertemporels les plus rentables. Y a-t-il possibilité d'une concordance des temps : le travail et le non-travail sont-ils compatibles ? Le «faire» et le «ne rien faire» appartiennent-ils à une même temporalisation ? Les faillites du temps s'objectivent dans ses maladies, dont l'ennui, le regret, la nostalgie sont les formes les plus tenacement néfastes, sortes de «vestibules» pour des élaborations psychopathologiques plus pernicieuses dans la mesure où celles-ci ratent leur temps ou ne sont plus de leur temps.

Le point de vue individuel face au temps, nous retiendra en premier. Quatre repères dans ce parcours : 1) Examen des temps de la vie quotidienne selon les résultats de l'enquête de W. Grossin ; 2) Les temps de la vie quotidienne et la vie du temps. Problématique du temps disponible : son thème et première variation ; 3) Le budget-temps et la disponibilité du temps «pour soi» ; 4) L'emploi du temps «développé» et le style de vie.

A chaque moment, le temps se centre et se décentre selon le glissement des points de vue. Le «travelling» du temps favorise des découpages qui, soumis à fort grossissement, nous offrent des «gros plans» sur l'importance des options de chacun pour rendre viable son temps «à soi», à l'intérieur d'un temps converti et devenu «pour soi».

7.1. Les temps de la vie quotidienne selon W. Grossin

« La connaissance est par excellence une œuvre temporelle ».

G. Bachelard (10, p. 19).

Les récentes recherches de W. Grossin sur le temps quotidien (cf. 1) ont porté sur six cents personnes correspondant à un échantillonage diversifié. Après une analyse des données nous reprendrons dans ce chapitre et les chapitres suivants, certains aspects sous forme d'un développement tantôt interrogatif, tantôt comparatif, voire de mise en question critique. D'ailleurs, allusion a déjà été faite précédemment à ces travaux de W. Grossin ainsi qu'à son ouvrage sur «Le travail et le temps» (Anthropos, 1969) et à certains autres textes sur ce sujet inépuisable, du temps du travail et du temps des hommes.

W. Grossin introduit ainsi son sujet: «Le temps est objet de préoccupation majeure dans la société industrielle. Nous vivons sous l'horloge. Temps de travail, temps de loisir, temps de trajet,... heures des trains, heures de repos, temps de cuisson, temps de sommeil, emploi du temps, avances, retards, délais, plans-crédits, cadences, pointage, projets, attentes, rendez-vous... temps gagnés, temps perdus, temps récupérés, temps morts... hâte, lenteur, ennui... autant d'expressions de tous les jours qui traduisent la variété et l'importance de notre expérience temporelle. De nos expériences, plutôt. Car le même mot «temps», désigne-t-il la même réalité quand nous parlons du passé ou du futur ou du présent? Dix minutes d'avance sont-elles dans notre perception l'équivalent de dix minutes de retard? Ressent-on de la même manière une heure de travail et une heure de loisirs? Une heure de travail est-elle vécue pareillement au début de la journée et à la fin? Le lundi et le vendredi? C'est pourquoi il vaut mieux dire: les expériences temporelles, ou *les* temps de la vie quotidienne» (1, p. 1).

Quel est le rôle des «conduites temporelles» et quel rôle joue le temps de travail? Le temps dépossède-t-il le travailleur ou est-il l'occasion d'un échange servant à obtenir en contrepartie du salaire, un certain temps libre et hors-travail? D'une façon plus précise, W. Grossin se demande si le temps de travail n'influence pas la qualité du temps hors-travail: «L'obéissance à des impératifs horaires précis continue-t-elle d'entraîner une sujétion de l'individu au temps dans la vie hors travail alors que cette sujétion n'est plus exigée?» (1, p. 2). En retour une question complémentaire pourrait se poser: est-ce que la vie hors-travail n'influe pas sur le cadre du temps du travail pour aider à s'en libérer. W. Grossin déduit de son enquête que le temps de travail perd de l'intérêt et se vide de son contenu. On peut le constater, dit-il, dans la précipitation des sorties et dans la célérité du passage de la vie de travail à la vie hors-travail. D'autre part, il est admis que l'intérêt pour les loisirs s'accroît à mesure que l'intérêt pour le travail diminue. Données actuellement compréhensibles et mieux encore à l'époque où W. Grossin a fait son enquête, avant, pendant et juste après 1968, période très ouverte à toutes les questions touchant à «la qualité de la vie» des travailleurs.

Cette enquête cherchait à savoir si les travailleurs pouvaient faire, dans leur vie de non-travail, «ce qui leur passait par la tête» ou bien s'ils restaient conditionnés par les temps professionnels auxquels ils étaient soumis. Pouvait-on retrouver dans les conduites hors-travail des formes induites par les morphologies temporelles des conduites de travail? Les attitudes et comportements à l'égard des temps quotidiens, en fonction des situations sociales et professionnelles variées, ont été analysés de manière à dégager les sentiments et les opinions sur le temps. Certaines expressions ont été proposées à la réflexion, telles: «Que veut dire: perdre son temps?», «Le temps perdu ne se rattrape jamais», «Le temps c'est de l'argent». Nous passerons en revue l'essentiel des réponses aux soixante-dix questions posées.

Les six cents personnes de l'échantillon se répartissaient ainsi: cent ouvriers horlogers de Besançon, cent vignerons du Loir et Cher, cent employés (banques, mairie, entreprises commerciales), cent professeurs de lycées de Paris, cent étudiants de Nancy, cinquante divers comprenant des artisans et des commerçants de Paris, cinquante divers correspondant à des personnes actives âgées de 20 à 65 ans.

Par rapport à la variable *âge*, les temps sont envisagés différemment à mesure que se construisent la représentation du temps, la notion même de temps, les habitudes temporelles, les projets échelonnés dans le temps. On retrouve les réponses classiques: pour les jeunes, domine la perspective temporelle et l'avenir; pour les plus âgés, le passé. Entre ces extrêmes, le temps paraît homogène pendant la phase d'activité, de 20 à 65 ans. Compte comme temps de travail l'ensemble du temps passé hors du domicile, pour tout le monde. L'importance donnée à l'orientation du temps, aux projets dans le temps et aux attentes vis-à-vis du futur permet de différencier trois classes d'âge: elle est grande pour 54 % des jeunes, pour 27 % des âges moyens et pour 19 % des personnes âgées.

L'un des aspects de l'ordre temporel qui se précise avec l'âge est la ponctualité. Il semble que plus les travailleurs avancent en âge, plus ils deviennent soucieux de ne pas s'attirer de remarques ou d'avertissement à ce propos. De même l'estimation des durées et des vitesses s'affine avec l'âge. Elle devient plus importante aussi lorsque la vie familiale impose des horaires pour le lever, le coucher, les repas. «C'est vers quarante ans que jouent le plus les contraintes temporelles» (1, p. 46). L'heure du lever est constante chez 68 % des personnes interrogées. Chez les jeunes elle est plus irrégulière. C'est vers 40/45 ans que la régularité du réveil est la plus exacte et rend nécessaire le réveille-matin sonnant à *heure fixe*. Une personne sur quatre vit sans programme de vie tracé à l'avance. La montre est consultée comme garantie d'une bonne adaptation au temps social, mais l'heure est estimée spontanément par les adultes de 40/45 ans de façon à peu près exacte, à une demi-heure près. Les attentes, les changements, l'âge de la retraite, le moment de la mort sont diversement appréhendés. Retenons que la diminution du temps de travail et l'avancement de l'âge de la retraite sont attendus par la majorité, qu'un des travailleurs interrogés sur cinq croit à l'au-delà, que le pourcentage de ceux qui n'attendent rien ou qui ne formulent aucun «espoir» est plus élevé qu'il n'y paraît.

Pour W. Grossin, «l'apprentissage des temps sociaux et l'organisation de son temps personnel dans le cadre de ces temps sociaux sont affaire de longue haleine» (1, p. 69). Il semble que les contraintes temporelles subies pendant l'adolescence n'y préparent pas obligatoirement. Sur les personnes âgées de 60 à 65 ans les contraintes temporelles, professionnelles et familiales pèsent davantage. «La pression temporelle plus forte apparaît comme corrélative à un manque d'audace dans la représentation de l'avenir, comme si elle tempérait les désirs et amenuisait les espoirs» (1, p. 70).

Les diagrammes temporels des professions permettent de mieux faire rejaillir les différences d'appréciation que les échelles d'âges. Chez *les ouvriers* une première différence dans l'appréciation du temps de travail survient selon le type de travail lui-même et surtout par rapport aux systèmes de paiement: à l'heure, au mois ou au rendement (ou à la tâche). La gêne des *dérangements* est signalée par tous et les effets sont résumés dans cette formule: «Retrouver un rythme cassé demande plus d'efforts que de le maintenir» (1, p. 99). Pour *l'ouvrier au rendement* l'auteur remarque que «une pression temporelle entretient son activité et un encadrement temporel limite la latitude de son rythme» (1, p. 109), ainsi se trouve limitée aussi «la liberté de sa propre organisation temporelle». Cette pression temporelle subsiste hors-travail et le temps devient alors selon W. Grossin, rapidement inconsistant et comme désorienté. Les ouvriers au rendement n'ont aucun modèle pour organiser leur temps de travail. Aussi «dans la vie de travail, comme hors de la vie de travail — insiste W. Grossin — l'individu s'en remet, est remis à des instances temporelles qui lui sont extérieures» (1, p. 111). *Comparativement* si les ouvriers au rendement présentent des risques d'impatience et montrent une certaine hâte à «être plus vieux» d'une semaine ou d'un mois, *les employés* bénéficient d'un temps plus dilaté; quant aux vignerons ils évoluent dans une temporalité franchement détendue, «le temps du vigneron épouse la vie de la vigne... le temps du repas est aussi le temps du repos» (1, p. 119). W. Grossin précise: «L'ouvrier nous paraît vivre dans un temps court et coupé, imposé, dans lequel il est désorienté et insatisfait, alors que *le paysan* vit dans un temps établi, assumé, assimilé, «approprié» dont il lui semble qu'il maîtrise assez bien la réalité quotidienne, ce qui sans doute constitue une condition nécessaire sinon suffisante au bonheur» (1, p. 128).

Les réponses des *professeurs de lycée* de la région parisienne semblent vérifier ce propos de P. Valéry: «Le passé et le futur sont des dimensions imaginaires». Les enseignants construisent des temps différents, traduisant une certaine hétérogénéité, alors que chez les ouvriers, le temps offre moins de variantes. «Il existe chez les professeurs, selon W. Grossin, une relation entre la plus ou moins grande expérience des horaires stricts et l'échelle sociale, les niveaux les moins élevés correspondant aux apprentissages temporels les moins rigoureux» (1, p. 131). Le temps, chez les gens cultivés et pratiquant des horaires relativement stricts, requiert des éléments de précision pour baliser son passage (agendas, programmes, semainiers...) et en mesurer les durées: «Les durées sont perçues de manière très différente, en rapport avec les occupations, la référence à la montre, instrument de mesure universelle et rajustement social se fait (ici) plus impérieuse» (1, p. 132).

A travers les données recueillies, il devient évident que *le temps n'est ni un invariant ni un canevas passif*. Le temps professionnel peut être divisé en une *géométrie* correspondant au synchronisme des limites horaires et en une *substance* qui s'appuie sur le contenu du temps. Chez les enseignants, les cadres temporels se trouveraient récurrentiellement assouplis (bien qu'ils soient stricts) du fait de l'activité proprement créatrice de l'enseignement qui est aussi créatrice de temporalité qui vient modifier la «substance» du temps de travail et faire varier la «géométrie» du cadre temporel.

La question des adaptations temporelles passera d'abord par la *nécessaire articulation des temps quotidiens*, ce qui mettra mieux en évidence les *ajustements* effectués et les *ruptures* possibles. Chaque activité soulève une frontière entre deux temps ou deux segments de temps entre lesquels un passage est à assurer. «Les articulations des temps quotidiens, indique W. Grossin, sont, le plus souvent, des moments de rencontre ou de séparation, de convergence ou de divergence, plus ou moins brefs et plus ou moins précis, selon les circonstances et selon les individus» (1, p. 158). Parmi les *rencontres habituelles* il faut retenir plusieurs ordres d'influences: a) *la vie de famille* contraint de façon plus pressante à établir un temps rigoureux que celle, plus flottante, du célibataire; b) *la durée totale du travail* entraîne une temporalité plus serrée, si elle est longue, avec des levers et des couchers précis; c) lorsque le travail impose des horaires stricts ceux-ci ne se conservent pas obligatoirement tels une fois le travail terminé : la porte du temps semble s'ouvrir aux dérèglements... (exemples des mineurs ou des marins). Un autre point d'articulation temporelle est celui *des rendez-vous*, rencontres de plusieurs facteurs : habitudes d'exactitude, types de travail, degré de culture, statut social et aussi, bien que l'auteur ne le mentionne pas, rôle majeur de «l'espace de vie» et de la façon de manipuler la «proxémie». Une différenciation apparaît entre *les temps durs* (temps réglés, stricts, bien remplis) et *les temps mous* pénétrés par le relâchement et éventuellement le laisser-aller. L'articulation des temps quotidiens est diverse et fluctuante; si un certain fond stable a tendance à réapparaître chez un individu, il y a cependant des alternances et des tensions en fonction des exigences et des «trous» imprévus.

Tout temps est individuel, exige des ajustements car il s'entrecroise avec *des temps sociaux* : temps de l'environnement (urbain ou rural), du groupe (familial, professionnel). Ces temps sociaux sont eux-mêmes influencés par certains impératifs (par exemple, arrivée au travail, retour à la maison), selon le contenu même du temps (travail, loisir, désœuvrement), enfin par l'écoulement intime du temps qui ne passe pas de la même façon le matin, l'après-midi, le soir, la nuit. «Ces temps, signale W. Grossin, se côtoient, se juxtaposent, s'opposent, se complètent, s'emboîtent, s'influencent réciproquement» (1, p. 198). Les ajustements interviennent surtout sous l'injonction de l'heure exacte. «Le symbole de notre temps c'est l'horloge» a dit J. Stoetzel. L'horloge c'est l'heure à portée de l'œil; donnée qui se double d'un sens du temps personnel. Il n'est cependant pas toujours possible d'éviter *les ruptures* entre ces divers temps dont la confrontation produit parfois des heurts lorsque les ajustements sont insuffisamment préparés et acceptés. Les *dérangements* répondent à *ces intolérances temporelles* suivant les circonstances qui interviennent dans les détours et les déviations du temps, la valeur affective des personnes et des situations en jeu. La rencontre des temps personnels et des temps sociaux se fait sur une base temporelle constituée d'habitudes qui se répètent et se solidifient. Il se forme ainsi une certaine *équation personnelle* avec des variables d'amplitude diverse, permettant d'absorber les imprévus et de tolérer les contre-temps de façon plus ou moins harmonieuse.

Telles sont les données à retenir pour l'instant, de cette vaste enquête qui montre «concrètement» que ces différences temporelles existent et coexistent dans une dynamique d'échanges fluctuants. Il sera fait encore allusion à d'autres résultats de cette enquête lorsqu'on précisera les notions de budget-temps et d'emploi du temps. Il semble nécessaire de situer mieux les caractéristiques de ce temps de non-travail *dans ses rapports avec la pratique individuelle des loisirs* avant de confronter l'enchaînement global du temps dit «disponible» avec le temps imparti au travail.

7.2. Les temps de la vie quotidienne et la vie du temps. Le temps disponible: thème et première variation

> *«Nous avons besoin d'apprendre et de réapprendre notre propre chronologie personnelle».*
>
> Gaston Bachelard (10, p. 34).

A relire l'ensemble des constatations de W. Grossin, on a l'impression que l'homme se trouve enserré dans l'étau du temps de travail, et conditionné par lui. Si le travail n'est pas, pour tous, toute la vie, il l'est en général, pendant longtemps. Pour la plupart des gens, les occupations professionnelles remplissent un espace considérable. *Le travail est à la fois cadre existentiel et discipline sociale; il impose des horaires stricts.* Les phases d'activité et d'inactivité entrent toutes dans des programmes temporels plus ou moins suivis et rigides mais où le temps mesuré n'est jamais absent. Le temps de travail marque fortement les autres temps sociaux: tous ces temps exogènes, par rapport à l'individu font, qu'à travers les habitudes quotidiennes, l'usage du temps s'ossifie et se pétrifie en une charpente parfois trop cohérente. «N'est-ce pas la société, suggère W. Grossin, qui construit les cadres temporels où se situent notre activité, nos récits, nos projets, notre vie, quand bien même l'individu n'aurait pas conscience de cette construction? C'est la vie sociale selon telle forme ou telle étape de son développement qui produit le temps dont elle a besoin» (1, pp. 16-17). Les temps individuels en sont tributaires, même si chacun croit les marquer à son tour du sceau de son originalité. *Le temps n'est ni une donnée pure de la conscience ni une simple image découlant de nos rythmes biologiques.* Le temps est plein de sève sociale et se forme par l'action de nos conduites dans la société. Michel Siffre a finement remarqué dans le journal qui relate ses expériences de privation temporelle (2), que sans *les repères temporels exogènes* la conscience du temps s'effrite, ce qui le plongeait dans «l'oubli du temps» et dans «le désarroi temporel». Il était réduit à vivre comme si le temps n'existait pas.

Entre le non-temps ou *le temps-absent* des expériences liées aux situations vécues dans l'isolement et *le temps trop présent* de la vie de travail, se situent ces temps de la vie quotidienne qui sont des temps sociaux. Parmi ceux-ci il existe des tranches et des séquences temporelles non occupées par le travail, considérées à première vue comme étant «*du temps individuellement disponible*». Même s'il semble fâcheux que le temps de travail et le temps disponible s'opposent, ainsi en a pourtant décidé l'évolution des façons de vivre et surtout la manière de vivre de la société. Nul doute que les rapports sociaux découlent des rapports économiques existants; que ce soient des «luttes de classes» ou «des rapports de production» pour les uns ou des influences culturelles et ambiantales pour d'autres, ou les deux à la fois pour nous, le temps de la vie individuelle a été segmenté en deux grandes sections: le temps de travail et le temps de non-travail. Dans ce dernier, le temps disponible jouit, à première vue, d'une certaine liberté du fait qu'il est possible de le répartir différemment. Chacun pourrait, théoriquement, choisir son heure de coucher et son heure de lever, le nombre minimal d'heures consacré au sommeil, un horaire particulier pour certains repas (celui du soir) et surtout il pourrait introduire des variations dans le temps des dimanches, des week-ends, des vacances. Cela est potentiellement possible et cependant des impératifs externes, sociaux, semblent suggérer des modèles qui donnent l'impression d'être acceptés tels quels, comme s'ils étaient confectionnés en «prêt à porter». Le temps de non-travail est ce composé du temps de sommeil, du temps de repos, du temps des loisirs, du temps de passage ou de transition d'une activité à l'autre, temps de préparation aux activités (autres que le travail lui-même, période incluse dans le temps de travail), enfin du temps de désœuvrement et du ne-rien-faire, le far-niente des Italiens... Mais *pour que le temps disponible le soit réellement, ne faut-il pas qu'il ait été rendu «disponible» par la volonté humaine?* Ou, si le terme volonté paraît excessif, ne faut-il pas que ce temps ait été franchement choisi tel (maintenant ou autrefois) et marqué par quelque attribut individuel qui le personnalise et le rende porteur d'une identité et par là d'une possible identification? Faut-il ajouter que cette singularisation du temps disponible est le plus souvent considérée comme allant de soi. La problématique du temps disponible ouvre sur des perspectives nombreuses dont certaines, métaphysiques ou socio-économiques, déborderaient le contenu de cette entreprise. Mais, *en gardant le cap de notre propos sur le psychopathologique*, les composantes psychologiques et psychosociales de ce temps disponible méritent attention sans nous faire négliger pour autant le point de vue philosophique, à savoir l'approche de sa genèse et de sa généalogie.

A lire W. Grossin, l'évidence s'impose que «l'individu subit le temps extérieur de la production au lieu de produire ce temps-là. Il désapprend la construction de son temps au cours de sa vie de travail et par voie de conséquence dans sa vie hors-travail» (1, p. 504). Le mérite de cet auteur est d'être allé s'enquérir de ce que disaient les travailleurs; c'est pourquoi nous lui accordons une large audience. D'autre part, il n'est pas le seul à parler ainsi parmi nos contemporains et on peut trouver dans les directives syndicales aussi bien que dans les slogans politiques un consensus minimal qui permet à toutes les voix de se joindre à un tel concert d'avertissements. Cependant l'homme ne peut attendre que «la société change» pour vivre sa vie actuelle. Il ne peut remettre son existence à plus tard, à un autre moment, plus bénéfique qui serait celui du «Paradis terrestre» enfin instauré: l'uchronie s'en mêlant, le temps passerait en dehors de soi et ce ne serait pas le temps à soi. Le temps «en soi disponible dès maintenant» est devenu d'ailleurs une matière moins rare, tant à partir des aménagements déjà intervenus dans les durées de travail que par un certain non-travail forcé qui survient dans les périodes de crise dont celle que nous vivons depuis quelques années où réductions d'horaires, chômage technique et chômage tout court, sont devenus données courantes. *Le problème reste entier car tout le temps de non- travail n'est pas un temps disponible,* et ce temps théoriquement libre ne peut être utilisé par chacun selon son gré. Nul ou peu s'en faut ne semble disposer ni totalement ni même parfois partiellement de ce temps et cela pour des raisons uniquement individuelles du moins apparement sinon réellement. *Le temps fait partie de ces biens méconnus et malaisés à manipuler.* Il arrive à plus d'un de constater: «et pourtant j'aurais du temps libre», «ce n'est pas le temps qui me manque mais...». Il serait important de recenser toutes ces expressions, tant croyons-nous, entre ce que les gens disent ou se disent, entre ce qu'ils font ou ne font pas et ce qu'ils ressentent dans leur façon intime de vivre, il existe de liens secrètement étroits... Le temps disponible soulève ainsi une première série de questions enracinées dans l'individu lui-même, si l'on veut situer ce temps dans un faire à «soi» qui ne soit pas «le faire du travail» afin que, le moment venu, «ayant tout pour être heureux» chacun puisse l'être réellement, du moins à ce moment-là.

Le temps n'est pas une simple image des rythmes biologiques, disions-nous, voulant suggérer par là que ces rythmes structurés en chacun de nous sont eux-mêmes transformés dès la naissance par les attitudes et les comportements du sein maternel et du berceau familial, conditionnés par le monde perceptif et l'environnement puis confrontés avec les temps appris ultérieurement et imposés par le genre de vie et le type de travail exercé. Il n'en demeure pas moins que le statut de ce qui est « hérité et très tôt formé » dans les biorythmes doit être respecté et ne peut être violé impunément; nous en avons aperçu les conséquences dans les désynchronisations et les ruptures temporelles. Il semble toutefois que la façon de se comporter ne soit pas la même en milieu de travail et pendant les loisirs et les vacances ou selon le moment considéré, le long de la courbe des âges. Si l'on prend le sommeil comme référence, chacun sait que les variantes des heures du coucher et du lever, de même que la durée du sommeil oscillent plus chez les jeunes que chez les personnes plus âgées, pendant les vacances qu'en phase de travail. Et encore faudrait-il préciser le motif qui réduit la durée du sommeil ou même le supprime pendant une ou plusieurs nuits.... Les biorythmes s'arrangent avec eux-mêmes selon les motivations affectives, les lois de l'intérêt et les besoins sociaux. Ce qui est imposé ouvertement, non attendu et non choisi perturbe plus que lorsque la volonté personnelle fait (ou croit faire) le choix. *Un remodelage intervient, pour faire, du temps, un « objet » où les composantes construites le sont toujours en fonction de plusieurs facteurs.*

Aussi, disions-nous encore, *le temps n'est pas une simple donnée de la conscience...* d'abord et parce que personne ne sait de quoi on parle à travers ce terme de « conscience », ensuite parce que le temps produit par chacun et le temps chronique fixé par les calendriers et les horloges, et qui entre dans la constitution des temps de la vie quotidienne, des temps sociaux et du temps de travail ne sont pas les mêmes. Enfin parce que *la vie du temps à soi* a des caractéristiques spécifiques à côté des composantes qui ont été conditionnées par le genre de vie sociale et par les circonstances professionnelles et économiques. Tel semble être l'aspect insuffisamment retenu dans les conclusions de W. Grossin. Peut-être d'ailleurs cette question se situait-elle en dehors de son champ de recherches. Quoi qu'il en soit *ces aspects spécifiquement individuels sont, croyons-nous, ceux qui fournissent les motivations réelles à la disponibilité du temps.* Ce sera là *le contenu de la première variation sur le thème de la disponibilité du temps.*

Deux constatations frappent d'emblée. Premièrement, le temps global de non-travail et le temps disponible ne coïncident pas. Deuxièmement, si la pression du temps de travail est certaine et si on admet même qu'elle pèse lourd tant quantitativement que qualitativement sur la disponibilité du temps, *cette « disponibilité » reste* — dans les circonstances contemporaines de vie en France et en Occident, mais pas seulement, de nombreux témoignages en font foi — *une affaire individuelle, insistons bien, une affaire du ressort surtout individuel.* Des témoignages et des expériences vécues concrètement montrent que dans les situations clôturées, là où le temps est totalement imposé du dehors (séjours en lieux clos, états de maladie, emprisonnements, récits des déportés en camps de concentration...) il existe une certaine possibilité de *varier les registres pour faire face aux temporalités et une façon subjective spécifique de vivre le temps*. Ce sont là situations extrêmes, certes, mais qui montrent presque de façon expérimentale l'affrontement entre *le temps produit personnellement, l'authentique temps à soi et les temps exogènes*. Peut-on dire à la limite que c'est le temps auto-engendré qui prime? Sûrement, si on souligne que ce temps auto-engendré est lui-même tributaire d'une histoire et d'un enracinement individuel, qu'il est lié à une généalogie elle-même spécifique où entrent en jeu des facteurs biologiques, sociaux, économiques, culturels et aussi les effets de l'éducation, de la formation antérieure, de l'apprentissage, etc... Mais un état virtuel semble «résumer» tout ce qui a été hérité et tout ce qui a été appris et «faire le point» à chaque instant. Cet état serait celui *du désir*, si l'on entend par là l'écho des rapports de forces intérieures et extérieures à l'individu et le facteur-clé du système énergétique (libidinal diraient certains) de chacun. On ne peut ici s'étendre sur tous ces aspects psychologiques sous peine d'être amené à développer un véritable traité de psychopathologie, mais il faut essayer de résumer l'essentiel, tellement *les rapports du temps et du désir sont importants*. Allusion sera faite dans tout ce qui suit à ces échanges fondamentaux pour la vie des hommes et pour la vie du temps. Les questions du budget-temps et de l'emploi du temps en découlent intimement.

Du point de vue psychanalytique, les deux topiques freudiennes offrent quelques éléments de réflexion. Le présupposé d'un fond pulsionnel en soi est lié aux échanges dynamiques des énergies internes, suivant qu'elles se trouvent liées ou libres et qu'elles sont en connexion avec des comportements bien acceptés et susceptibles de bons investissements ou entraînent au contraire des inhibitions et des angoisses. La coupure entre conscient-inconscient fut une première étape que Freud lui-même a un peu abandonnée lors de l'élaboration de la deuxième topique et de la tripartition de la personnalité en ça-moi-surmoi. Le «ça», espace énergético-pulsionnel devient après 1920, l'instance-clef de l'individu et de son cheminement. On comprend mieux l'importance de certaines permanences dont celles de la *répétition et du retour du même* et celle du travail psychique dans *l'après-coup*, c'est-à-dire dans la récurrence du temps. Si l'exposé de Freud ouvre des inconnues — qu'on admet ou qu'on n'admet pas — tels les instincts (instincts de mort, couple éros-thanatos agissant «en soi» de manière privilégiée) et les arrêts du temps (notions de fixation, de régression, d'action présente, d'un passé demeuré statique), il ouvre aussi une passerelle vers une conception plus moderne du système énergétique. En tout cas, ce «ça», dans la mesure où il est assimilé à un *processus désirant* d'auto-engendrement dans l'actuel, reste une donnée fondamentale. D'autant que toutes les formations ultérieures de la personnalité appartenant au «moi» sont appelées à se greffer dans la suite généalogiquement directe de ce «ça». Dans cette perspective et en admettant que la socialisation première ait contribué largement à former ou à construire ce «ça», car rien ne sort de rien et n'est le résultat «naturel» d'une génération spontanée, on doit retenir cette *production désirante* comme source individuelle première de l'auto-engendrement (simultané) du temps et du désir. Dans cette découverte, Freud doit beaucoup à Groddeck et sans doute, à travers lui, à Nietzsche.

Dans les prolongements freudiens, en renouvelant notre hommage à Freud qui a su trouver à la fois le «processus» et la «chose», il nous faut dire un mot du «*refoulé*», même si cet exposé ne correspond pas tout à fait à l'orthodoxie freudienne. Le processus de refoulement et la notion même de refoulé sont une pièce maîtresse dans tout développement humain. La question d'un matériel concret refoulé (images, représentations, paroles, pensées, stockées sous forme de traces ou de souvenirs inconscients) demeure entière. A la limite c'est là une pure fable : tout dépend des «outils mentaux» que l'on veut bien accepter comme étant ceux du fonctionnement humain. Le développement des théorisations sur la cure psychanalytique rédigées par Freud lui-même ainsi que la deuxième topique, tendraient à montrer que ces «idées» d'avant 1920 seraient soit à abandonner soit tout au moins à ré-interroger. Peu importe. Ce qui est fondamental c'est d'abord *la notion d'un processus récurrent* qui se répète, tout en avançant, sans laisser s'effectuer la totalité du processus désirant. Nous disons bien «en avançant» c'est-à-dire dans l'actuel à chaque instant, ce qui n'est pas le propos exact de Freud qui pense à un processus régradient. Quant *au refoulé* il faut entendre par là, ce qui résulte des effets de ce processus — et uniquement cela — à chaque instant en tant qu'*amputation de soi par soi*, en tant que *privation de l'amour de soi*, ce qui diminue d'autant l'énergétique potentielle du processus désirant. Donc, ni régression ou fixation refoulantes opérant dans le passé, par elles-mêmes, comme si elles étaient pré-déterminées ou sur-déterminées, ni contenu concret du refoulement dont la substantialité serait à «retrouver» sous forme concrète de souvenirs ou de faits; comme s'il s'agissait de changer une pièce endommagée ou bloquée ou de modifier une structure mécanique défectueuse. Mais, *processus-refou-*

lant, très vivant et actuel, agissant à chaque instant de son effectuation, qui évolue depuis un temps repérable et datable et *se continue dans le présent où* il exerce récurrentiellement ses pouvoirs répressifs. Et nous conservons le terme *de refoulé* qui correspond à la production d'une privation de soi, cette saignée, cette fêlure qui réduit d'autant l'auto-engendrement du désir et du temps. La conjonction des deux amputant celui qui en subit les effets, de sa puissance.

En se plaçant sur un autre registre, en référence ouverte à Nietzsche et en partie à Marx, on peut dire que la puissance n'est que la résultante des rapports de forces internes et externes en jeu. Forces actives qui vont jusqu'au bout d'elles-mêmes et propulsent le temps et le désir dans son passer, et forces réactives qui ne vont jamais jusqu'au bout d'elles-mêmes et «spatialisent» le temps, le remplissent de figures et de simulacres, inhibent sa production, débilitent ou paralysent le désir. Ces forces internes sont en interaction avec l'écho des pouvoirs socio-économiques, elles en subissent les contre-coups, directement par les éléments «nutritionnels» puisés dans les conditions réelles de l'existence, et indirectement, à partir de la pensée signifiante de chacun. Hormis les situations de privation extrême, ces cas récents de vie concentrationnaire et ces cas, hélas encore fréquents, où les forces humaines atteignent les seuils de la rupture et de l'effritement, on peut dire qu'*il n'y a pas de rapport direct, total*; c'est-à-dire que dans les conditions habituelles de vie, le désir et la puissance de chacun sont temporalisés, mis en charge temporelle, grâce à l'action du langage, cette ré-invention personnelle où chacun s'implique lui-même dans le réseau des signifiances et des artifices symboliques qu'il construit. Système énergétique et monde d'artifices restent séparés, avec l'exigence d'une énergétique minimale comme support des autres fonctionnements, selon les variations de leurs échanges qui se ressourcent sans cesse dans le monde social. Nul homme n'est seul et si singulièrement il est condamné à ses particularismes, il l'est en fonction des autres et par rapport aux autres. La situation adamique ou pré-adamique fut (est) et restera un mythe.

C'est dire que les stimulations — sur ou hypo-stimulations — comme l'entraînement interagissent sans cesse pour faire varier les dispositions individuelles. Tout est affaire de dosages et de cas précis, individuellement ou collectivement. *L'auto-engendrement du temps se catégorise à travers l'énonciation discursive* qui la nomme et lui décerne des attributions: quantitatives, qualitatives, de relation et de modalité. Et le temps auto-engendré *se probabilise* selon ces catégories pour former des séries, des contenus, des ordres et des ensembles. C'est dire que *la généalogie du temps* est complexe et que si elle est étroitement liée à *la puissance du désir*, la résultante reste fonction des *surfaces d'accueil et des pressions sociales*. Seul le temps ferme et fort sait se dire *disponible* et cela même si *les temps sociaux* lui sont contraires et si *le temps de travail* limite son action. Mais ces cas sont extrêmement rares et pour que leur fréquence puisse s'accroître, un élargissement du champ d'action de la temporalité est souhaitable ainsi qu'un assouplissement de son fonctionnement. La plupart pourront alors avoir accès à ce qui était et reste le privilège de quelques-uns : mieux participer à maîtriser leur budget-temps à partir d'un emploi du temps développé.

7.3. Le budget-temps et la disponibilité du temps «pour soi»

> *«Le temps objectif c'est le temps maximum; c'est celui qui contient tous les instants».*
>
> Gaston Bachelard (10, p. 48).

L'homme est à la fois source et réceptacle d'incitations multiples : il vit en système d'adaptation. Donnée première où l'homéostasie est régie par le temps. Le temps règne sur les relations et sur les échanges : leur rythmicité périodique ou non périodique (introduisant des variables) et leurs durées en constituent la vivante infrastructure. Le prix attaché au temps est du domaine du savoir : là où la conscience s'exerce, et du domaine social, là où les incitations ambientales se développent; la résultante en mesure constamment l'importance prise ici et là par la vie. C'est sans doute affaire d'individu mais pas seulement : les institutions modèlent et re-modèlent volontairement ou involontairement les répartitions temporelles. Le temps concerne tout le monde. Disons que pour ce qui est de l'individu, il peut — et il doit — marquer de sa griffe «son» appartenance au temps afin que celui-ci lui appartienne aussi. C'est pour l'homme une question d'identité et de mise en rapport des réseaux d'identité au sein des prolongements proxémiques et temporels qu'il construit dans son «Umwelt» et dans son univers d'artifices. Le degré d'indépendance de chacun se mesure aux zones temporelles dont il dispose et aux cercles temporels où il peut inscrire l'évolution de sa vie. Le temps gagne à être bien partagé et bien utilisé. Le temps brille de nouveaux feux à travers les interactions constructives qui le fabriquent. On assiste à une émulation, à une concurrence, à une compétition plus accusées, avec des sentiments de complémentarité accrus lorsque les temps s'enrichissent chez une même personne ou lorsque plusieurs individus collaborent dans une entreprise commune. Ce qui, du temps, se partage bien, entraîne une plus-value pour tous. Par contre *les sentiments d'incomplétude apparaissent dans les vides temporels*, lorsque le temps se dissout sans créer et sans se re-créer. Ces variations et ces modalités du temps sont connues depuis longtemps, d'où ces expressions percutantes à son propos: «le temps perdu ne se rattrappe jamais» et «le temps c'est de l'argent», façon courante et directe de lui donner du prix. Aussi allons-nous ausculter encore les remarques de W. Grossin sur ces questions qu'il a eu l'heureuse idée de mentionner dans son enquête.

Le temps n'est de l'argent qu'en fonction du statut socio-économique des gens et selon l'âge et la condition sociale. Certains ont toujours du temps devant eux, à ne savoir qu'en faire. Mais leur tour viendra... Pour W. Grossin, «les idées que 'le temps c'est de l'argent' et que 'que le temps perdu ne se rattrappe jamais', admises comme *vraies et sans restrictions* par plus de la moitié de la population, n'expliquent-elles pas a posteriori, les comportements plus encore qu'elles ne les provoquent?» (1, p. 291). Il se dégage que pour la plupart (surtout pour les ouvriers), *gagner du temps veut dire abréger le temps de production et enrayer la précipitation du temps*. «Tout va trop vite» disent-ils, et encore «le temps n'est pas de l'argent pour tout le monde». Il semble, remarque W. Grossin, que lorsque le temps est bien découpé, précis, régulier, il y ait tendance à une meilleure utilisation. Valeur des disciplines. De toute façon, c'est avec l'industrialisation et déjà avec le capitalisme commercial que le temps acquiert du prix. «La montre aidant, un temps extérieur au travail et mesurant le travail se substitue au temps de travail produit par le travail humain»... «le travail devient contenu et le temps contenant» (1, p. 280).

La question sur le temps perdu est diversement traitée. Seuls 4 % des travailleurs interrogés (sur 600) trouvent que «perdre son temps» est peu important. Pour les travailleurs manuels perdre son temps équivaut à l'oisiveté et au désœuvrement; pour les intellectuels se serait plutôt signe de désintérêt. Pour tous: «perdre son temps» est lié à la notion d'improductivité. Mais il semble que les expériences individuelles soient très diverses car les mêmes mots ne recouvrent pas les mêmes choses. On touche là à une valeur fondamentale: le temps est la vie même avant d'être une valeur marchande.

Ainsi *le budget-temps va se dessiner selon des coefficients quantitatifs et qualitatifs*. Il varie tout au long de la courbe des âges. Il comprend le temps de travail et le temps de non-travail. Le temps de travail est dominé par *la durée* mais aussi par la quantité des tâches à accomplir, les efforts sollicités et la notion plus précise de charge de travail. Le découpage temporel ne peut se faire par simple soustraction: temps total de la journée, de la semaine, du mois ou de l'année dont on retire le temps passé au travail. La disponibilité des forces individuelles varie avec le type de travail, l'état de santé, l'âge, l'accueil psychologique réservé à l'activité professionnelle et en fonction des variations affectives et du «tonus» du processus désirant.

L'alternance des activités réclame une séparation dans le temps de non-travail en quatre grands secteurs: celui du repos, celui du sommeil, celui des loisirs, celui de la vie sociale, familiale et personnelle. Ces secteurs peuvent se rencontrer mais une distribution temporelle particulière et spécifique doit leur être réservée (3). Il n'est pas possible d'établir un diagramme temporel précis en tenant compte d'indications normatives d'ordre physiologique et psychologique pour aboutir au maintien d'un bon état de santé, tant l'importance du coefficient personnel, des habitudes de vie et du conditionnement social est primordial. Il faut insister sur cette séparation minimale entre les activités de non-travail. Si tout le monde compartimente assez bien le temps de sommeil et le temps de travail on a l'impression que les heures restantes de la journée, surtout lorsqu'elles sont envisagées avec le recul d'une semaine, «s'envolent en fumée».

a) *Il est indispensable de ménager des moments de repos* soit immédiatement après le travail, soit en tout cas avant le temps véritablement imparti au sommeil. Pour une semaine de 40 à 60 heures de travail auxquelles il faut ajouter deux heures de transport en moyenne, il reste à parcourir un certain temps pour épuiser les 168 heures de la période hebdomadaire. Le repos, sous forme d'immobilité assise ou couchée, sous forme de relaxation active (ou sous une forme plus entraînante ou entraînée, tels les exercices pratiqués par les Japonais en particulier) permet de mieux trancher le temps, entre temps de travail et autres temps. Le sommeil n'est pas le repos. Celui-ci est souhaité «conscient», éveillé, voulu et contrôlé, opérant comme une «désintoxication» quotidienne ou pluri-quotidienne facilitant ces temps de transition et de passage d'une activité à une autre. Le sommeil sera d'autant meilleur que le repos aura pu intervenir auparavant pour mettre fin à une temporalité et introduire une autre temporalité d'un type différent. Dans une mélodie gestuelle, dans une série d'actes enchaînés, il y a des moments de tension active et des moments de relâchement, de détente facilitant à nouveau la tension qui suit; parfois des pauses, des repos sont nécessaires pour liquider et épuiser les temps de tension, tant sensori-motrice que musculaire ou intellectuelle: la récupération temporelle pour être en-temps et dans le temps sera de meilleure qualité. *Il y a un repos dans le geste lui-même* ou entre les séquences de travail pour assurer le maintien des rythmes et rester dans le cadre des temps imposés. Mais c'est *la qualité du repos qui compte*; la passivité ne suffit pas; le vide non plus; ce sont plutôt les repos actifs, pensés, avec participation de l'intéressé. Et même si l'on se dit: «il s'agit de ne penser à rien», il faut savoir qu'une telle énonciation a été pensée et bien apprise avant d'être devenue efficace.

b) *Du sommeil*, il y a peu à dire; la question est bien connue. Le temps de sommeil varie et a varié: sept à huit heures par vingt-quatre heures sont suffisantes. Le sommeil nocturne reste préférable. Mais le sommeil diurne peut être de bonne qualité aussi. L'impératif physiologique concernant sa durée, très à la mode il y a quelques années, semble moins «pressant». Peut-être chacun a-t-il mieux appris le temps qu'il doit consacrer à cette indispensable période de réparation corporelle (et de désintoxication a-t-on dit). Peut-être aussi a-t-on appris à mieux dormir: plus vite et plus profondément. La qualité du temps de sommeil dépend des rythmes neuroniques en jeu, de la longueur des phases paradoxales et du degré d'hypotonie musculaire. Participent aussi: le lieu, le degré de confort, la température ambiante (les 18° autrefois conseillés comme température maximale, restent de rigueur), la disposition affective, les façons de s'endormir, les personnes avec qui l'on dort... *Les troubles sont connus*: 1) hypersomnies refuge, indice névrotique qui «veut cacher» sa névrose, indice insidieux qu'il faut dépister; 2) insomnies plus ouvertement anxiogènes, sonnette d'alarme traduisant une excitation cérébrale résiduelle trop forte; 3) parasomnies de toutes sortes avec hypersomnies diurnes et insomnies nocturnes, insomnies lacunaires, excès de la production onirique... Tout ce qui perturbe la fonction hypnique qui reste une fonction active visant à la réparation de l'organisme, mérite une attention médicale et doit être pris au sérieux. Le temps ne dort pas pendant le sommeil, il poursuit son cours, se régénère aussi dans son autoproductivité et bénéficie alors d'un meilleur régime de production pendant les phases actives.

c) *Le temps des loisirs* correspondrait au temps libre proprement dit. Les loisirs se préparent, comme se prépare le travail, pour qu'ils soient efficaces, qu'ils soient en possession de leur temps et qu'ils répondent à ce que chacun attend d'eux. «L'utilisation du temps disponible est diverse, indique W. Grossin, le riche affairé en a peu, le pauvre en a beaucoup; mais il ne peut pas et ne sait pas l'utiliser» (1, p. 291). Le temps du loisir réclame une plénitude pour être efficace (cf. 4). «Il faudrait ici envisager l'ensemble de ces moments de non-travail où chacun se livre à ses activités les plus chères. Certains pensent toute la journée à l'instant de loisir qu'ils auront le soir, d'autres attendent le dimanche qui les aide à passer la semaine; d'autres rêvent toute l'année des vacances, longue période qu'on envisage toujours pleine de rires et de soleil. Mais, si l'organisation de ces moments de détente a fait d'énormes progrès, essentiellement dans les grandes villes, il reste encore beaucoup de moments perdus et une quantité de gens ne savent que faire de leurs loisirs. Depuis les tout petits moments consacrés à fumer une cigarette, à bavarder négligemment, à raconter des histoires, jusqu'aux plus longues périodes destinées à la lecture du journal, à l'écoute de la radio ou à la télévision, tout mérite qu'on s'en occupe et qu'on y pense auparavant. La journée de repos hebdomadaire, les vacances annuelles, exigent préparation, aussi bien que les courtes périodes quotidiennes consacrées, faute d'idées, d'occupations spontanées ou d'amis, à tuer le temps dans la somnolence, dans un jeu dépourvu d'intérêt ou dans une oiseuse conversation au «bistrot» du coin. Il y a, d'une part, les jeux et les distractions qui apportent détente et épanouissement physique : sports, promenade, sorties... et d'autre part les loisirs à orientations plus culturelles : lecture, cinéma, théâtre, musique, radio-télévision, qu'il s'agisse d'un rôle de spectateur ou d'une participation active. Il y a ce qu'on appelle le bricolage et les petits travaux personnels faits avec soin parce que plus pleinement nôtres. Il y a, à travers toutes ces diverses formes d'employer son temps, le contact avec les autres, la valorisation des meilleures qualités inter-humaines, la connaissance d'autrui et de soi-même, solide ciment qui aide à mieux réaliser et comprendre son travail et sa signification pour chacun de nous et à mieux maintenir l'édifice mouvant de nos personnalités» écrivait l'un de nous en 1960 (3).

Le temps des loisirs est le vrai temps disponible mais cette disponibilité ne peut l'être que «pour soi». L'espace de temps dont on dispose n'est disponible que dans la mesure où celui qui le veut tel lui insuffle une sorte d'esprit d'aventure et ceci quel que soit le contenu des loisirs. L'important c'est de mener ce temps au seuil de ses propres ruptures en le faisant bondir au sein des cadres temporels proposés. Les notions si souvent évoquées de fantaisie, de spontanéité se veulent ici à l'œuvre. Le loisir est par définition, la «fête», et ce temps va à contre-courant de ce qui appartient aux autres temps de la vie quotidienne. L'immobilité peut être une conquête temporelle pour celui dont les occupations exigent des déplacements incessants mais l'immobilité du loisir doit être concertée, pensée, prévue, pour qu'elle vienne s'inscrire comme une expérience qui réclame d'être menée jusqu'au bout d'elle-même. C'est alors que *la disponibilité du temps* prend tout son sens et apporte cette *aventure temporelle* qui donne du sel et du relief aux autres modalités temporelles et les maintient en vie. Cela se voit chaque jour chez des personnes du troisième âge qui se mettent à goûter à la vie avec des yeux nouveaux et avides (on pense au film « La vieille dame indigne » de R. Allio), et encore chez ceux qui aussitôt la retraite franchie, essaient de profiter de toutes les occasions de déplacements et de voyages comme si ces « moments de dépaysement » donnaient une intensité nouvelle au temps quotidien désormais trop homogène. *La disponibilité du temps est liée à l'éveil, au souci constant de conduire la temporalité dans ses voies les plus inhabituelles, en creusant la différence avec les temps de la vie quotidienne soumis à la répétition nécessaire pour confirmer l'exister en lui-même.*

d) *Le temps de la vie sociale et de la vie familiale*, est le temps des relations, le temps des amitiés, le temps des affections partagées. C'est le temps de l'autre et des autres, les moments où les affects prennent leur dimension la meilleure pour fonctionner comme un arrière-fond permanent de la vie. C'est le temps de la non-solitude, le temps qui sauvegarde de l'isolement. Si les loisirs se déroulent souvent en groupe, nous avons tenu à en séparer *le temps des échanges affectifs* pour lui accorder une valeur privilégiée et afin que nul ne le néglige quel que soit le terrain où ce temps s'exerce et s'abreuve.

Un point du temps demeure inoccupé, c'est celui du désœuvrement, du rien-à-faire. Est-ce du temps de repos, est-ce du temps de loisir? Peut-être. Certains s'y ressourcent et y trouvent un rare plaisir. Une nuance s'impose. Lorsque le désœuvrement est attendu, préparé, son temps « œuvre » comme un trou dans le trop-plein du temps de travail et des temps de la vie quotidienne. Ce temps en hors-temps se veut concerté, limité: il se confond avec un dépaysement temporel, une sorte d'expérience d'un temps blanc, d'un temps vide. Si par contre le désœuvrement est imposé, le non-faire et le rien-faire accumulent leurs négativités pour affaiblir le temps, le déposséder de ses qualités productives... Il ne reste alors qu'à épouser au plus près ce désœuvrement pour le transformer en une expérience à soi afin que là encore, la disponibilité du temps soit marquée par le « pour soi ». Une preuve a contrario pourrait être apportée par les états de maladie où la privation de travail est éprouvée comme une perte, un manque, une faillite existentielle. C'est alors que le travail re-prend une valeur dynamogénique et de mise en train qui revêt un caractère thérapeutique. De nombreuses expériences ont été entreprises tant dans les sanatoria de tuberculeux que dans des établissements hospitaliers et surtout dans des services de psychiatrie (cf. 6, 7 et 8, pour limiter les références bibliographiques). Ces entreprises ont fait mieux ressortir la place d'un temps de travail dans le ré-ordonnancement et dans la restructuration d'un cadre temporel d'abord et dans la remise en route d'une autoproduction du temps, ensuite.

Faut-il ajouter que le maintien d'un temps de travail aménagé «aide à mieux vivre» et recule l'affaiblissement des fonctions sensori-motrices affectives et mentales? «Ne pas dételer» disaient les vieux médecins et sans doute que, du point de vue individuel la conservation d'une certaine adéquation temporelle modulée avec les temps de la vie et avec le temps de travail tels qu'ils ont été pratiqués pendant de nombreuses années, aide à maintenir les repères d'orientation temporelle, remplit mieux un espace voué dès l'âge de la retraite à la raréfaction temporelle, à l'inhibition et bientôt, si on n'y prend garde, au vide temporel existentiel et au vide tout court.

Le budget-temps n'est pas toujours affaire de choix individuel, loin s'en faut, et cela, à un degré plus ou moins accusé, est vrai pour tout le monde. Personne ne sait lors de l'entrée dans la vie de quoi cette vie sera faite et chacun se trouve lié par les temps de la vie quotidienne, les liens sociaux et les impératifs économiques sans compter les aléas de la santé, au-delà ou en deçà de ce qu'il peut et de ce qu'il peut vouloir. Il importe de le savoir et d'introduire une direction dans l'utilisation du temps, une décision dans la redistribution afin de bâtir à l'intérieur même du cadre-temps existentiel ses propres limites et ses *orientations préférentielles*, seule manière pour que le temps «à soi» le soit et pour qu'il s'ajuste dans l'ouverture du «pour soi»; seule façon aussi d'un authentique possible partage et d'une participation avec les autres.

7.4. L'emploi du temps «développé» et le style de vie

« Le sens et la portée de l'avenir sont inscrits dans le présent même ».

Gaston Bachelard (10, p. 51).

L'emploi du temps ne correspondra pas ici seulement à un tableau avec des horaires ou un balisage des divers moments de la journée sur un agenda ou un semainier. L'emploi du temps passe bien par les organigrammes, les agendas-plannings et les anno-plannings, d'usage de plus en plus courant. Qui n'a pas son carnet de rendez-vous, son carnet de commandes, son «quo vadis»? où, d'un seul coup d'œil, il est possible d'embrasser avec «ordre et méthode» l'horaire quotidien, le plan de la semaine, les faits marquants pour l'année en cours et l'année (voire les années) à venir? Ce temps spatialisé et apprivoisé se trouve dans la poche de chacun et sur le bureau de beaucoup. Un calendrier régit ce qui est à faire, signale par rubriques ce qui est important, indispensable, ce qui est à ne pas manquer. Déjà les mémoires électroniques «doublent» ce balisage du temps, le ravivent et sont chargées de mettre à l'heure, à l'aide de moyens divers, de signaux et de musiques, le temps à soi et le cadre-temps pour que personne ne l'ignore et ne puisse l'oublier. Les «pense-bête», servant à un repérage empirique du temps ont été sophistiqués pour servir le temps presque «sur commande». Le temps matérialisé, découpé, compartimenté fait partie de l'emploi du temps. Mais le *temps vivant* s'emploie à se désemployer et à se ré-employer sans cesse: il se développe selon les sollicitations individuelles et sociales pour se «personnaliser» progressivement et répondre à un «style de vie». Se dessinent ainsi des aspirations, des projets, des souhaits, des attentes qui correspondent tout d'abord au contenu du temps, à ce qui sera dans un temps à venir, puis à mesure que le temps lui-même devient familier, qu'il est domestiqué et enfin maîtrisé, c'est le temps en tant que tel qui semble imposer sa griffe à la vie et la démarquer par un «style». Une question surgit de prime abord. Que veut-on dire en avançant aux uns et aux autres à tout propos: «je n'ai pas le temps»? Est-ce une formule sociale, une façon de se dérober, un besoin de se donner de l'importance, un réel appel des occupations... ou bien plutôt le fait que le TEMPS ainsi nommé prend de la valeur, pour lui-même et impose sa double loi d'auto-engendrement (je n'ai pas le temps... car je dois m'occuper de mon temps, de le produire, de l'aménager, de l'entretenir en vie en quelque sorte...) et de référentiation au temps chronique (je n'ai pas le temps... l'horloge m'appelle, ce qui reste à faire doit l'être pour que tout soit en ordre et que de précieuses minutes ne manquent pas au temps). Partant du souci de faire et de faire entrer ce faire dans un programme subordonné à un emploi du temps, le temps se voit sans cesse contraint d'être de son temps, d'où ces tentatives répétées par chacun pour l'aligner et instaurer *l'ordre du temps*.

Prenons le temps de demander à W. Grossin ce que les six cents travailleurs ont répondu aux questions portant sur leurs perspectives temporelles, et retenons ce qui peut marquer leur style de vie en fonction de l'ajustement des temps de l'homme et du temps de travail. L'âge et le niveau d'instruction accentuent le sens de certaines réponses à l'égard de la planification du temps; «le passé est le refuge des vieux», «l'avenir appartient aux jeunes». Entre planifier le temps et le prendre comme il vient, se glisse tout ce qui est à faire, tout ce que l'on veut se procurer et acheter: trouver les ressources pour accomplir ces désirs introduit un minimum de planification. En effet, le temps d'aujourd'hui n'est plus le temps mou, indolent, flottant, un peu endormi du Moyen-Age où selon Lucien Febvre «chacun avait sa durée». *Le souci de «subsister» a préoccupé les hommes pendant des siècles.* «Ce temps subsistant» est remplacé par «un temps des acquisitions, des accumulations, de la consommation». Le recours au crédit impose un emploi du temps bancaire qui concerne bien des gens. Les media remodèlent le temps, le cours de l'histoire se précipite, la participation du futur se raccourcit, chacun s'emploie à vivre son présent. Alvin Töffler a décrit une «mort de la permanence» (9).

L'emploi du temps semble s'accrocher plus au présent qu'aux autres dimensions du temps. «L'architecture temporelle sociale» change avec le cours des progrès, remarque W. Grossin (1, p. 380). «Le présent d'autrefois était plein de passé, le présent actuel est plein de futur» (1, p. 380). Ici, une variation intervient; si le futur dessine l'orientation du présent, l'incertitude qui s'en dégage, l'aléatoire, ont tendance à *resserrer le présent*, à le densifier: avoir tout et tout de suite... on paiera plus tard... si on peut. Plus que le progrès, c'est l'inflation financière qui l'accompagne qui semble modeler le temps, et chacun s'essaie, en suivant les lois de l'imitation, de tirer le meilleur parti de ces nouvelles ressources. Mais chacun se trouve «coincé» dans *cette grille du temps* et cherche à ré-ajuster, à l'intérieur de ce carcan temporel, son propre emploi du temps pour que sa densité ne lui échappe pas. Cependant, des attentes, des souhaits, des projets coexistent avec le présent: une certaine vision de ce que l'on aura plus tard, de ce que sera la retraite, du lieu où l'on habitera amène à *engager dans le présent* des forces et des valeurs dont le rendement est escompté pour plus tard. Jamais l'accès à la propriété individuelle n'a été autant encouragé et concrètement rendu possible.

W. Grossin signale aussi que 50 % de sa population-échantillon pensent que la vieillesse commence avant la fin de la vie active; 25 % situent la vieillesse et la retraite au même âge: 65 ans. Ce qui, paradoxalement, revalorise le temps de travail... «Le travail c'est la santé» est un propos qui «fonctionne» sans doute encore et en tout cas, cette réponse traduit, malgré l'inquiétude, une envie de vivre et de continuer à vivre... D'ailleurs, à propos de la «qualité de la vie» un souci d'amélioration et de réformes se dégage chez presque tout le monde. Pour W. Grossin, «le temps de travail et le temps libre s'ajustent, se complètent, se composent d'autant mieux que l'un et l'autre donnent la meilleure occasion de produire des temps personnels» (1, p. 510), mais «les horizons temporels rétrécis nuisent à la qualité du présent, donc à la qualité de la vie» (1, p. 512).

Style de vie et développement d'un emploi du temps sont étroitement liés. Leur évolution conjointe se poursuit même si leur histoire est récente. Il ne s'agit pas d'être optimiste ou pessimiste, mais de faire et d'œuvrer en remaniant sans cesse son budget-temps pour que le déploiement du temps se modifie dans sa texture interne. L'homme ne peut pas toujours remodeler les distributions horaires mais il peut remplir de façon très diverse ces temps extérieurs. Il peut varier sa manière d'adhérer au temps. Il peut poursuivre son autoproduction temporelle pour faire « revenir » son propre temps dans la mesure où il a su le différencier. Rappelons cet aphorisme de Nietzsche: « La vie toute entière est adaptation du nouveau à l'ancien » (Aurore, 1-12). Le style de vie est bien dans l'originalité et la ténacité que chacun met à développer « son » emploi du temps.

Conclusion

« Le temps réel n'existe vraiment que par l'instant isolé, il est tout entier dans l'actuel, dans l'acte, dans le présent ».

Gaston Bachelard (10, p. 52).

Une concordance des divers temps est-elle possible, des temps de l'homme et du temps de travail, du temps du faire et du temps de ne-rien-faire? Leurs compatibilités et leurs incompatibilités permettent-elles une temporalisation efficace? Le facteur individuel semble ici prépondérant. En effet, le désir et le temps font souvent route ensemble, ils se tiennent et se soutiennent jusqu'à se confondre. De leur vigueur, de leur souplesse, dépend la « disponibilité » du temps, du temps de non-travail s'entend. L'homme a un pouvoir limité; il se heurte à un temps de travail imposé, à des rythmes sociaux institutionnels, à un conditionnement ambiental de son propre temps de non-travail. Il peut cependant introduire des options, marquer des orientations, avancer des décisions qui donnent au temps une certaine disponibilité; l'utilisation du budget-temps en dépend; le style de vie et le développement de l'emploi du temps existentiel en découlent. La disponibilité de son propre temps n'est obtenue que dans le passage du temps dans un temps « pour soi » en accord avec les temps sociaux.

Bibliographie

(1) GROSSIN W., Les temps de la vie quotidienne; Thèse de lettres 1972, Service de reproduction des thèses, Université de Lille III, Edition 1973, 1 vol. in-8° de 553 p. (Edition 1974, Mouton).
(2) SIFFRE M., Hors du temps, Julliard, Paris, 1963.
(3) FERNANDEZ A., Alternances des activités; Le sommeil, le repos, les loisirs, juin 1960, Circulaire d'information du Service de Médecine du travail, n° 16 A.P.A.S.
(4) FERNANDEZ-ZOÏLA A., Loisirs et vie mentale; Temps disponible et temps humainement conquis, *Démocratie nouvelle*, novembre 1963, pp. 40-48.
(5) FERNANDEZ-ZOÏLA A., Loisirs et sociétés industrielles; Quelques résultats d'une enquête dans la région parisienne, *Démocratie nouvelle*, avril 1964, pp. 70-73.
(6) SIVADON P., Le travail des malades à l'Hôpital psychiatrique (conditions techniques), *Information psychiatrique*, juillet 1951.
(7) SIVADON P. et CHANOIT P., L'ergothérapie au CTRS de Ville-Evrad; Essai de systématisation, *Annales médico-psychologiques*, n° 2, octobre 1958.
(8) FERNANDEZ-ZOÏLA A. et LEBRETON M., Aspects psychopathologiques du travail thérapeutique; Composantes temporelles et rythmiques, *L'Evolution psychiatrique*, n° IV, 1958, pp. 739-756.
(9) TÖFFLER A., Le choc du futur, Denoël, 1971 (1ʳᵉ édition New York 1970).
(10) BACHELARD G., L'intuition de l'instant, éd. Médiations Gonthier, 1966 (1ʳᵉ éd. Stock 1932).

Chapitre 8
Le temps de la vie et le temps de travail
Gestion et autogestion du temps

> *« Il faut que nous attachions notre temps aux choses pour qu'il soit efficace et réel ».*
>
> *« La durée est non pas une donnée, mais une œuvre ».*
>
> Gaston Bachelard (5, p. 38 et p. 77).

Le temps ne se laisse pas réduire à une seule conception : les temps humains sont multiples, ils s'enrichissent à mesure que les cultures se diversifient. L'hétérogénéité du temps social est un fait. Chaque société possède ses propres catégories du temps et ces catégories originales subissent elles-mêmes des distorsions. Le temps hellénique semblait plutôt circulaire. Le temps judéo-chrétien reste surtout linéaire : les notions d'histoire et d'individu sont marquées par une genèse linéaire et cumulative du temps. Les concepts de détermination et de prédétermination incluent le plus souvent, ce cheminement temporel entre un avant et un après. La perception même du temps sera différente des sociétés traditionnelles aux sociétés modernes. Le temps est devenu avec les horloges et les montres objet d'estimation.

Les temps sociaux traduisent leur hétérogénéité par rapport aux niveaux d'organisation de toute société et à l'intérieur d'une société les temps varient en relation avec les diverses fonctions sociétales : économique, politique, idéologique, religieuse... *Le temps individuel est soumis à des attributions*, à des modelages, à des incitations selon les investissements sociaux escomptés. Les catégorisations sociales influencent et découpent la gestion du temps : des conflits surviennent entre ces divers temps et avec les tentatives individuelles d'autogestion temporelle. Le point de vue individuel est sans cesse « repris » dans le point de mire social, lui-même diversifié, variable : chaque point de vue est un point de convergences et de divergences, de conjonctions et de disjonctions. Les distinctions et les classements du temps d'ordre social et les différenciations individuelles sont parfois concentriques, souvent excentriques, à la rigueur tangentielles ou sécantes. Les temps, pour les sociétés, sont ou bien *des temps utilitaires* ou bien *des temps non utilitaires*: les premiers sont des temps surtout économiques et institutionnels, les seconds englobent les temps des mythes, des religions, des fêtes. On doit ajouter *le temps écologique*, centre des préoccupations actuelles: temps des saisons, des rythmes annuels, temps des exigences des cultures et des conditions planétaires. *Le temps de la vie ménagère et le temps de la vie quotidienne industrielle* présentent des points d'échange: ils se sont constitués en tenant compte l'un de l'autre, le premier du second le plus souvent, puis ils sont entrés parfois en conflit; des fissures et des lézardes apparaissent qui ont des incidences sur la qualité de la vie sociale et aussi individuelle.

Le temps n'est pas une donnée immédiate de la perception, le temps est un produit dont les premiers contours ont été fournis par des éléments extérieurs au temps: le rôle des astres, des interprétations magiques, des divinités, fut certain. Le temps fut et reste un objet partagé par un corps social: produit par lui et pour lui. Le temps est une catégorie culturelle, il en reçoit des attributs selon les interférences de l'acculturation, les variations conceptuelles, les impératifs collectifs. C'est dire que les façons de gérer et de traiter le temps ont varié, varient, continueront de varier. Pour saisir quelques éléments de ces influences entre gestion socio-économique et autogestion du temps nous procèderons en quatre sous-chapitres: 1) le temps: fait socio-économique majeur; 2) la gestion du temps et les faits culturels; 3) limites et possibilités de l'autogestion du temps; 4) de l'inertie du temps ou deuxième variation sur la disponibilité du temps. A chaque palier, le temps nous montrera ses résistances et sa souplesse et suggérera peut-être des ruses pour se laisser apprivoiser autrement qu'en de simples «passe-temps».

8.1. Le temps, fait socio-économique majeur

> « *Le problème du synchronisme nous paraît comme primordial : il ne faut pas laisser le temps détruire l'œuvre du temps. Il ne faut pas non plus forcer le temps* ».
>
> Gaston Bachelard (5, p. 105).

Notre époque contemporaine est l'aboutissement d'une valorisation progressive du temps. Le temps est apparu comme le facteur économique clé. Capitalisme d'abord, Etats socialistes ensuite et Etats du tiers monde enfin, toutes les institutions comptabilisent le temps pour envisager les investissements et en tiennent compte encore pour rentabiliser ces investissements. Le temps ne sert pas seulement de toile de fond, d'invariant sur lequel se déroulent les phénomènes. Le temps n'est pas seulement le cadre-temps dont les repères sont rapportés dans les courbes et diagrammes en abscisses et en ordonnées, servant de paramètres au déroulement des projets envisagés et de mesure pour leur effectuation. Le temps est plus que cela, il est une matière première aussi qui, insérée dans les processus transformationnels et faisant partie de ces processus, permet de fixer la valeur des opérations et devient, en tant que valeur ajoutée, un élément de la marchandise élaborée destinée à la vente. *Le temps* est simultanément du côté des produits confectionnés et du côté de ceux qui les confectionnent, il *représente le système relationnel* leur servant d'infrastructure. Ce temps économique détermine la répartition et l'exercice des pouvoirs et s'accouple avec les temps sociaux et les temps politiques. Les temps de l'homme sont branchés sur ces temps qui les englobent et les régissent par le truchement des temps institutionnels.

Le temps économique s'autodétermine en cycles de croissance, en paliers de progression ou de régression selon les niveaux-repères qui confirment l'expansion ou la récession. Le temps économique est lié au temps financier, temps bancaire des établissements de prêt et de crédit et aussi au temps de la masse monétaire en circulation et aux coordonnées de paiement et d'encaissement entre les divers organismes d'un Etat et entre Etats sur le plan des coopérations internationales. Les corps économiques se constituent en un tout cohérent et établissent des rapports qui leur donnent une identité et des caractéristiques précises avec un système relationnel où figurent la concurrence, la compétition, l'émulation, où entrent en jeu les moyens de lutte et les rapports de force pour «gagner du temps», soit dans la durée des prêts et des emprunts, soit dans les délais de remboursement. Organismes privés et organismes publics ou secteurs différents d'un même service public, participent à cette vie économique qui se déroule dans le temps et manipule du temps pour accroître l'efficacité des opérations entreprises. Des mécanismes d'autorégulation, d'hétéro-régulation régissent ces rapports avec des freinages, des accélérations, des sanctions tacites ou explicites, toute une série de facteurs qui contribuent à faire de ce temps économique une matière d'étude, de difficile connaissance à cause des imprévus, des sursauts, des délais non tenus, des crises... et de l'irréversibilité même du temps qui ne pardonne pas les erreurs. On rencontre des périodes d'inflation temporelle et des périodes de déflation qui concernent les hommes et leur propre temps, car personne n'est à l'abri de ces à-coups du temps économique. Temps de travail et temps de la vie quotidienne sont inféodés par des rapports de subordination aux temps économiques qui décident, en dernier ressort, des aspects quantitatifs de leur relation (longueur ou durée du temps de travail et du temps de non-travail) mais aussi de leur valeur qualitative intrinsèque (rémunération réelle du temps de travail et latitude d'utilisation du temps de non-travail selon le coût de la vie).

L'économique est repris dans le social tout en le conditionnant, mais en partie seulement. On sait que rapports de production et rapports sociaux ne sont pas synonymes. Disons que la conjoncture économique donne au monde social une certaine «coloration» et qu'elle influe surtout sur les possibilités réelles des organisations sociales: leurs budgets et leur liberté de manœuvre. En période de disette ou de crise tout devient étriqué, le temps est compté chichement, et, s'il y en a trop, on n'a pas de quoi le remplir. *Avec l'expansion*, les temps s'accélèrent, se ramifient, sont distribués avec largesse. Il y a une sorte de proportion inversée d'ailleurs. En phase expansive le temps de travail peut être plus long, plus dense et mieux rémunéré, alors que le temps de non-travail est peut-être plus réduit mais densifié par la qualité de ce qu'on peut en faire et de ce qu'on peut mettre dedans. En *période de dépression* économique les liens sociaux se relâchent, l'inhibition gagne tout et tout le monde; le temps languit, inemployé; mal employé: le temps de travail est réduit et moins rémunéré, le temps de non-travail s'allonge mais on ne sait plus quoi mettre dedans. Les usages sociaux du temps varient selon les impératifs économiques et selon les possibilités financières disponibles. Le temps est guidé par les niveaux économiques qui structurent une société: des catégories se dessinent avec des périodes temporelles de «transition» ou de «passage», selon les phases de croissance/décroissance.

Les formes de vie sociale peuvent échapper — du moins en partie, ou pendant un certain temps — aux impératifs économiques. Des groupes, des clans, des associations continuent à fonctionner «invariablement», comme de manière immobile; elles constituent des enclaves quasi statiques où le temps bouge peu ou à peine : ce sont des groupes «atopiques» qui se créent leur espace d'évolution et sont régis par des lois strictes. On pense à certaines familles de la «bourgeoisie», économiquement déchues, chez lesquelles les structures internes restent cohérentes par un appel à l'austérité et à la fermeture. Telles ces familles qui partaient soi-disant en vacances au petit jour... rentraient à la nuit tombée pour vivre enfermées tout un mois d'été, les volets clos, et ressortaient au bon moment pour «rentrer de vacances»... Jeu social bien suivi et respecté de tous. Par contre, dans une situation financière facile, des groupes se désagrègent, se dissolvent, perdent toute référence. Le temps s'arrête et se concentre pour les uns, se disperse et se perd pour les autres... petits exemples et graves conséquences.

Mais le socio-économique est «coiffé» par le politique et l'institutionnel. Les «pouvoirs» étatiques, régionaux, supra-nationaux, exercent leurs pressions, décident et dirigent. Les concentrations des pouvoirs ont toujours tenté les hommes. Créer des empires, subordonner les autres, les petits, les amoindris à un pouvoir central, reste la tentation constamment reproduite au cours de l'histoire. Le temps est alors soumis et aligné selon les plans et les investissements des détenteurs du pouvoir. Le temps demande alors à être «rationnalisé», chacun doit se construire, dans sa tête et dans son cercle d'action un petit système «intériorisé» qui épouse les paramètres temporels du licite et du possible. Se créent ainsi des périodisations et des rythmiques qui souvent coopèrent et s'harmonisent et souvent aussi entrent en conflit ouvert. Ces oppositions entre les organisations politiques et syndicales, entre les «gangs», entre les marginaux, les hors-la-loi et les forces de l'ordre... créent des temporalités différentes qui se croisent, se jouxtent, s'utilisent réciproquement, arrêtent le temps (grèves), mettent le temps hors jeu (révoltes, enlèvements, rapts, délinquence de toute sorte), durcissent le temps et les jours (fascisme, réclusions, camps de concentration...), mettent le temps au désarroi (violences, guerres). D'où effort pour introduire une *gestion du temps* par des ententes, des conventions, des pactes, des traités, des consensus, des accords, plus ou moins durables, plus ou moins sérieux... avec des «systèmes-passoires» qui laissent passer le «bon temps» pour les uns et stoppent toute gratification temporelle pour les autres... Car la *gestion du temps semble davantage liée aux dimensions culturelles et aux idéologies qu'aux données strictement matérielles de la réalité.* C'est que le temps entre en jeu simultanément, au niveau des infrastructures et des superstructures — selon une certaine dichotomie. Le temps de production participe à la constitution des infrastructures et le temps de non-travail dépend des directions suprastructurales. Aussi le temps à soi ne le sera-t-il vraiment pour l'homme que dans une dimension de disponibilité personnellement acquise, comme nous le suggérions plus haut. Il s'agit de monter un dispositif mental et pratique qui permette au temps de prendre une direction récurrente afin que ce même temps à soi se «relève» (revienne sur lui-même) en se ré-affectant et se ré-appropriant pour devenir un temps «pour soi».

8.2. Gestion du temps et dimensions culturelles

B.L. Whorf comme E. Sapir, entre autres, admettaient des liens étroits entre les faits linguistiques et les faits culturels et entre ces deux composants et le temps: la façon de considérer le temps, de le traiter, de le produire. B.L. Whorf défendait l'existence d'un «cryptotype» implicite, ensemble discursif caché, occulté, propre à chacun et un «phénotype», catégorie linguistique explicite, dominant dans la phrase (cf. 1, pp. 57-69, «Catégories grammaticales», texte de 1937). Les «modèles mentaux» semblent donc soumis aux modèles linguistiques ou mieux «langagiers» puisque comme l'explicite B.L. Whorf, «ce sont les phrases et non les mots qui forment l'essence du discours...» (1, p. 204). A quoi il convient d'adjoindre ces propos de E. Sapir: «Les êtres humains ne vivent pas uniquement dans le monde objectif ni dans le monde des activités sociales tel qu'on se le représente habituellement, mais ils sont en grande partie conditionnés par la langue particulière qui est devenue le moyen d'expression de leur société... La vérité est que le «monde réel» est dans une large mesure édifié inconsciemment sur les habitudes du langage du groupe...» (cité par B.L. Whorf 1, p. 71). C'est dire que le temps, fonction récente et fragile, est étroitement relié à ces pratiques langagières et culturelles et que la question de *la gestion du temps* doit nous inviter à évoquer — de façon très sommaire certes — ce qu'on entend par *«mentalité»* et *«évolution des mentalités»*.

On entend par mentalité «un ensemble de croyances, d'idées, de coutumes caractérisant une société déterminée; manière de penser d'un groupe humain» (Lexis). J. Le Goff nous a déjà expliqué les difficultés relationnelles entre le temps théologique des clercs d'Eglise et le temps des marchands. Il signale en se référant au «Moyen Age»: «Sans doute la mentalité est ce qui change le plus lentement dans les sociétés et les civilisations — mais force lui est bien de suivre, malgré ses résistances, ses retards, ses décalages, de s'adapter aux transformations des infrastructures» (2, p. 91). Il peut décrire, dans la société médiévale, une tripartition en guerriers, clercs et *laboratores*, mais ces travailleurs ne le sont pas n'importe où ni en faisant n'importe quoi. Une gestion du temps de travail est réglementée par l'Eglise selon une pratique du «negotium» et de «l'otium» qui pousse, pendant une période, à favoriser la vie contemplative aux dépens de l'extension des métiers. J. Le Goff dans son texte sur «Métiers licites et métiers illicites dans l'Occident médiéval» (2, pp. 91-107), décrit toute une hiérarchie entre métiers interdits, occupations deshonnêtes et professions méprisées qui correspond à une manière de gérer le temps de travail en fonction du poids des mentalités et avant tout des mentalités de l'Eglise. Avant que le travail ne devienne «mérite» il faut attendre longtemps. On sait que, chez les Grecs, seuls les esclaves travaillaient... et que ce sera surtout le Protestantisme — selon le sociologue Weber — qui, faisant du travail un devoir, contribuera à constituer le capitalisme moderne. «Mais les décalages des mentalités par rapport à l'évolution matérielle, ajoute Le Goff (dans un autre texte «Travail, techniques et artisans dans les systèmes de valeur du Haut Moyen-Age»), la spécificité des mécanismes de justification idéologique, font de cette recherche un observatoire privilégié pour l'étude des rapports entre l'histoire des idées et des mentalités et celle de la vie économique et sociale» (2, p. 115). De «l'homme condamné par le péché originel au travail comme châtiment et pénitence» (2, p. 144) à l'homme de la libre-entreprise où le travail aura valeur en lui-même et pour lui-même, l'évolution aura été longue. On trouve des remarques analogues à l'égard du monde paysan et rural, travailleurs en général méprisés, moqués, villipendés, jusqu'à il y a peu... «Libre ou non libre, le paysan du Haut Moyen-Age est profondément méprisé... (et ce qui est piquant) il faut attendre le XIIIe siècle pour que l'Eglise canonise un paysan, pour qu'il y ait un saint, paysan» (2, p. 137).

En s'octroyant la liberté de faire un bond dans l'histoire, on pourrait aborder le problème très actuel de *l'absentéisme et des congés pour cause de maladie* qui sont en étroit rapport avec la gestion du temps. Des hypothèses sont avancées et des calculs entrepris pour savoir les périodes de l'année où les «congés» vont survenir et les statistiques prévisionnelles semblent avoir parfois raison. Question délicate qui est certainement le reflet d'une confluence des mentalités, des prégnances culturelles, des conditions de vie, des habitudes sociales et — de temps en temps — «d'une véritable maladie». En appuyant sur le terme «véritable» nous ne voulons pas suggérer que les maladies invoquées soient fausses. A côté des maladies «diplomatiques» et des certificats dits de complaisance (plus rares qu'on ne le dit) il existe *une morbidité réelle* qui s'accroît tous les jours. Cette morbidité, fonctionnelle pour les uns, psychosomatique pour d'autres, semble s'élaborer en tout cas sous la pression temporelle exogène et sous les interférences d'une double gestion du temps, par les institutions et par le sujet. Mais les nuisances du temps ne sont pas appréciables de façon directe. Une approche comparative s'impose pour saisir la possible réalité, entre «ce qui est dit» et «ce qui est observé», entre «ce qui est dit» et «ce qui est fait», entre «ce qui se fait» et «ce qui s'en dit», enfin, «ce qui est dit à autrui» et «ce qui est dit à soi-même» et pour essayer de déceler, dans le dédale des commentaires, le non-dit, le présupposé, les sous-entendus... *Le sujet est individuellement insaisissable.* On se trouve au carrefour d'énonciations diverses et de propos énonciatifs de toutes sortes. Qui nomme? Qui distribue les nominations? Comment concilier la façon encore vivace de vivre le temps d'autrefois et les manières de vivre le maintenant? Quel accueil, la société réserve-t-elle au temps individuel, à l'emploi de ce temps, à une distribution temporelle hiérarchisée? Les relations sociales (inter-groupes mais aussi intra-groupales) sont-elles capables de respecter les singularités et les originalités? Quel degré de tolérance est possible vis-à-vis des temps nouveaux? Au sein même d'une famille, comment interviennent les plus âgés sur les plus jeunes et comment sont accueillis ou refusés ceux qui sont déjà moins jeunes? Questions en vrac qui restent sans réelle réponse mais qui rendent évident ce fait que la *gestion du temps n'est pas un mythe et qu'elle est étroitement soumise à l'histoire des mentalités, des cultures, des idéologies.*

Peut-on suggérer que de toute façon une relation s'établit entre le temps de chacun et les temps conceptualisés de la société et des institutions? Il se dégage ainsi une réponse individuelle qui peut traduire soit *une soumission* au temps exercé par le pouvoir, soit *une acceptation* concertée et reconnue telle, soit une sorte de *transcription* du temps du pouvoir en temps à soi par le truchement des énonciations, soit *un rejet* du temps du pouvoir avec marginalisation, révolte ou refus de travail. Ces réponses appartiennent plus à l'environnement qui tient ses sujets dans son réseau de messages et d'actions qu'aux individus eux-mêmes. Il resterait à examiner si, dans cette hétéro-gestion, il y a place et avec quel degré de compatibilité pour une autogestion du temps.

8.3. Autogestion du temps: limites, possibilités

« L'ordre domine la durée ».

Bachelard G. (5, p. 73).

A première vue, les temps humains semblent tellement imbriqués dans les temps économiques et sociaux que seules *des relations d'inclusion* semblent possibles. Le temps est l'axe d'organisation du système «homme», système ouvert avec des entrées et des sorties sur l'écosystème. Les niveaux d'organisation, les finalités poursuivies et les effets rétroactifs ne sont pas toujours évidents. L'homme est pressé, il veut aller vite, de plus en plus vite, avoir tout et tout de suite, sans toujours élaborer une perspective de long cours et prendre en charge les retombées de son action. Une articulation minimale des projets et des actions exige que soient respectées:

1. *une finalité* se développant à un niveau donné en fonction du niveau supérieur;
2. *des contraintes* car chaque niveau atteint réduit les possibilités de choix dans les niveaux inférieurs; on ne peut tout conserver ni tout actualiser;
3. *les rétroactions* car le maintien de la structure d'un sous-système dépend des autres ainsi que du système englobant.

Des conflits surviennent cependant entre le temps économique et le temps écologique qui atteignent l'homme dans sa vivante singularité. Ivan Illich a suffisamment développé des exemples connus de tous. Celui de l'automobile; faut-il utiliser les automobiles qui supposent une consommation d'énergie sous forme de journées de travail et une consommation de carburant et d'oxygène, ce qui réduit d'autant la vie des êtres vivants sur la terre ou bien plutôt utiliser la bicyclette qui, tout en contribuant au bien-être physique de chacun consomme très peu d'énergie et ne pollue pratiquement pas... Entre la vitesse et l'énergie une course est déclenchée et nous assistons aux premières escarmouches... car *les sources d'énergie ne sont pas inépuisables* non plus que l'oxygène de la biosphère fabriqué il y a quelques milliards d'années par des bactéries et mal renouvelé à cause de la suppression progressive de toutes les taches vertes du globe. Et l'homme est pris dans ce labyrinthe de l'antinomie des temporalités sans pouvoir toujours décider et surtout pondérer les besoins qui sans cesse en lui se créent sous l'injonction des imitations sociales et des slogans publicitaires. Ecologie, économie, politique, sociétés, fonctionnent *selon des temporalités empiriques* auxquelles l'homme ne peut se référer qu'abstraitement, partiellement et dans l'à-peu-près. D'autant que les échos ne parviennent pas identiques à chacun selon les réelles possibilités d'action, de demande et de satisfaction potentielle. Il existe une inégalité dans les appréciations, les dispositions affectives, les exécutions, les décisions, les résultats escomptés, les effets obtenus. Alors que la matière physique nous propose *des temps et des durées fixes* (la durée d'irradiation d'un corps élémentaire, radium par exemple, est fixe et connue indépendamment des circonstances ambiantales) et que *les horloges atomiques* ont réduit la variance horaire à l'insignifiance, l'incertitude, l'à-peu-près, l'empirie, une multitude d'imprévus règnent dans les «sciences de l'homme» et président aux éventuelles décisions dont l'homme serait capable. Et pourtant tout ce qui a été fait et obtenu depuis les temps les plus reculés, résulte de l'action humaine; les équilibres réalisés ne se sont pas dégagés d'un équilibre idyllique, «tombé tout prêt du ciel», ils ont été et demeurent le fait d'une construction et d'une reconstruction incessamment recommencée. Si tout ne peut être contrôlé, *une relative gestion reste en vigueur* et il est souhaitable que dans *le temps institutionnalisé* une ouverture soit aménagée pour les individus en tenant compte de *l'accroissement exponentiel des désirs et des possibilités de les satisfaire.*

Sur les plans médical et psychopathologique, il est permis d'avancer quelques indications; on peut les résumer en quatre points:

1. Il semble nocif d'avancer l'âge de l'inactivité sauf pour les travaux pénibles; il est souhaitable de préparer la retraite par des horaires progressivement moins longs, la mise à la retraite pourrait osciller dans une échelle d'âge permettant réellement la retraite «à la carte». Il semble d'ailleurs que les avis du corps médical aillent en ce sens partout.

2. L'étalement des congés annuels ne peut être le fait d'un simple décret mais doit tenir compte de la réalité de la vie scolaire de façon impérative et aussi des conditions d'accueil sur les lieux de vacances.

3. La longueur hebdomadaire du travail bénéficierait d'un non-dépassement des 35 heures, considérées désormais comme un maximum. Une tranche de 48 heures consécutives de non-travail reste absolument nécessaire. Sur la durée quotidienne du travail, des vœux pourraient être formulés pour la limiter progressivement à six ou à sept heures avec possibilité d'une alternance en deux tranches de façon à obtenir une demi-journée réelle «libre». La pause repas est fonction du régime alimentaire: elle pourrait être plus courte comme cela existe en d'autres pays en favorisant des repas plus solides avant et après le travail.

Chacun sait que beaucoup d'heures de présence dans certains emplois sont des «heures bidon» et que les horaires pourraient être comprimés dans une même journée sans créer de nuisances, bien au contraire.

4. Il s'agit de gagner du temps de non-travail mais aussi d'organiser ce temps destiné aux loisirs. Dans ce domaine une «formation» dispensée par les institutions paraît souhaitable: nous disons «formation» pour apprendre à mieux faire et pour connaître l'éventail des possibilités et non pas obligation. Eclairer pour permettre de mieux choisir car les loisirs ne s'improvisent pas. Il en découlerait une meilleure adhésion au travail et une utilisation du temps de non-travail plus approfondie. *L'allongement constant de la durée de la vie* exige d'ailleurs qu'une mise en forme des loisirs s'oriente vers un réel rendement positif mesurable, lui, en heures de détente, de rire, de joie et de tout ce qui est susceptible d'accroître le jouir humain, véritable rempart contre la morbidité dite «fonctionnelle» et contre les troubles de la sphère psychopathologique.

Le terme d'autogestion présente au moins un double sens. Celui d'une participation au niveau des collectivités, au choix des décisions; ce qui, il faut bien le dire, n'existe nulle part de façon complète, du moins à large échelle, même dans les économies dites socialistes. Le deuxième sens vise la gestion individuelle. L'une et l'autre ne sont pas liées et, alors que la première reste encore utopique ou du moins à conquérir, la deuxième peut devenir une réalité tout de suite. Les Grecs, Epicure, les Stoïciens, militaient déjà pour une autarcie relative. Dans la sphère individuelle l'autogestion est possible: en prenant en charge le poids du socio-économique et de l'institutionnel, pour être un citoyen à part entière et en apprenant à décrypter les instances énonciatives qui traversent chaque sujet, mais aussi en entreprenant la conquête de la disponibilité du temps dont il faut vaincre d'abord l'inertie.

8.4. De l'inertie du temps ou deuxième variation sur la disponibilité du temps

> *« Ce sera donc comme hier, comme avant-hier, ou à peu près: à quelques minutes près les mêmes gestes, les mêmes regards; à quelques mètres près les mêmes démarches, les mêmes retraites, les mêmes chassés-croisés ».*
>
> Claude Ollier.

Le pesanteur administrative, la raideur des lois et des programmes établis, les exigences économiques, l'impératif des institutions, le poids des coutumes, des traditions, des habitudes, toute la sphère «sociétale» enrégimente le temps-cadre fait précisément pour encadrer, encercler, assoupir, endormir, former des appareils et des systèmes qui se répètent, se font écho, ont tendance à se pérenniser, à se fossiliser. L'individu lui-même, pris dans cet univers, disons pour simplifier kafkaïen, erre en lui-même et hors de lui-même comme Joseph K. dans les réseaux parajuridiques de la ville où il est le sujet du Procès... ou comme K. le Héros du Château, arpenteur sans occupations, qui arpente le village subordonné à cet hypothétique château où il ne pourra jamais se rendre sans pouvoir non plus jamais quitter ce lieu... Le temps chronique, temps spatialisé, subit une «coagulation» intratemporelle qui favorise une stase et une inhibition; et même s'il donne l'impression de passer trop vite, allant jusqu'à donner le vertige, les hommes peuvent rester éloignés d'eux-mêmes, comme glacés dans l'inertie de leur propre temps. Le temps sédimente et s'accumule pour faire histoire et nous nous racontons sans cesse les histoires qui nous concernent dans cette histoire. Le temps s'accumule en ensembles identitaires, en grappes collantes qui adhèrent et se figent... si on n'y prend garde et si on n'apprend pas à déceler et à écouter le temps produit en soi et hors de soi, par soi, pour qu'il devienne pour soi. Ce temps productif est fait de ruptures qui inquiètent et d'événements qui surprennent. Une attention est nécessaire pour le saisir dans ses vibrations les plus légères. Ce moment-là est unique et décisif, moment où le temps peut être «relevé» en lui-même, c'est-à-dire repris (Aufhebung) dans son point créateur, tout en se maintenant dans son «maintenant»... Le présent du temps se densifie alors: il peut se peupler et s'enrichir. Le temps abandonne la voie d'un «passer passif» vers l'inertie, vers la dissolution dans la négativité.

Si l'on ne peut supprimer le passé — on sait combien la célèbre formule «du passé faisons table rase» n'a pu rester qu'une idéologique formule — on peut en modifier le sens, ré-orienter son contenu, le ré-utiliser autrement. Pour cela, le travail sur le temps présent à soi est indispensable non seulement pour le rendre souple, malléable et léger mais aussi et surtout pour le «suivre» dans ses ruptures, dans ses alternatives, dans toutes les fantaisies où il refuse de rejoindre l'histoire et de s'incliner pour ne ressembler qu'à lui-même. En cela nous évoquerons C. Castoriadis pour qui «le temps est auto-altération de ce qui est, qui n'est que pour autant qu'il est à être» (4, p. 263). Le temps doit constamment gagner cet état de disponibilité et le maintenir dans ses auto-altérations. Ce temps de l'altération-altérité s'ouvre dans ses différences, se creuse dans ses écarts, glisse et bondit sans se consumer ni s'agglutiner; il est porteur d'étonnement, d'éveil, de singularités effrayantes parfois mais aussi des paroles les plus douces et des affects les plus subtils. C'est le temps vivant des créations qui a déjà fait que de l'homo habilis à l'homme d'aujourd'hui, tant de transformations et tant d'inventions aient été accomplies. C'est sa constante disponibilité — dans l'accélération et la vitesse cependant — qui augure — dans le présent maintenu, œuvré, voulu — de sa possible continuité.

Conclusion

Gestion et autogestion du temps sont des conduites qui appartiennent à une économie du temps; permettant aux temps de la vie et aux temps de travail de cohabiter et parfois de vivre en harmonie. Aucun individu n'est libre ni de lui-même ni de son temps. Mais des aménagements sont possibles: des oasis émergent dans les limites du désert. Deux attitudes premières paraissent nécessaires. D'abord apprendre à dessiller les yeux pour repérer *ces productions imaginaires* qui s'offrent à chacun, qu'elles soient en provenance du monde socio-institutionnel qui les «suggère» ou qu'elles soient issues de la propre activité psychologique subjective. Ensuite, *s'ingénier à décrypter le fonctionnement du temps*, isoler ce qui appartient au temps chronologique chronique, au cadre-temps qui pose des compartiments, des frontières, des limites à ne pas dépasser. C'est dans ce champ balisé que chacun peut faire «pousser» son temps à soi, le suivre attentivement, en apprenant à le cultiver et à le chérir dans ses bondissements, ses imprévus, ses événements, son éventuelle insécurité, ses changements brusques et effrayants, son incessante altération et son irréversible altérité. Ce temps intensif est porteur d'aventures, c'est en lui que la disponibilité se singularise et nous permet d'adhérer à nous-mêmes pour rendre la vie effective dans ses réalisations et dans la jouissance d'elle-même.

Bibliographie

(1) WHORF B.L., Linguistique et anthropologie, Denoël-Médiations, n° 90, Gonthier, 1971.
(2) Le GOFF J., Pour un autre Moyen-Age; Temps, travail et culture en Occident, 18 essais, Gallimard 1977.
(3) OLLIE Claude, Le Maintien de l'ordre, Gallimard, 1961.
(4) CASTORIADIS C., L'institution imaginaire de la société, Le Seuil, 1975.
(5) BACHELARD G., La dialectique de la durée, P.U.F., 1950 (1ʳᵉ éd. 1936).

Chapitre 9
Du bon usage du temps et des maladies du temps

> « *Penser l'être et le temps, c'est penser la pensée la plus difficile de la philosophie, à savoir l'être en tant que temps* ».
>
> Reiner Schürmann (1, p. 263).

Depuis toujours le travail est source d'un avoir, à la fois pour soi et pour la collectivité. Le travail « en soi » aide à passer le temps et fait que le temps passe. C'est donc un moyen aussi de combattre le vide du temps tout en tirant de ce temps un bénéfice direct. Nous nous trouvons encore ici à l'orée de plusieurs temporalités. Le travail représente encore pour beaucoup de gens un levier efficace pour empêcher l'ennui, s'oublier dans l'activité tout en attendant — lorsque cela est le cas — des temps meilleurs. Toute une civilisation du travail, toute une morale pourrait-on dire, a prêté au travail des vertus positives : pendant des lustres, être occupé permettait non seulement de bien passer le temps mais de bien l'utiliser et d'en faire, sans hésitation aucune, l'usage le meilleur. Du moins les gens le croyaient et leur genre de vie le leur confirmait. Puis « les temps ont changé », des repos et des pauses sont intervenus dans le *temps plein du travail*. *Des temps vides* d'occupations, un « otium » concerté est devenu compatible avec le « negotium ». Aux repos consacrés, aux fêtes liturgiques et aux festivités des rituels sacrés, s'est joint le repos dominical obligatoire (très récemment en réalité, en France la loi date de 1906) puis la semaine anglaise et enfin les congés payés. Au cours de ces dernières décennies la plupart des travailleurs ont eu accès à un temps sans travail, *temps vide* qui semblait pouvoir donner naissance à ce qu'on a peut-être appelé un peu trop tôt, la civilisation des loisirs. En effet, nous avons déjà introduit ces commentaires, à savoir que si les revendications ouvrières ont obtenu un élargissement du temps de non-travail, ce n'est pas pour autant que ce temps s'est transformé en temps disponible et qu'il a acquis le titre de *temps plein de loisirs*. Si le temps de travail reste *un temps dur*, le temps de non-travail est encore parfois *un temps mou* et si une attitude directe ou indirecte de rejet se manifeste ici et là à l'égard du travail — qui a perdu pour beaucoup ses vertus morales et constructives — une attirance ferme vers des loisirs actifs ne l'a pas encore remplacé. Le temps inemployé ou mal employé n'est peut-être pas du «temps perdu» mais c'est souvent un temps nonchalant, amolli, ouvert à toutes les scories et ces déviations qui finissent par se situer en hors-temps. Il est curieux de constater qu'alors que le temps de travail s'est durci dans sa densité avec accroissement de la productivité (quantité de produits par unité de temps), le temps de non-travail n'a pas parallèlement, comme on aurait pu s'y attendre, gagné en densité pour accroître aussi quantitativement et surtout qualitativement les loisirs de ce temps en activités ludiques, culturelles et réjouissances de toute sorte. Un premier problème ressort de cette «équation» qui ne s'explique pas seulement comme nous le disait W. Grossin par le fait que les temps imposés dans les régimes de travail en vigueur désorganisent aussi les temps restés inoccupés ou, comme le prétendent de façon péremptoire certaines instances politico-syndicales, par l'insuffisance de moyens matériels à elle seule. *Les notions du bon usage ou du mésusage du temps semblent plus complexes.*

Le temps suscite bien des questionnements et invite à s'interroger sur les façons de le traiter soit pour le faire passer comme un simple «passe-temps» ce que le temps n'apprécie pas toujours, soit pour que «les passe-temps» soient fertiles ce qui nourrit mieux le temps et l'institue davantage en lui-même. Le temps n'est pas une matière inerte et passive, il sait nous payer de retour lorsqu'il se sent traité avec déférence, un certain respect et même avec considération. Les choses ont le prix qu'on leur donne. Aussi allons-nous, non pas établir un catalogue de recettes pour bien user du temps — il n'y pas de recettes, pas plus que de miracles — pour apprendre l'art de vivre, mais nous essayer à repérer les nœuds qui empêchent le temps de couler et ébaucher les sentiers d'une cartographie temporelle qui puisse à la fois nous aider à le bien traiter et l'aider à nous rejoindre *afin que les actes, les choses et le temps coïncident*. Très naturellement les deux premiers points porteront sur les «espoirs» du temps et ses «désespoirs». En entracte, les arrêts «facultatifs» du temps formant ces amas qui engendrent monotonie et ennui. Viendra ensuite la troisième et dernière variation sur la disponibilité du temps qui achèvera ici sa thématique sur le bon usage et le mésusage du temps. En guise de pré-conclusion, allusion sera faite aux écrits de G. Bataille sur «l'improductivité et la part maudite»... Et pour finir, le point non final conclura sur le point crucial du désir du temps et la force du présent couronné ou non couronné de son attente: le plaisir.

9.1. L'espoir et l'espérance sont-ils les guets-apens du temps?

Le présent du temps est court, il passe vite; à peine arrivé, il est consommé et déjà disparu... parfois il n'en reste rien. Seuls le travail effectué, le plaisir pris, la peine endurée témoignent de son passage fugace. Le présent s'incruste dans les conduites et dans les œuvres lorsque les hommes se joignent au temps pour être davantage eux-mêmes et mettre aussi le temps dans ce qu'ils font afin que l'effectué demeure et assume une pérennité. Mais depuis combien de temps précisément l'homme est-il maître — non pas du temps, cela est difficile — mais de ses actes et de ses conduites pour les transformer en œuvres et en réalités historiques? L'homme a appris, bien sûr, qu'il faisait partie d'un tout, d'une société, d'un ensemble peuplé, d'un pays ou d'un royaume et que par là ses actions étaient totalisantes et totalisées dans l'œuvre commune. Ce «on dit» ou «on a dit» ne fut pas évident et ne l'est pas encore, sauf peut-être dans ces lieux où l'effort individuel n'est qu'un fragment de l'effort collectif et encore faudrait-il pouvoir explorer les consciences individuelles pour connaître, au niveau des sentiments vécus et de l'éprouvé vital, le degré réel de participation et de satisfaction. Comment l'individu se sent-il concerné par ce qui est commun, le bien public, ce qui appartient théoriquement à tous? On bute là sur une abstraction qui a demandé un certain progrès de la conscience et une architectonisation déjà évoluée de l'outillage mental. La notion de «conscience individuelle» est récente, elle ne débute sérieusement guère avant le christianisme: on retrouve des traces en Inde, en Grèce et encore ailleurs... mais pour être bref, disons que c'est le mouvement chrétien qui lui a donné l'impulsion décisive. Et ce qui est intéressant à retenir c'est que parallèlement l'individu se sent fondu dans une communauté: l'un et l'ensemble cheminent de concert. Si les liens terrestres ne sont pas toujours solides, l'idéologie religieuse bénéficie d'une visée, d'une perspective à long cours, atteindre — et attendre — le royaume de Dieu. Toute une dogmatique s'élabore pour rassurer, faire prendre patience, aider à souffrir en silence, dans l'attente d'une autre vie... Les derniers, ici-bas, seront les premiers dans le royaume des cieux... et, si la mort survient, la résurrection finale réunira heureusement tout le monde... Déjà le monde juif attendait la terre promise... Mais grâce à l'univers romain et à l'appareil conceptuel que ceux-ci héritèrent des Grecs, la civilisation chrétienne étend son empire en Occident et continue à nous concerner tous...

Ce raccourci rétrospectif pour placer deux notions. D'une part la mise en forme des consciences et l'apprentissage d'un type de discours orienté vers l'avenir et l'au-delà de cet avenir tout en minimisant l'impact du présent et en glissant sur lui. D'autre part la naissance d'un *immense espoir*, d'une *attente organisée*, modèle mental premier de ce qui continuera à servir le futur et les autres *formes d'espoir* qui s'y greffent. Cette hypothèse d'ailleurs n'est pas absolument nécessaire à ce développement, mais elle est à signaler pour marquer l'importance d'*un référent*, modulant l'avenir sur l'espoir, sorte d'hypothèque sur le futur, modèle de fonctionnement psychologique constamment repris par les idéologies religieuses et politiques qui se sont depuis succédées et qui continuent... Le paradis est toujours pour demain; qu'il soit idyllique ou terrestre, il s'agit d'accepter le présent étriqué ou en lutte pour bâtir «les lendemains qui chantent»... Cet arrière-fond conceptuel sur lequel fonctionne *l'espoir* repose sur des catégories grammaticales, syntaxiques et sémantiques *d'un langage* ainsi constitué depuis Aristote (pour fixer encore une autre référence), une *certaine logique* causaliste et linéaire où les explications sont toujours élémentaires, et surtout sur *une totale méconnaissance de ce qu'est le temps et de ce que représentent ses pouvoirs créateurs*. En attirant le temps indéfiniment au-devant de soi et au-devant du présent, on rend le temps inutilisable: le temps subit un tel allongement qu'il se fait inconsistant et à la limite de plus en plus rare: on finit par vivre avec le temps offert par les autres, s'appuyant uniquement sur des croyances et sur ce qui est généreusement prêté au futur. Le temps ainsi hypothéqué ne peut que se rétrécir dans son présent: on finit par lâcher la proie pour l'ombre dirait le langage populaire. Mais dira-t-on, devant un présent contrariant et contrarié, offrant peu de gratifications immédiates, n'est-il pas bon de pouvoir espérer? «Le charme du temps — dit V. Jankélévitch — est le piège du temps, il germe dans le présent et il fleurit au passé» (2, p. 304). En effet l'attractif du temps à venir, les charmes qu'il semble offrir, les espoirs qu'il fait naître on ne les cueille qu'une fois le temps passé, mais en participant à ce passage activement. Cet aspect du temps reste beaucoup trop ignoré et passé sous silence: le temps n'est effectif pour chacun que si chacun le fait effectivement passer en le remplissant d'actes quels qu'ils soient et en produisant ce temps. Une attitude active à l'égard du temps est indispensable pour le marquer dans sa surrection sinon le temps qui s'écoule n'est que le temps du calendrier, le temps-cadre exogène mesuré et subjectivé qui reste, comme tel, du temps chronique.

L'espoir ne fait que greffer l'évolution humaine sur le temps chronique et néglige le présent du temps intensif qui est la seule forme du temps sur laquelle il est possible d'exercer une action pour le transformer. La nécessité se fait jour donc de séparer et de différencier ces temporalités pour prendre possession du temps productif ou temps à soi face au temps chronique et ensuite de *bâtir par un double processus parallèle le temps à soi tout en assurant son adéquation permanente avec le temps chronique.* Car si *cette double articulation* ne s'affirme pas jour après jour, nous aurons des schizations temporelles avec les discordances bien connues où le temps chronique apparaît comme figé alors que le temps productif, le temps à soi, le temps intensif créateur suit son propre cours, le long d'un trajet *désorbité*: c'est du «*temps fou*». A cette limite extrême font pendant les désordres moins sévères mais où toujours l'apparente chaleur de l'espoir — qui n'est qu'une «complaisance à l'irréversible» selon V. Jankélévitch (2, p. 124) — s'aligne sur le seul temps chronique tout en paralysant l'activité élaboratrice du temps à soi. Que l'on se fie à la providence, au fatum, au hasard, au destin, à la chance... les simples vœux, les souhaits «les plus chers» ou à toute autre forme linguistique, subjective ou sociale que pourra prendre l'*espoir*, celui-ci conduira à une position de passivité qui hypothèque le temps réel et met en «roue libre» le temps chronique. «Toujours et obstinément, le revenir du devenir nous renvoie — dit V. Jankélévitch — à un devenir du revenir» (2, p. 124).

Autre chose que l'espoir sera *l'espérance, sorte d'attente avancée*, basée sur ce qui est en train de se dérouler. L'espoir à court terme ou *l'espérance encore chevillée au présent se faisant*, permettent souvent une oxygénation de la vie. La dimension d'un pré-futur lève les inquiétudes, soulage l'oppression, libère de l'étouffement et donne au temps, le temps dont il a besoin pour se temporaliser. Si l'espoir à long cours, l'espoir gratuit est un guet-apens pour le temps, l'*espérance concertée et limitée* «est un sentiment qui est un acte» insiste V. Jankélévitch (2, p. 147). Si l'espoir apparaît souvent sinon toujours comme un fol espoir, l'espérance greffée sur l'action en cours, résumant à l'avance avec un degré plus ou moins efficace de certitude les résultats des opérations engagées, fait partie des modalités habituelles à l'homme d'action. A un moment, l'attente s'impose jusqu'à ce que, à la fin du processus, intervienne le «alea jacta est» combiné à une légitime espérance qui devance le temps dans son déroulement, permet de pondérer l'attente tout en se préparant à la probable issue afin de «récupérer» — si cela est encore possible — l'inattendu et d'essayer de parer «les mauvais coups du sort».

Mais si l'espoir qui est toujours vain espoir est à proscrire, l'espérance ne se justifie que si les options ont été formulées et les actions entreprises. L'espérance ne doit pas masquer une paresse vis-à-vis du temps, la remise au lendemain, l'attente imaginaire en un après-demain plus heureux et plus propice... Le courage reste indispensable pour «ferrer» le présent et éviter les découragements. Doit-on dire enfin que la plénitude du présent du temps est la seule façon de permettre au temps de rencontrer *sa chance*? La recherche de la plénitude du présent aiguillonne le temps et le tient prêt pour renouveler cette éventualité. Par contre l'attente hypertrophiée en fol espoir fait naître le désespoir, lorsque le temps se voit frustré de son avenir et déjoué dans son irréversibilité. La position d'espoir vole le temps de sa réelle temporalisation et voue la chronogenèse à une projection imaginaire. Les désespoirs du temps «s'entifieront» en déception, en regret et en nostalgie d'autant plus forts que le temps aura été privé de ses forces vives maintenues telles par ce qui était à faire en son temps.

9.2. Les désespoirs du temps et le temps du désespoir: le regret et la nostalgie

Le regret, c'est le réactif du temps à l'œuvre. Le temps prend un tempo lent et apathique pour être tout rétrospection, garder les yeux fixés en arrière dans l'autrefois et nier, somme toute, le passer du temps. Languir d'un passé révolu n'est pas «rendre hommage au passé»; un tel hommage, le temps se l'attribue lorsque le passé est vraiment passé pour que le temps, n'étant pas retenu, se retrouve entier dans son avenir. Les fausses espérances et les fols espoirs font le lit du regret. «L'irréversible est le rapport d'un regret à une espérance» dit V. Jankélévitch (2, p. 132). L'espérance est prise ici dans ce sens où, engagée contre l'irréversibilité du temps, elle essaie de se cabrer contre lui. L'espérance conservera pour nous cet autre sens d'être une «attente d'espérance»: attitude permettant de s'avancer virtuellement à peine au-devant de l'action en cours du temps présent, tout en en faisant cependant partie et sans vouloir quitter ce présent. Jankélévitch introduit cette précision: «Le regret qui, tirant en arrière, devrait au moins ralentir et même stopper la futurition, le regret qui entrave, retarde et paralyse l'espérance en est paradoxalement le ressort; le regret est l'organe-obstacle de l'espérance...» (2, p. 132). Mais, dira-t-il encore: «Le regret est la désolation de l'espérance, comme l'espérance est la consolation du regret» (2, p. 133). L'alternative du temps est brisée, seul le temps chronique est favorisé et même monstrueusement valorisé dans la mesure où l'on ne pourra que s'en écarter et s'en éloigner sans cesse... D'où «notre *désespoir* est le regret de l'irréversible. Regret de l'irréversible et remords de l'irrévocable ne sont-ils pas les deux faces du malheur d'alternative?» insiste V. Jankélévitch (2, p. 134).

La nostalgie est un regret déguisé, une mélancolie douce-amère, qui pourrait-on dire «*dore la pilule*» au passé du temps pour mieux le cultiver et dérober «en douce» au temps ses atouts vitaux pour qu'il ne puisse plus continuer sa course. Si «Le regret est le sentiment spécifique exhalé par l'irréversible», — dit V. Jankélévitch (2, p. 136) — «il y a nostalgie quand c'est le regret lui-même qui rend le regretté regrettable» (2, p. 286). En effet, dans la nostalgie il y a tentative d'opposition à l'irréversible du temps, non acceptation du passer du temps: refus de produire son propre temps et aussi négativation de l'écoulement du temps, exogène, donné par les horloges. «L'objet de la nostalgie n'est pas tel ou tel passé, mais c'est bien plutôt le fait du passé» précise V. Jankélévitch (2, p. 290). Le noyau nostalgique du temps se rencontre dans le dynamisme réactif de toute dépression, qu'elle soit psychotique ou névrotique. La dépression est conditionnée par l'empire du passé dans sa subversive et tenace malignité. La nostalgie est un mal pernicieux. «La nostalgie n'est donc pas seulement un mal qui a besoin d'un remède, elle est encore l'inquiétude causée par l'insuffisance de ce remède» nous dit V. Jankélévitch (2, p. 292) qui précise encore: «La nostalgie est une mélancolie humaine rendue possible par la conscience, qui est conscience de quelque chose d'autre, conscience d'un ailliers, conscience d'un contraste entre passé et présent, entre présent et futur» (2, p. 180-181). Cette inquiétude aiguë du nostalgique déteint sur tous ses actes et surtout sur sa vie intérieure qui baigne dans la réactivité. Aussi le nostalgique est-il inhibé, paralysé, annihilé coupé de toute une partie de lui-même.

9.3. Le temps à l'arrêt: de la monotonie à l'ennui

Un temps incapable de se projeter et inapte à revivre le passé peut, lorsque le présent piétine, faire du sur place, stationner en quelque sorte. Le temps marque une pause au présent, pause qui reste inutilisée, plus ou moins vide. Cet arrêt du temps n'est ni une attente, ni non plus un morceau du passé qui voudrait perdurer. Les actions continuent leur cours cependant comme cela s'éprouve dans les actes répétés où l'uniformité est telle — une chose ressemblant à l'autre — qu'antécédents et conséquents se confondent... Le temps ne passe pas, donne du moins l'impression de ne pas passer, alors que les actes se succèdent les uns aux autres enchaînés. Les travailleurs occupés par les tâches dites répétitives ou morcelées, connaissent bien ces sentiments d'inexistence du temps. Absorbés dans la succession des gestes, ils sont obligés de négliger la succession du temps. Et le temps les néglige à leur tour puisqu'ils ne peuvent pas le marquer de leur attention. Le temps s'écoule de façon si uniforme et homogène qu'il induit en erreur le plus malin. Et on s'y laisse prendre, et même parfois hypnotiser et endormir. *Le sentiment de monotonie* s'empare de ceux qui, peu à peu vidés de leurs palpitations intimes, ne pouvant faire écho aux incitations à peine perceptibles, se coulent dans l'uniformité. La temporalité est si peu altérée que les tonalités sont toujours les mêmes, les unes aux autres identiques, telle une mélodie étale qui se meurt de languissement par manque de stimulations, par absence de nuances, par privation de la moindre impression jusqu'à ce qu'expire la vie. Ce temps monochronisé, à lui-même isochrone, en synchronie maintenue et uniforme avec les actes et les choses qui en lui se réalisent, est un temps apparemment dévitalisé et à la limite «dévitaliseur». Le sentiment de monotonie se mêle de morosité, de tristesse, et finit par engendrer l'ennui; or, l'ennui fige le temps dans un présent encore plus monochrone, dépourvu de la moindre variation, *suscitant l'impression de vide temporel*. «L'ennui — dit V. Jankélévitch — est vécu plutôt au présent... le temps privilégié de l'ennui est bien ce présent de l'expectative qu'un avenir trop éloigné... a vidé par avance de toute valeur...» (3, p. 7).

Les arrêts inconsidérés du temps ne sont pas toujours des interruptions, il n'y a pas cassure lorsque le fil du temps se maintient dans une chronogenèse à oscillations infimes. Le tempo du temps peut alors être vif ou lent, on ne s'en aperçoit guère. La vitesse peut être rapide et subir des accélérations; si celles-ci et celle-là sont régulières, la régularité s'enregistre dans le temps dans une succession à rythmicité périodicisée de manière uniforme. On observe ces faits lorsque les actes manquent de diversité; les tâches sont alors incapables de se distinguer les unes des autres, d'enclencher des sursauts dans la temporalité. Mais le sentiment du temps peut subir des absences de par lui-même, lorsque subjectivement la vie intérieure et plus particulièrement le langage intérieur se détachent du temps qui passe. La *monotonie* est vécue dans les deux cas comme un manque de variations lié à une sous-stimulation, pouvant se transformer, à partir d'un certain seuil, en inhibition ou en sommeil, voire en perplexe hébétude avec sensations désagréables ou douloureuses et impossibilités de redresser spontanément la situation pour sortir de cet «état». Cette monotonie introduit l'étrangeté en soi-même et facilite ces sortes de «parataxies» de la vie affective, dominées par l'absence de couleurs et de relief.

C'est une sorte de mono-harmonie qui finit par devenir pesante, lourde, pénible à supporter à la limite, et vis-à-vis de laquelle se développe le véritable ennui soit par séries de transitions insensibles, soit par réaction et opposition.

L'ennui est une maladie du temps, toujours au seuil de possibles décompensations. L'ennui n'est pas seulement le manque de plaisirs au sens courant du terme, par absence de diversité, de mouvements alternants et de joie somme toute. Mais l'ennui est aussi un *plaisir particulier* qui finit par se dégager de l'ennui lui-même et envahit les sujets qui l'éprouvent, les paralyse et les fascine pour les conserver dans cette sorte de calme apparent de l'uniformité atone et achrone. *L'ennui est déjà une mini-névrose ou une pré-névrose*. L'ennui exige une prophylaxie, une vigilance, une intervention extérieure éventuelle pour que ceux qui y sombrent puisse s'en dégager. «Parmi les diverses maladies du temps, l'ennui n'est certes pas la plus aiguë — explique V. Jankélévitch — mais c'est la plus commune» (3, p. 71). En effet, l'ennui se tient en plein présent immobile; il ne suscite pas d'agitation comme le fol espoir, ni amertume rageuse comme la nostalgie et le regret. L'ennui est sournois et pernicieux, il pénètre à bas bruit, s'installe et essaie à tout prix de passer inaperçu pour ne pas être chassé, pour s'identifier au temps lui-même et rester là, incrusté, enkysté, jusqu'à ce que le désespoir en naisse et rende la situation affective irréversible. Pour V. Jankélévitch, les causes de l'ennui tiennent à l'inaction, à la monotonie, à la fatigue (3, p. 75) et il apporte cette intéressante précision: «Si la fatigue augmente avec la quantité de l'effort, l'ennui tient plutôt à la *qualité du travail*» (3, p. 79 n.s.). *C'est bien dans le qualitatif que le temps est atteint lorsque la qualité même des actions est en cause*. «L'ennui apparaît quand le dynamisme sans emploi retombe à plat» dit-il encore (3, p. 90). Comme quoi les faux espoirs sont les plus dangereux: on retombe encore plus bas. «La faillite du bonheur — note notre auteur — autrement dit l'ennui, tient avant tout au pourrissement, à l'avachissement de l'instant dans l'intervalle» (3, p. 84). Ce serait là le point-clé du jeu du temps dans l'ennui (et surtout de l'absence de jeu) puisque les instants, dans leur succession, deviennent incapables de respecter la règle de leur articulation et ne pouvant alors sauvegarder les intervalles entre eux finissent par tomber dedans!

L'espoir, le regret, la nostalgie sont des maladies du temps où le temps sort de lui-même sous la pression du temps idéal ou des idéologies du temps. Le temps quitte le temps et appauvrit le présent. Dans la monotonie et l'ennui le temps est là, mais les distorsions sont elles-mêmes intratemporelles du fait d'une uniformité qui rend les moments du temps tous identiques et similaires. Le temps est pris dans le piège des miroirs et des ressemblances. Tant d'uniformité désorganise les moments temporels qui, dans leur ressemblance, ne savent plus se différencier... Voilà le fin fond de la monotonie temporelle: ce sont les différences qui font défaut au temps et celui-ci, privé de son moteur différenciant — de sa volonté de puissance — n'est plus capable de bondir et de vivre... alors que les actes continuent à se faire en lui... sans lui. Le temps est perverti dans l'ennui, alors qu'il est victime d'abandon dans l'espoir, le regret et la nostalgie qui sont autant de perversions du temps. Le temps manque et se manque à lui-même: il est délaissé par le rire et par les débordements de la joie, seuls atouts valables pour réjouir le temps dans sa danse, dans ses bondissements et dans les rebondissements exigés par les altérations du temps afin que celui-ci retombe sur ses pieds. Ces temps pervertis ou victimes des perversions sont sans réel présent. C'est d'un présent vivant qu'il s'agit ici; un présent qui retient juste ce qu'il faut, en lui, le temps pour absorber par re-tention une «larme» du passé et avaler goulûment par pro-tention une «larme» du futur; alors, ce présent bien plein qui «fait le poids», règne sur sa disponibilité. C'est un présent gai et dispos, prêt aux échanges, dans lequel sa volonté de vivre et sa puissance sont enfin en équivalence. L'intervention ne gène pas le présent du temps: sa puissance veut sa volonté comme sa volonté veut sa puissance. Mais encore faut-il que le présent du temps soit bien dans le temps présent: celui du temps à soi dans celui du temps chronique, dans la disponibilité renouvelée, capable, elle d'invertir le perverti, de moduler l'ennui et la peine, la monotonie et l'uniformité. C'est là tout le travail des recommencements du temps dont nous avons encore à surprendre en pleine action les moyens secrets de régulation et d'auto-régulation qui induisent les bons usages, mais aussi les mésusages de la chronogenèse.

9.4. Des bons mélanges du temps, ou troisième variation sur la disponibilité du temps

On s'en sera déjà rendu compte, nous essayons ici, dans une procédure plus explicite, de sauvegarder le temps, de le rendre à lui-même, de militer pour sa disponibilité. Peut-on dire qu'une position anthropologique «authentique» irait jusqu'à réclamer de poser cette science du temps comme minimale exigence? Une telle anthropologie permet en tout cas un renversement et une ouverture. Le renversement vise à décentrer l'homme de sa position-pivot: ce déplacement met en lumière le rôle constitutif du sociétal, des énonciations langagières, du temps qui est une constante équation que chacun doit créer entre ce temps à soi (si difficile à faire naître et à maintenir vivant et vivace) et le temps chronique, ce temps institutionnalisé et distribué avec parcimonie par les horloges, toujours limité, souvent oppressif, parfois répressif. L'ouverture s'installe à partir de ces déplacements, de ces points périphériques et marginaux d'où l'homme peut prendre mesure de lui-même et se regarder évoluer dans un dédoublement concerté. L'homme peut alors acquérir une nouvelle pratique, une façon autre de conduire sa vie et de se conduire dans la vie : il peut dépister les ruses du temps, les contourner, leur donner un rendez-vous approprié, les affronter et les incorporer, « le moment voulu », à « ce temps à soi » en train de devenir « un temps pour soi ». La mise en question première de l'homme en tant que catégorie léguée par le passé, est le fait péremptoire soulevé par l'avènement effectif du présent du temps, puisque chaque présent maintient seul le temps dans son maintenant, faisant ainsi que le temps soit autre, tout en continuant à être le même, ce qui suggère une autre dimension : la nécessité d'*une pensée du temps*. La pensée du temps s'amorce dans la production même du temps, ce qui exige une double affirmation : un oui initial pour l'aider à être, le reconnaître comme tel, et un oui au deuxième degré pour le maintenir tel. La pensée du temps implique ce redoublement qui reproduit le retour éternel du même dans sa « sempiternelle » répétition et pour ce faire, appui est pris sur un processus temporel qui sait se donner le temps à lui-même avec sa propre avancée. Rien n'est gagné d'avance. Rien n'est donné au départ. Rien ne demeure identique et semblable. Tout se renouvelle. Mais tout doit être renouvelé par l'effort des hommes qui marquent le temps de leur griffe pour assurer le maintenir des divers maintenant dans leur succession intra-temporelle. L'homme décentré, re-catégorisé autrement, est seul apte à mener à bien ce travail incessant, à imposer sa signature au présent du temps, marquant ainsi sa double appartenance : *un temps à soi affirmé par le oui initial, un temps pour soi confirmé par le deuxième oui*. Le temps est le fruit de cette double affirmation. Et seule la seconde affirmation accorde le temps avec la place (l'espace) du temps chronique qui lui revient : rencontre indispensable pour que l'ajustement soit et que la disponibilité se poursuive. Le temps se réjouit de ces bons mélanges à la fois intratemporels dans sa succession ordonnée et extra-temporels (par rapport au temps intensif) avec des repères spatiaux et spatio-temporels, soigneusement et minutieusement ordonnancés.

Il est superflu de croire que cette disponibilité du temps puisse survenir en dehors du travail. Le temps appelle à la disponibilité dans le travail et hors du travail. La question est mal posée, lorsque partant d'un sujet-individu à position centrale on avance que sa liberté consisterait à pouvoir faire ce qu'il veut ou ce qui lui passe par la tête... et que la disponibilité du temps se situerait alors en dehors de lui en quelque sorte. Est-il loisible de penser que la terre cesserait d'être libre en arrêtant sa rotation ou en en changeant le sens ? La problématique du temps et de sa liberté réside dans sa disponibilité; or la disponibilité du temps ne peut s'apprécier qu'à partir de ce qui est fait. Seul le faire implique cette potentielle double disponibilité: dans le faire du travail et dans le faire des loisirs simultanément. « Le temps coule constamment comme pure succession de la série des maintenant » écrit M. Heidegger (4, p. 229). Parce que le *temps n'est pas un être imaginaire*, ni un incorporel, mais bien la matière même dont la vie de l'homme et la vie des choses sont faites. La disponibilité du temps passe par cette double affirmation qui instaure le temps en lui-même et le fonde. C'est pourquoi il n'y a pas de temps sans l'homme pas plus qu'il n'y a d'homme sans le temps. « Le temps n'est rien en dehors du sujet — dit encore Heidegger — ce qui signifie donc que dans le sujet il est tout » (4, p. 241). Mais le sujet ne peut faire surgir le temps en lui par pure et simple décision imaginative ou représentative mais bien en faisant fonctionner une pensée du temps, elle-même doublée d'un faire du temps qui découpe le temps dans le faire des hommes. Aussi, au lieu d'une opposition entre ce qui est proposé, voire imposé comme obligation, et la disponibilité du temps, nous verrions là l'occasion — la seule d'ailleurs — de constamment gagner cette disponibilité en introduisant par la pratique de la double affirmation, son temps à soi, dans la niche temporelle offerte par les circonstances — de travail ou de loisir — et en inversant la direction du temps dans un mouvement de reprise (Aufhebung) qui le maintienne dans l'instant sans le laisser se dissoudre, afin que le temps puisse ainsi renforcer à chaque instant son maintenant. Et ainsi, jusqu'à la fin ultime de tous les maintenant, de sorte que chaque instant primultime soit aussi semelfactif et que comme tels tous les instants soient intégrés dans une répétition constamment productive. Vouloir le présent seul mais la totalité de tout le présent est la condition première pour bien user du temps. On pourra alors éviter les faux espoirs et ses leurres, déjouer le regret et la nostalgie, s'écarter de la monotonie et de l'ennui... Une patience est à gagner dans la constance des efforts; une réflexion est à cultiver dans l'enchaînement des morceaux séparés du temps.

Ainsi le temps en marche n'est pas ce que, couramment, on entend par «temporel», dans la mesure où temporel se réfère à ce qui est limité et non éternel. L'éternité ne nous concerne pas. L'homme vit dans l'angoisse, dans l'attente d'un futur qui n'est que la perspective sans cesse fuyante au-devant de lui-même. Cette angoisse humaine est d'autant plus aiguë qu'une résistance s'exerce à l'égard du temps. On reste par là prisonnier, limité par les frontières du temps chronique. Si l'angoisse est vitale c'est en tant que projet, dans la mesure où elle s'associe à cette jetée en avant de soi qui nous fait être. Pour que les jours et le temps coïncident, cette «attention à la vie» prônée par Bergson est inévitable. L'angoisse peut alors faire partie d'une programmation plus vaste, celle d'un *souci* qui s'effectue lui, dans la seule temporalisation. Mais un tel «souci» n'est pas de l'ordre «des soucis», il est un éveil, un étonnement, un accueil ouvert vis-à-vis de ce qui vient pour remplir le présent. Un tel souci — selon l'appellation heideggerienne — est un souci non dramatique, un souci abordé comme jeu intime de la vie en acte. Ce jeu est un jeu non ludique capable de suivre les oscillations du présent qui, entre l'avant et l'après, réclame sa présence et sa disponibilité dans le présent. Le souci du jeu répond somme toute à un jeu qui se regarde lui-même, se dissout et se reforme, à mesure que l'homme nomme le temps, le dit, le redit, l'écrit même. Ainsi faisant, la vie écoulée demeure dans la reviviscence de son écoulement dans le temps. La vie dans son intensité ne sort pas du temps chronique pendant qu'elle se déroule, tout en acceptant l'inévitable disparition lorsque le temps chronique viendra à s'effacer pour ne laisser subsister que l'éventuel temps à l'état pur qui, sans durée, pourra, lui, faire vœu aléatoire d'éternité. Ce vœu resplendira d'autant mieux que la vie aura été bien vécue, c'est-à-dire inscrite dans son propre temps et emplie par sa plénitude.

9.5. «La limite de l'utile» selon Georges Bataille

> «*La croissance générale est déterminée dans l'essence même de la vie. Il est de l'essence de la vie de produire plus d'énergie que celle dépensée pour vivre*».
>
> G. Bataille (5, p. 473).

«Tous les hommes sont en quête d'un bien qui leur échappe...» Dans ce tome septième des œuvres complètes de G. Bataille, on trouve quantité de notes, de plans, d'indications accumulées en vue de la rédaction d'une «Economie générale» (dont «La part maudite», publiée isolément n'est qu'une partie) où le productif et l'improductif s'embrassent dans leurs subtiles échanges. D'une part la production d'énergie fut historiquement sollicitée et encouragée pour un investissement utile et utilitaire, mais un surcroît d'énergie est en train de devenir le fait humain majeur de la contemporanéité... Ce qui était jadis le lot de quelques-uns fera sous peu partie — si le malheur ne s'en mêle — du bien commun. Mais comment investir ce «reste» d'énergie humaine, dans le non-productif, dans la simple «consumation» de l'improductif ? L'énergie humaine ne peut s'accumuler, demeurer dans l'inerte. Se cantonner dans le repos ne constitue pas une épargne. Une telle situation de non-dépense n'offre aucune garantie d'une récupération ultérieure. Les modèles forgés dans les périodes de disette et de besoin ne marchent pas dans les périodes fertiles. De toute façon, «Le désir introduit dans l'économie un facteur étranger au principe de l'activité utile...» (5, p. 472). Le désir humain semble irréductible à une matérialité vulgaire, à une simple chose, qui demeurerait en dehors du monde des signes et des artifices symboliques. On comprend que toutes les pratiques et toutes les théorisations qui, derrière les mots, continuent à réifier les hommes et leurs conduites sont et seront vouées à l'échec le plus total. G. Bataille a vu dans «le rire» la question-clé de «la part maudite ou la limite de l'utile». Toute une partie de son plan porte sur «sur la mise en jeu» où le «rire» mêlé à la fête, au plaisir, à l'érotisme, constitue le «sommet» de l'architecture des attitudes humaines.

«La somme d'énergie produite est toujours supérieure à celle qui fut nécessaire à sa production» dit-il dans un préliminaire à cette «part maudite» (5, p. 10). Et c'est cette dépense du surplus d'énergie qui ouvre une problématique dont nous n'apercevons aujourd'hui que les ineffables préludes... Nous sommes bien obligés sur le plan psychopathologique de prendre la question par son revers et nous avançons cette idée que les angoisses et les troubles allégués proviennent de ce surplus d'énergie «libre», non investie et surtout mal investie, qui, ne sachant quelle direction prendre, emprunte les voies créatrices du psychopathologique : celles de la douleur et de la souffrance, voies bien socialisées et somme toute les mieux admises tant par ceux qui souffrent que par ceux qui regardent et compatissent. Dès que le surplus énergétique n'est pas «entièrement dépensé» (5, p. 13) on peut s'attendre à ce que le résidu, sous forme de scories, vienne grossir les maux dont les humains souffrent.

«L'homme est un effet du surplus d'énergies : principalement l'extrême richesse de ses activités élevées doit être définie comme la libération éclatante d'un excès» dit G. Bataille (5, p. 14). Le terme énergie doit être ici compris au sens fort, direct, de quantité (et de qualité) des calories disponibles, mais aussi au sens figuré, métaphorique de cette disponibilité flottante, floue et incertaine dont on ne sait que faire. «Il est admis, insiste G. Bataille, maintenant encore, que le monde est pauvre et qu'il faut travailler. Le monde cependant est malade de richesse » (5, p. 15). Cette contradiction n'est cependant qu'apparente au niveau du seul dire. Le travail reste et demeurera nécessaire; il n'est pas tout ni le tout de l'homme et cela se fera sentir de plus en plus. G. Bataille a rédigé toutes ces notes et les textes ultérieurement publiés, entre 1939 et 1945, en pleine apparente disette, alors que parallèlement les dépenses en énergie humaine étaient colossales par et pour la guerre. En 1980, le problème reste entier. Il s'agira donc, tout en aménageant le temps de travail, d'apprendre l'utilisation du temps disponible en fonction de la qualité de ce temps. Si le passé et le poids du passé dans le présent sont source de névrose, un véritable bond en avant est indispensable pour situer dans l'à-venir le point d'ancrage à partir duquel d'autres voies seront empruntées pour vivre et penser le temps autrement... et en particulier pour que le désir, le temps et le plaisir bénéficient d'échanges plus adéquats. G. Bataille pourra alors être encore invoqué : « Vous ne pouvez le nier : le désir est en vous, il est vif; vous ne pourrez jamais le séparer de l'homme » (5, p. 16).

9.6. Désir du temps et force du présent

Le temps à soi n'est pas inné mais construit. Le désir n'est pas donné non plus mais il se donne à lui-même à mesure que l'homme le bâtit et se bâtit. Comment saisir ou connaître les forces de l'homme sans les nommer, les mettre en situation discursive? Le brut s'affine avec sa mise en forme. La vie est forme et suites de formes. Le temps et le désir sont faits pour s'entendre, s'attendre, se bien mêler, coïncider, aller ensemble le long de la vie. Leurs rendez-vous, leurs rencontres se font dans le maintenant du présent du temps, lorsqu'ils parviennent à réciproquement s'investir de façon heureuse. Le critère de l'ajustement est dans le plaisir et dans la série des plaisirs. Le plaisir est d'abord absence de douleur certes, bien-être corporel et physique, mais pas seulement. Dans le plaisir il y a création, chaque fois, de ce quelque chose qui fait le sel de la vie, qui traduit que les forces en jeu sont allées jusqu'au bout d'elles-mêmes, et qu'elles se sont affirmées dans leur activation. Le temps passe son temps à tirer le désir au-devant de lui-même et à se limiter pour l'attendre et essayer de coïncider avec lui. Le désir se maintient dans sa force pour y puiser la « meilleure poussée » et s'effectuer. Le plaisir réclame la jonction du désir et du temps dans une simultanéité active et, de plus — Epicure l'avait déjà constaté — la pensée du plaisir. Si le temps ne se produit totalement qu'en pensant cette production, le désir — nous le savons

— court des risques d'enlisement (et de se voir sans cesse détourné de lui-même, pris dans les rêts de l'imaginaire et du refoulé) s'il n'a pas accès à la pensée qui en le pensant l'instaure en plein dans l'ordre symbolique. Le plaisir s'agrippe à la satisfaction et à la joie du moment, mais pour que ce moment soit plein de lui-même et se continue, la pensée est nécessaire aussi. L'acte de la pensée organise dans son processus discursif, prévoit et surtout limite l'articulation du temps et du désir afin que mutuellement ils puissent se concilier et cheminer de concert. Tout se joue constamment au présent du temps et si celui-ci perd sa force, le désir se joue de lui et le plaisir fuit.

Epicure, disions-nous, avait senti l'importance du présent du temps et l'absolue nécessité du plaisir. On sait depuis longtemps, Montaigne nous a enseigné cela, que ni Epicure ni l'épicurisme n'ont jamais prôné cette insouciance amorale de l'existence que certains leur ont reproché. Chacun savait que sous les mots de sagesse, d'autarcie, d'ataraxie, ces praticiens d'un certain savoir-vivre militaient pour une efficacité certaine de et dans leur vie présente. Des lectures récentes ont renouvelé l'exacte traduction des quelques fragments de l'œuvre épicurienne qui ont pu être récupérés. «Parce que l'homme est un être d'attente — explique Geneviève Rodis-Lewis — quand il ne dispose pas de critères solides, les opinions fausses l'envahissent et l'attente se transforme en crainte» (6, p. 123). D'où la nécessaire *autarcie* qui enseignait à se tenir dans «ses limites» *pour gagner une indépendance à l'intérieur de ces limites*, celles d'un présent toujours «bienheureux». D'où cette *ataraxie* qui se veut non seulement absence de troubles du corps et parfait «repos de l'âme» mais beaucoup plus que cela «un état de plénitude positive» ajoute G. Rodis-Lewis (6, p. 258). Quant à la *sagesse*, elle résulte de ces pratiques liées à la joie et à la connaissance, et surtout à la notion de continuité, car l'instant présent n'est réellement présent que dans et par son articulation avec l'instant qui lui succède. Ce souci d'Epicure, pour une béatitude pratique à travers l'ataraxie, l'autarcie, la sagesse, s'affirme dans ses propres textes.

Selon Jean Bollack qui, dans «La pensée du plaisir» (7), a renouvelé et actualisé une lecture éclairée des textes épicuriens, «le plaisir ne se passe pas d'être pensé». Confiné dans les sens le plaisir produit de l'angoisse (7, p. 119). Les sensations seules sont insuffisantes — bien qu'indispensables — à instaurer le plaisir en lui-même, dans la pensée et dans le temps. L'acte de penser le plaisir ne doit pas être assimilé à une simple «prise de conscience» et encore moins à «un savoir». Penser le plaisir est beaucoup plus que cela : penser exige d'articuler le temps avec la constitution discursive de l'entendement, faute de quoi les sensations au lieu d'être incorporées dans la pensée elle-même se dispersent sans établir les relations actives souhaitées. Par contre si ces mêmes sensations s'éparpillent, elles réactivent les forces et favorisent par là même l'apparition des fantasmes dans l'imaginaire tout en produisant de l'anxiété. Nietzsche aussi a expliqué ce même processus; il a signalé le risque encouru par l'accumulation des forces réactives à cause de leur réciproque attractivité et de leur possible prolifération. Jean Bollack poursuivant son argumentation explique: «La pensée, dans la jouissance qu'elle se procure des plaisirs du corps, se fortifie de l'ensemble de la vie vécue par l'intégration de toutes les sensations discontinues. Il ne suffit pas d'évoquer la faculté propre à l'âme de *vivre le temps*, de bannir l'inquiétude de l'avenir, de se rappeler ou de ne pas se représenter les heures vécues, sans ajouter qu'elle le fait *pour accroître la densité de l'instant présent et pour maîtriser l'écoulement* (7, p. 156, n.s.). Deux fragments d'Epicure, parmi tant d'autres, pourraient expliciter ces commentaires; ils sont empruntés aux Sentences vaticanes. On lit dans la Sentence 35: «*Il ne faut pas souiller le présent par le désir de l'absent*, mais compter que ces choses-là aussi étaient souhaitables». Et J. Bollack commente notamment sa traduction par ces deux remarques: «*Pour que le présent soit pleinement présent*, il faut qu'il ait été digne de l'être» et «la force du désir qui nous pousse à chaque instant vers l'absent passe dans le présent, *à condition que le présent soit en tant que tel présent*» (7, pp. 472-473, n.s.). La Sentence 14 dit: «Nous ne naquîmes qu'une fois, il n'est pas possible de naître deux fois, et il faut ne plus être pour l'éternité; mais toi, qui n'es pas chose de demain, tu diffères la joie: c'est la vie qui par le retard périt, et chacun de nous meurt de rester prisonnier de ses occupations» (7, p. 430). Traduction que J. Bollack commente en soulignant que «*nous pouvons mourir sans nécessité en refusant le présent et en nous perdant dans l'attente d'un avenir*» (7, p. 432). D'autre part ajoute-t-il: «Différer la joie, c'est nier ce qui ne nous a été donné qu'une fois» (7, p. 432, n.s.). Est-ce là la raison qui faisait écrire à Kant, peu suspect de complaisances, en terminant sa Critique de la Raison Pure en 1781: «Epicure peut être appelé le plus célèbre philosophe de la sensibilité»?

*
* *

Le temps est gros du désir dans le présent du présent, moment où le temps a besoin de toutes ses forces porteuses, ces forces actives qui le mènent à chaque instant jusqu'au bout de lui-même. L'ajustement du temps et du désir est la clé qui ferme la porte aux maladies du temps. Cet ajustement s'effectue à la fois sur la terre ferme, dans ce monde des «occupations» qui menacent de nous emprisonner, et dans l'univers des significations et des artifices que l'homme a élaborés pour se créer en tant qu'homme, pour s'expliquer le cosmos où il évolue et pour se rendre instant après instant adéquat à lui-même. Le temps est le fil d'Ariane qui mène au labyrinthe et qui conduit dans le labyrinthe où, pour ne pas se perdre ni se dissoudre, force est-il de rester près du temps... et de l'amitié pour que la vie bienheureuse soit présente. Epicure n'enseignait-il pas (Sentence vaticane n° 13) que «De tout ce dont la sagesse se munit pour avoir la félicité de la vie totale, le plus important de loin est la possession de l'amitié» (7, p. 430).

Bibiographie

(1) SCHÜRMANN R., Le principe d'anarchie; Heidegger et la question de l'agir, Seuil, 1982.
(2) JANKELEVITCH V., L'irréversible et la nostalgie, Flammarion, 1974.
(3) JANKELEVITCH V., L'aventure, l'ennui, le sérieux, Aubier, 1963.
(4) HEIDEGGER M., Kant et le problème de la métaphysique, Gallimard, 1953.
(5) BATAILLE G., Œuvres complètes, Tome VII, Gallimard, 1976.
(6) RODIS-LEWIS G., Epicure et son Ecole, Gallimard, 1975.
(7) BOLLACK J., La pensée du plaisir; Epicure: textes moraux, commentaires, éd. de Minuit, 1975.

Conclusion

1. Le temps ouvert

Le temps, les hommes, le travail, la société, tout est en pleine évolution, tout vient d'évoluer très vite, ces dernières années. La façon dont les hommes vivent et produisent le temps a changé et continue de changer. Des archaïsmes temporels s'observent chez certains individus et dans certaines situations de travail, qui cohabitent, dans l'actuel, avec des modalités de travail dotées d'une technologie d'avant-garde, inventées et menées par des hommes capables, déjà, de conduites temporelles appartenant au futur. Ces «discordances» pour ainsi dire «naturelles» compliquent quelque peu les rapports réels entre les temps des hommes et le temps de travail. Les avis diffèrent, les décisions aussi: des désillusions se font jour, le mécontentement se manifeste de plus en plus souvent, allant jusqu'à des protestations véhémentes parfois. Ce qui accuse encore le fossé entre le temps à soi tel qu'il est attendu et souhaité, les temps des autres et le temps de travail. Ce dernier demeure comme le squelette autour duquel tournent et se distribuent toutes les temporalités. D'autant que les progrès réalisés depuis les deux dernières guerres mondiales, les bonds en avant des techniques de travail, les remaniements intervenus dans les rapports sociaux, l'expansion de la diffusion des nouvelles (et leur distorsion aussi) par les media, tous ces faits et bien d'autres encore ont contribué à créer «une demande» et une attente urgentes, en vue de réduire la durée du temps réel de travail et de modifier radicalement les échanges entre temps des hommes et temps de travail. Or, aucune réforme, aucune révolution, révolte ni contestation, n'a amené encore, de façon tangible, une «mutation notable». Mais peut-être que tout ce qui «touche» l'humain ne peut varier brusquement. Les faits humains doivent suivre leur «propre rythme d'évolution», rythme lent, permettant les articulations correctes et facilitant les «bons» ajustements.

L'examen du passage du temps, d'un type de temporalité «calme», liée aux tâches agraires traditionnelles aux formes temporelles dites «éclatées» de l'ère appelée déjà post-industrielle, nous a montré que quelles que soient les modalités du temps de travail pratiquées ou envisagées, le problème restait entier de ce rapport difficile à «localiser» des rapports entre les temps à soi, les temps de la vie quotidienne et le temps de travail. Les ruptures temporelles semblent de plus en plus fréquentes, parce qu'on les dénomme telles pourrait-on dire, ou encore parce que l'on a mieux appris à les diagnostiquer. En réalité leur accroissement est réel et leurs conséquences sont de plus en plus graves. Celui qui se sent désorganisé dans sa vie intime et sociale développe des vécus psychopathologiques qui traduisent cette intolérance et qui sont de plus en plus tenacement accrochés à subsister et à persister, entraînant pertes de gain et dépenses accrues pour les intéressés et pour la société sans compter ces vies semi-perdues, à moitié ratées, toutes prêtes pour de plus grands malheurs. C'est pourquoi, une importance particulière a été accordée à l'analyse des conduites temporelles d'attente, de rétrospection, d'anticipation, *afin de mieux situer au carrefour central de ces dimensions, le rôle constructeur du présent du temps et*, afin qu'en apprenant à le fertiliser et à le reconsidérer en lui-même, il devienne possible d'enrayer les «pertes de substance temporelle» et les dissolutions chronogénétiques évoluant désormais — irréversiblement aussi — dans le pathologique.

L'allongement de la vie humaine soulève des problèmes temporels nouveaux. Or, cette connaissance du temps et les nouvelles pratiques attendues sont de maniement délicat. Ces questions font varier les points de vue, la problématique des temps des hommes et du temps de travail avance dans ses possibles solutions.

2. Du temps non métaphorique et du dispositif métaphorique du temps

Le temps n'est pas une métaphore, il n'est pas une figure ayant vocation de représentation. Le temps défie les substitutions. Il est irremplaçable: le temps est assigné à résidence dans le temps lui-même, et la temporalisation, dans sa mise en forme, lui assigne à son tour une position qui, par essence, est mobile. Ne pas confondre le temps avec l'espace est l'exigence requise en premier par le temps. Si une des formes du temps correspondant au temps chronique se laisse assimiler à l'espace-temps, c'est-à-dire à un temps arpenté, mesuré et compartimenté en repères qui se retrouvent — c'est commode, visible, et surtout figurable — sur les cadrans des horloges et des montres ou sur les courbes des diagrammes, ce temps-là n'englobe pas tout le temps. Le temps chronique est-il du temps structurellement spatialisé ? Nous l'avons supposé tel et en ce qui concerne ce propos, c'est ce temps-là — de l'espace donc, mais de l'espace mobile aussi — qui régit le travail et le déroulement de la vie des hommes. Temps de travail apparemment différent sous ses diverses modalités conjoncturelles mais UN, structurellement parlant, et temps de la vie quotidienne, divers par la nature selon la structure où ils s'insèrent et d'où ils émergent. L'homme est *traversé*, concerné dans sa transversalité, par ces temps, à lui exogènes, qui le délimitent, le confinent, lui attribuent une aire d'existence «paramétrée». L'homme a à faire dans le temps et a à «faire» le temps qui est comptabilisé dans les produits qui sortent de ses mains. Le temps n'est pas métaphorique mais la mise en marche de son dispositif créateur fait fonctionner des métaphores, particules faisant partie d'un système d'échanges généralisé.

Et l'homme produit un temps à lui, que simultanément il doit «faire» — au sens le plus propre du terme — et «s'approprier». Ce temps qualitatif épouse étroitement les oscillations intensives de sa vie : temps intensif doté d'altérations, promoteur d'alternatives. C'est ce temps qui permet d'agir sur l'autre, le temps-cadre, pour le servir et le conquérir. L'ajustement des deux temporalités objective la nécessité même de la vie humaine. Un tel ajustement met en jeu le connu du temps, son inconnu et ses inconnues. Le *connu du temps* c'est ce qui, du temps, est devenu histoire : histoire des sociétés et des professions, histoire des technologies et des métiers, histoire des fonctionnements humains : ce que l'on sait de soi, des autres, du monde. Ce temps est déjà «civilisé», emboîté, empilé, accumulé, identifié dans ce qui a fait et continue à faire la civilisation. *L'inconnu du temps* c'est ce qui reste impensé, ou ce qui a été mal pensé, d'où repères incomplets, erreurs d'appréciation, fonctionnement défectueux des dimensions temporelles dans le passé, le présent, le futur et dans leurs articulations. Temps inconnu encore dans ce qui reste à découvrir et dans ce qu'on croyait savoir, là où joue le refoulé et là où le refoulé est mis en jeu. L'homme est assailli par cet inconnu du temps, souvent berné par lui, parfois tourmenté. *Les inconnues du temps* émergent des altérations qui font l'essence même du temps : les intensités qui sans cesse le propulsent et le promeuvent. L'homme peut s'y laisser porter, tel un fétu de paille, ou s'essayer à le saisir, à le dompter et à provoquer les ajustements qui marqueront son désir. Les aléas du temps ouvrent sur un impondérable qui exige beaucoup des hommes : d'être vigilants et attentifs, mais aussi une certaine pondération et encore de la ténacité pour faire du présent du temps leur présent à eux et confirmer à chaque instant l'affirmation indispensable au temps. C'est pourquoi l'entreprise qui vise à maîtriser le temps de travail et à le rendre compatible avec la vie des temps de l'homme nous a paru si importante et si décisive.

3. Un temps pour le demain d'aujourd'hui

Le temps de travail reste la grande inconnue « des temps » à venir. Entre deux « utopies », celle du regret du Paradis perdu d'où le travail aurait été absent, et celle de l'espoir d'un paradis à gagner où le travail sera inexistant, les illusions sur le temps et sur le travail ont fait bonne mesure. Peu à peu cependant le travail, vécu d'abord comme peine, voire comme une pénitence, a changé d'aspect, de même que les façons de l'effectuer. Par les réglementations juridico-administratives et l'extraordinaire modification des techniques, les hommes se sont donnés d'autres moyens, d'autres buts, ont œuvré pour ne pas se laisser asservir par le travail. *Et l'on sait en plus que cette transformation se poursuit, que la marche continue dans la bonne direction.*

Mais le travail a pris surtout un caractère nouveau, en tant que comportement et comme fonction psychologique : on constate et on enregistre une spécificité productive de l'homme lui-même dans les conduites de travail. De sorte que, si les formes évoluent, le fond reste. Le progrès se fait dans le change des formes. Et, parmi ces formes, le temps vient en premier. Temps de la production, temps passé à l'exécution, temps comptabilisé dans le produit fini, temps intégré dans la journée de travail; toutes ces modalités du temps sont du temps de travail. On peut agir sur ces modalités temporelles en essayant d'en raccourcir la durée, d'en accroître la densité, d'en alléger l'écoulement, d'en assouplir les opérations de calcul. D'autres temps sont apparus qui se sont greffés sur le propre temps de travail : le temps des transports, le temps de préparation aux tâches, le temps de récupération, le temps de repos. Et l'homme contemporain se trouve séparé en deux segments : le temps qui appartient au travail et le temps appartenant au non-travail. Formes du temps et formes de vie dont l'articulation pose problème.

Le psychopathologique surgit dans les failles du temps. Le monde moderne est l'ère des RUPTURES. *Ruptures temporelles brusques* par accident. *Ruptures temporelles par effet d'accumulation* des tâches et des comportements qui s'additionnent et «somment» le temps de se détacher de lui-même, ou ruptures par des surgissements lacunaires qui dilacèrent le temps et le raréfient jusqu'à rendre son rattachement intratemporel impossible. *Ruptures différées* — plus fréquentes qu'on ne le dit — où tel contretemps à peine retraçable laisse une trace et réapparaît après un délai variable, au bout d'une pause qu'on croyait silencieuse et inerte. *Les ruptures temporelles sont l'essentiel du psychopathologique du temps.* Le temps se fragmente, se morcelle, *produit des événements temporels* et de là le temps ne s'écoule plus comme par le passé. Le temps entre en discorde. Une schize temporelle prend droit de cité. Le temps chronique qui sert de référent, n'est plus ce qu'il était. Le temps à soi dont les intensités assuraient jusque-là la continuité de la vie ne peuvent se poursuivre comme par le passé. Le temps chronique et le temps à soi ne peuvent plus s'entendre selon leurs vieilles habitudes.

La problématique des rapports des temps des hommes et du temps de travail a traversé des phases changeantes. Lorsque la puissance des hommes sur eux-mêmes et sur les choses était faible, les uchronies et les parachronies ont fleuri. Utopies matérialisées dans les fables du temps oscillant sans limites entre l'autre-fois d'un âge d'or et l'eldorado d'un ultra-avenir. A mesure que le temps à soi et le temps de travail deviennent chose réelle, ils sont discutés, disputés, défendus avec âpreté. Naissent alors des *dyschronies* qui alourdissent la chronogenèse, qui raréfient la production du temps à soi et qui font le plein de fantasmes et de rêves, de drames et de mésententes. Le souci majeur reste pour tous cependant d'éviter la *chronolyse*. Le souci de tous vis-à-vis du temps correspond à ces formulations souvent entendues de: «ne pas perdre son temps» et de «gagner à tout prix du temps» mais nul ne songe qu'une annulation temporelle survient parfois du fait que la pensée du temps n'a pas su faire régner l'essentiel : la disponibilité du temps.

Si les biorythmes sont de mieux en mieux préservés, si les temps impartis aux tâches sont de plus en plus mesurés et délimités, si les temps de non-travail des heures quotidiennes et des heures annuelles réservées aux congés et aux vacances sont religieusement respectés, une «forme du temps» manque encore à cet appel et elle concerne l'aspect qualitatif du temps. L'ère quantitative du temps s'achève, celle de sa qualité s'amorce. Le temps qualitatif est le fait de ses intensités se mouvant en souplesse, facilitant les changements et le «change des formes». La potentialité de la vie y gagne en réelle puissance d'affirmation. Domaine où le psychopathologique nous éclaire. On sait, on commence à savoir, où surgissent les souffrances, et comment le temps qui se rate lui-même se transforme en angoisse. On saura sans doute bientôt comment saisir la bonne occasion, le moment heureux, ce «kaïros» que les Grecs déjà tenaient en attention. Pour que les bonnes combinaisons du temps nous soient propices, nul besoin d'avoir beaucoup de temps devant soi, un peu suffit, mais il faut qu'il soit bien à soi. Des tactiques et des stratégies nouvelles s'affinent, pour apprendre ou réapprendre un autre art de vivre et aussi un exercice autre de la pensée. Ces pratiques permettront d'incorporer simultanément un art de la guerre (non belliqueuse) et un art du jeu (non ludique). Un dispositif de tactiques fera la guerre au drame, et tiendra le jeu en éveil. Le temps en conformité avec lui-même pourra peut-être alors parcourir son passer en pas de danse et mieux se concentrer dans son jouir.

Annexe
Commentaires
d'une bibliographie récente

Les sources bibliographiques sont indiquées à la fin de chaque chapitre. Dans la perspective ici poursuivie, qui est de contribuer à bâtir une temporalisation individuelle susceptible de faire évoluer l'individuation de chacun en articulation avec le cadre-temps des conditions psychosociales de vie et de travail, certaines orientations bibliographiques récentes méritent d'être signalées. Ces indications seront brèves et les commentaires très succincts; juste de quoi inciter à la lecture. D'autant que la problématique du TEMPS ne peut être réduite à des données simples. De plus, quelle que soit la répartition du temps chronologique, l'appel se fait insistant pour que chacun élabore son propre temps, en utilisant au besoin celles des données temporelles qui «auraient pris le temps» de faire œuvre dans le psychopathologi que. Nous retiendrons quatre groupes de notes.

1. Aspects factuels

William Grossin, après «Le travail et le temps» et «Les temps de la vie quotidienne», ainsi qu'après plusieurs articles, publie: «*Des résignés aux gagnants*» avec les analyses de 40 cahiers de doléances sur le temps (Publications Université de Nancy II, 1981). L'auteur y souligne deux remarques: le temps est l'existence même, mais ce temps de l'existence «souffre» de se voir éparpillé, cisaillé et pour ainsi dire inapparent, en fonction des tâches où la «pression temporelle» ne permet pas aux individus de «faire» leur propre temps. Les astreintes temporelles inéluctables sont destructrices de la qualité de la vie.

Sous l'impulsion de W. Grossin et chez le même éditeur, A. Gaffet publie: «*Temps industriels et personnalité*», (1980). Une étude comparative et différentielle est rapportée, réalisée sur des groupes différents d'ouvriers travaillant soit au rendement soit au temps. Les effets des temporalités imposées-proposées (chronologies) sont très perturbateurs toutes les fois où les individus ne peuvent produire leur temps à eux. La notion, déjà développée par Grossin, selon laquelle la pression temporelle peut faire perdre l'aptitude à élaborer son propre temps, est ici reprise et démontrée. A. Gaffet souligne: «Le temps n'est pas EXTERIEUR aux individus, mais, tout au contraire, chaque phénomène, chaque activité de l'individu a, crée son temps propre, «spécifique». Le tout est de préserver l'émergence de ce temps qualitatif qui s'oppose assez souvent au temps quantitatif réclamé par les actes de travail. Il convient de souligner que les temps préparés durcissent toutes les composantes aléatoires du temps. Quelle que soit la forme de distribution du temps, et a fortiori lorsque celle-ci est trop «raide», le temps de l'individuation est qualitativement différent et doit être «pensé» et «produit» pour lui-même. Si les temps de travail sont souples, «au choix», la peine est certes moindre, mais le temps à soi reste différent, exigeant, tant dans le vécu intime que dans les dispositions comportementales, une élaboration spécifique. Ceci afin de préserver l'intégrité de la personnalité dans sa constante construction. Et l'auteur rapporte maints exemples de «nervosisme» et d'autres troubles neuro-psychiques apparemment mineurs, mais qui creusent le lit d'une auto-dé-construction certaine.

Dans «*Equilibre ou fatigue par le travail*» (1980), la Société française de psychologie évoque les questions débattues dans un colloque. L'ensemble des contributions fait allusion à l'association «charge psychique-satisfaction» dans le travail comme étant en liaison avec le jeu des temporalités et avec l'enjeu de la temporalisation individuante selon les possibilités du cadre-temps. De même dans «*Présent et futur de la psychologie du travail*» (1981) édité par la Société française de psychologie (Congrès 1980), on trouvera maintes allusions aux répercussions du temps des travailleurs postés sur le repos (J.M. Ramos), au «passage travail-retraite» (M. Levet-Gautrat), «le travail à temps partiel» (J. Rofessart)...

Partout est défendu «le temps choisi», à partir de l'aménagement du temps de travail, de la réduction du temps quantitatif collectivement consacré au travail, par l'organisation d'un droit individuel au temps. Orientations en voie de réalisation, même si cette effectuation est encore lente et incomplète...

2. Propositions

Les organismes officiels doublent les Sociétés scientifiques dans la préparation de programmes et d'études permettant d'améliorer les «conditions de vie et de travail». Telles: L'Agence nationale pour l'amélioration des conditions de travail (ANACT) publie en avril 1982 un cahier: «*Réussir l'aménagement du temps dans l'entreprise*». Le Bureau International du Travail de Genève publie: «*Vers la réduction du temps de travail?*» (1981), rédigé par Rolande Cuvillier. The European Centre for Work and Society, publie «The organisation of working time» (1982) édité par Léonce Bekemans. Le Ministère du Travail et de la Participation consacrait le n° 3 (janvier 1980) de la revue «Travail et Emploi» au «Temps de Travail». La Fondation européenne pour l'amélioration des conditions de vie et de travail, publie un cahier de «*statistiques sur le temps de travail*» consacré aux problèmes de méthodologie.

La revue «Le Travail Humain» vient de consacrer deux numéros (volume 44, 2/1980 et volume 45, 1/1981) à la question: «*Les travailleurs et le temps*». La chronobiologie (A. Reinberg et coll.), la chronopsychologie (P. Fraisse), l'ergonomie et l'organisation concrétisées dans plusieurs articles qui étudient les variantes et les constantes de la composante «temps» dans les divers types de travail, permettent d'augurer d'une meilleure façon à la fois théorique et pratique d'aborder et de résoudre cette question de la problématique du temps. Nous-mêmes y collaborons pour exposer «les ruptures temporelles par sommation».

Il se dégage de ces quelques références (nullement limitatives) que les propositions sont largement «inflationnistes» quant aux possibilités d'exécution, toujours lentes et souvent remises à plus tard, sinon à peine ébauchées. Ceci pour souligner que le temps de travail et le temps de vivre ont partie liée et aussi que le temps humain sous toutes ses formes est comme «retenu» par ses supports biologiques, tout en sollicitant sa production à travers les univers d'artifices fabriqués par l'homme pour exister. D'où ces deux références encore.

3. Retour du temps biologique

Signalons seulement l'ouvrage de Françoise Macar «Le temps; perspectives psychophysiologiques» (1980, Mardaga), qui actualise, on ne peut mieux, la double problématique des biorythmes et du temps des durées. Les diverses temporalités de l'homme ont ce dénominateur commun qui est le temps physique-biologique à la fois comme toile de fond et comme possibilité de mesure. Les rapports du temps biologique et du temps psychologique font un large écho aux travaux de M. Richelle et de ses collaborateurs. Le «sens du temps» apparaît engendré dans l'ontogenèse à travers l'apprentissage et les procédures du conditionnement opératoire. Le temps fait partie du processus de temporalisation lui-même.

4. Le temps-devenir et l'exister

Deux notions sont à retenir; le temps se fait rare, et il est de plus en plus encombré. Aussi les palliatifs risquent-ils d'aboutir à des impasses, si chacun croit «qu'il n'y a qu'à...» ou «qu'il suffit de...» Les recettes-minute déjouent mal les jeux du temps. Le temps exige une transcendance qui est déjà une temporalisation transcendantale. Deux ouvrages récemment publiés en français, d'inspiration heideggérienne, pourraient nous rappeler cette transmutation du temps.

Le premier: «Interprétation phénoménologique de la Critique de la Raison pure de Kant» reprend le cours fait par Martin Heidegger en 1927-1928 (Gallimard, 1982). Cette version française, traduite par E. Martineau, nous plonge dans les recherches de Heidegger pour écrire son ouvrage-clé «Sein und Zeit». Le temps est dans le devenir de sa temporalisation. Le temps «vient» de sa potentialité, de son futur AFFERENT; là où le temps est. Le deuxième ouvrage de Reiner Schürmann, «Le principe d'anarchie» avec en sous-titre: Heidegger et la question de l'agir (Seuil, 1982), est écrit directement en français par un auteur qui «baigne» à la fois dans les textes de Heidegger et dans leur langage allemand et philosophique d'origine. Ce fait dilue beaucoup de réserves. Aussi le temps est-il l'être même et c'est là la pensée la plus difficile que l'exister ait à assumer, pour ÊTRE précisément. Position qui réaffirme l'explicitation déjà proposée dans notre sixième chapitre.

Table des matières

INTRODUCTION: LE TEMPS ET LE TEMPS DE TRAVAIL 5
0.1. De l'animal à l'homme: le langage, le temps, l'histoire 6
    0.1.1. L'entrée dans l'humain 6
    0.1.2. Les mutations neuropsychiques: praxis humaine et cerveau 9
    0.1.3. Les comportements dans le temps et le temps dans l'histoire 9
0.2. Le travail, une conduite 10
0.3. Temps, rythme, multiplicités temporelles 12
    0.3.1. Rythmes, structures rythmiques et structures temporelles 12
    0.3.2. Les multiplicités temporelles 13
    0.3.3. Le temps humain qualitatif et les chronologies 16
Bibliographie 18

CHAPITRE 1: DU TEMPS TRADITIONNEL A L'ECLATEMENT DU TEMPS 21

1.0. Cycle opérationnel. Alternance des activités. Incomplétudes 21
1.1. Le temps traditionnel 23
1.2. Le temps pré-industriel 27
1.3. Le temps mesuré de l'époque manufacturière 29
    1.3.1. Travail et discipline temporelle 31
1.4. Le temps éclaté de l'ère post-industrielle 34
1.5. Discordances temporelles et psychopathologie 36
1.6. Le regret et l'espoir dans le temps maltraité 40
Bibiographie 42

CHAPITRE 2: MODALITES DU TEMPS DE TRAVAIL ET DESYNCHRONISATIONS 43

2.0. Le temps et le temps opérationnel 43
2.1. L'étude des temps et des mouvements en vue d'établir les «temps préparés» 44
2.2. Les modalités temporelles de distribution du travail 46
2.3. Le temps selon les types de travail 49
2.4. Les cadences des temps imposés et la durée du travail 50
2.5. Temps imposés et espaces d'évolution 51
2.6. Psychopathologie des désynchronisations 54
2.7. Le temps et les femmes 59
2.8. Conclusion: effets à distance de l'émiettement du temps 60
Bibliographie 60

CHAPITRE 3: LES RUPTURES TEMPORELLES 63

3.0. Désynchronisations et ruptures temporelles 63

228   TEMPS DE TRAVAIL, TEMPS DE VIVRE

3.1. Les ruptures temporelles brusques 64
    3.1.1. Ruptures temporelles brusques accidentelles et maladie-langage post-traumatique 65
    3.1.2. Observation clinique de Rosa 66
3.2. Les ruptures temporelles différées 67
    3.2.1. Le temps de latence dans les névroses post-émotionnelles 68
    3.2.2. Les temps anniversaires 71
    3.2.3. Le travail du temps de latence 71
3.3. Les ruptures temporelles par sommation 72
    3.3.1. Le concept de sommation temporelle 72
    3.3.2. Observation clinique de Claude 74
    3.3.3. Observation de Raymond 77
3.4. Mise en forme clinique et temporalité 77
3.5. Le travail et la psychopathogénie des ruptures temporelles 79
3.6. Conclusion 80
Bibliographie 81

CHAPITRE 4: LE TEMPS D'ATTENTE ET LE PRESENT DU TEMPS .. 83

Psychopathologie des attitudes et des conduites d'attente en situation de travail . 83

4.0. Introduction 83
4.1. Le présent opérationnel et l'attente statique: le présent d'attente 84
4.2. L'attente passive ou le réactif d'attente 89
4.3. L'attente active 92
4.4. Psychopathologie des attitudes, comportements et conduites d'attente .. 95
    4.4.1. Temps et langage: le récit et l'attente 96
    4.4.2. Psychologie de l'attente 98
    4.4.3. Psychopathologie des attentes 100
        4.4.3.1. Les temporalités précipitées 100
        4.4.3.2. Le temps en retard sur lui-même: les attentes ratées ... 103
        4.4.3.3. Les désaccords des contrepoints temporels 104
Conclusions 105
Bibliographie 106

CHAPITRE 5: LES ARCHIVES DU TEMPS ET LA CONSTITUTION DU PASSE 107

5.0. Position du passé 107
5.1. Le passé des actes 108
5.2. La pesanteur du passé et la limitation du présent 113
5.3. Les enclaves du passé dans le temps enlisé 117
5.4. Psychopathologie des rétrospections temporelles et du passéisme 121
    5.4.1. Les amnésies ou le passé défaillant 122
    5.4.2. La rétrospection excessive ou le passé en trop 124
    5.4.3. Le passé extra-temporel et les fabulations 125
    5.4.4. Le passé absorbé par le temps et l'oubli actif 127
5.5. Conclusion: le passé sans temps 128
Bibliographie 130

CHAPITRE 6: LE FUTUR DU TEMPS: LE POSSIBLE, LE REALISABLE, LA PROSPECTIVE 131

6.0. L'annonciation du futur 131

6.1. Le présent-futur, l'anticipation et l'immédiatement possible 134
6.2. Le lointain, la prospective du réalisable, l'emploi du temps 139
6.3. Les vides du temps et le futur désenchanté 144
  6.3.1. Les parachronies 147
  6.3.2. Les uchronies 149
  6.3.3. Les dischronies 149
6.4. Le futur en hors-temps dans ses formes psychopathologiques 152
6.5. Conclusion 154
Bibliographie 154

CHAPITRE 7: LES TEMPS DE NON-TRAVAIL ET LE TEMPS DE TRAVAIL 157

7.0. Budget-temps et emploi du temps «développé»: point de vue de l'individu . 157
7.1. Les temps de la vie quotidienne selon W. Grossin 161
7.2. Les temps de la vie quotidienne et la vie du temps. Le temps disponible: thème et première variation 167
7.3. Le budget-temps et la disponibilité du temps «pour» soi 174
7.4. L'emploi du temps «développé» et style de vie 180
7.5. Conclusion 183
Bibliographie 184

CHAPITRE 8: LE TEMPS DE LA VIE ET LE TEMPS DE TRAVAIL: GESTION ET AUTOGESTION DU TEMPS 185

8.0. Introduction 185
8.1. Le temps, fait socio-économique majeur 187
8.2. Gestion du temps et dimensions culturelles 190
8.3. Autogestion du temps: limites, possibilités 193
8.4. De l'inertie du temps ou deuxième variation sur la disponibilité du temps . 196
8.5. Conclusion 197
Bibliographie 198

CHAPITRE 9: DU BON USAGE DU TEMPS ET LES MALADIES DU TEMPS 199

9.0. Introduction 199
9.1. L'espoir et l'espérance sont-ils les guets-apens du temps? 201
9.2. Les désespoirs du temps et le temps du désespoir: le regret et la nostalgie . 204
9.3. Le temps à l'arrêt: de la monotonie à l'ennui 205
9.4. Des bons mélanges du temps, ou troisième variation sur la disponibilité du temps 208
9.5. «La limite de l'utile» selon Georges Bataille 211
9.6. Désir du temps et force du présent 213
Bibliographie 216

CONCLUSION 217

ANNEXE: COMMENTAIRES D'UNE BIBLIOGRAPHIE RECENTE ... 223

TABLE DES MATIERES 227

Printed in Belgium by Solédi - Liège

PSYCHOLOGIE ET SCIENCES HUMAINES
collection publiée sous la direction de MARC RICHELLE

1. Dr Paul Chauchard
   LA MAITRISE DE SOI, 9ᵉ éd.
5. François Duyckaerts
   LA FORMATION DU LIEN SEXUEL, 9ᵉ éd.
7. Paul-A. Osterrieth
   FAIRE DES ADULTES, 16ᵉ éd.
9. Daniel Widlöcher
   L'INTERPRETATION DES DESSINS D'ENFANTS, 9ᵉ éd.
11. Berthe Reymond-Rivier
    LE DEVELOPPEMENT SOCIAL DE L'ENFANT ET DE L'ADOLESCENT, 9ᵉ éd.
12. Maurice Dongier
    NEVROSES ET TROUBLES PSYCHOSOMATIQUES, 7ᵉ éd.
15. Roger Mucchielli
    INTRODUCTION A LA PSYCHOLOGIE STRUCTURALE, 3ᵉ éd.
16. Claude Köhler
    JEUNES DEFICIENTS MENTAUX, 4ᵉ éd.
21. Dr P. Geissmann et Dr R. Durand
    LES METHODES DE RELAXATION, 4ᵉ éd.
22. H. T. Klinkhamer-Steketée
    PSYCHOTHERAPIE PAR LE JEU, 3ᵉ éd.
23. Louis Corman
    L'EXAMEN PSYCHOLOGIQUE D'UN ENFANT, 3ᵉ éd.
24. Marc Richelle
    POURQUOI LES PSYCHOLOGUES?, 6ᵉ éd.
25. Lucien Israel
    LE MEDECIN FACE AU MALADE, 5ᵉ éd.
26. Francine Robaye-Geelen
    L'ENFANT AU CERVEAU BLESSE, 2ᵉ éd.
27. B.F. Skinner
    LA REVOLUTION SCIENTIFIQUE DE L'ENSEIGNEMENT, 3ᵉ éd.
28. Colette Durieu
    LA REEDUCATION DES APHASIQUES
29. J.C. Ruwet
    ETHOLOGIE : BIOLOGIE DU COMPORTEMENT, 3ᵉ éd.
30. Eugénie De Keyser
    ART ET MESURE DE L'ESPACE
32. Ernest Natalis
    CARREFOURS PSYCHOPEDAGOGIQUES
33. E. Hartmann
    BIOLOGIE DU REVE
34. Georges Bastin
    DICTIONNAIRE DE LA PSYCHOLOGIE SEXUELLE
35. Louis Corman
    PSYCHO-PATHOLOGIE DE LA RIVALITE FRATERNELLE
36. Dr G. Varenne
    L'ABUS DES DROGUES
37. Christian Debuyst, Julienne Joos
    L'ENFANT ET L'ADOLESCENT VOLEURS
38. B.-F. Skinner
    L'ANALYSE EXPERIMENTALE DU COMPORTEMENT, 2ᵉ éd.
39. D.J. West
    HOMOSEXUALITE
40. R. Droz et M. Rahmy
    LIRE PIAGET, 3ᵉ éd.
41. José M.R. Delgado
    LE CONDITIONNEMENT DU CERVEAU ET LA LIBERTE DE L'ESPRIT
42. Denis Szabo, Denis Gagné, Alice Parizeau
    L'ADOLESCENT ET LA SOCIETE, 2ᵉ éd.
43. Pierre Oléron
    LANGAGE ET DEVELOPPEMENT MENTAL, 2ᵉ éd.
44. Roger Mucchielli
    ANALYSE EXISTENTIELLE ET PSYCHOTHERAPIE PHENOMENO-STRUCTURALE
45. Gertrud L. Wyatt
    LA RELATION MERE-ENFANT ET L'ACQUISITION DU LANGAGE, 2ᵉ éd.
46. Dr Etienne De Greeff
    AMOUR ET CRIMES D'AMOUR
47. Louis Corman
    L'EDUCATION ECLAIREE PAR LA PSYCHANALYSE
48. Jean-Claude Benoit et Mario Berta
    L'ACTIVATION PSYCHOTHERAPIQUE
49. T. Ayllon et N. Azrin
    TRAITEMENT COMPORTEMENTAL EN INSTITUTION PSYCHIATRIQUE
50. G. Rucquoy
    LA CONSULTATION CONJUGALE
51. R. Titone
    LE BILINGUISME PRECOCE
52. G. Kellens
    BANQUEROUTE ET BANQUEROUTIERS
53. François Duyckaerts
    CONSCIENCE ET PRISE DE CONSCIENCE
54. Jacques Launay, Jacques Levine et Gilbert Maurey
    LE REVE EVEILLE-DIRIGE ET L'INCONSCIENT
55. Alain Lieury
    LA MEMOIRE

56 Louis Corman
NARCISSISME ET FRUSTRATION D'AMOUR
57 E. Hartmann
LES FONCTIONS DU SOMMEIL
58 Jean-Marie Paisse
L'UNIVERS SYMBOLIQUE DE L'ENFANT ARRIERE MENTAL
59 Jacques Van Rillaer
L'AGRESSIVITE HUMAINE
60 Georges Mounin
LINGUISTIQUE ET TRADUCTION
61 Jérôme Kagan
COMPRENDRE L'ENFANT
62 Michael S. Gazzaniga
LE CERVEAU DEDOUBLE
63 Paul Cazayus
L'APHASIE
64 X. Seron, J.L. Lambert, M. Van der Linden
LA MODIFICATION DU COMPORTEMENT
65 W. Huber
INTRODUCTION A LA PSYCHOLOGIE DE LA PERSONNALITE, 2e éd.
66 Emile Meurice
PSYCHIATRIE ET VIE SOCIALE
67 J. Château, H. Gratiot-Alphandéry, R. Doron et P. Cazayus
LES GRANDES PSYCHOLOGIES MODERNES
68 P. Sifnéos
PSYCHOTHERAPIE BREVE ET CRISE EMOTIONNELLE
69 Marc Richelle
B.F. SKINNER OU LE PERIL BEHAVIORISTE
70 J.P. Bronckart
THEORIES DU LANGAGE
71 Anika Lemaire
JACQUES LACAN, 2e éd. revue et augmentée
72 J.L. Lambert
INTRODUCTION A L'ARRIERATION MENTALE
73 T.G.R. Bower
DEVELOPPEMENT PSYCHOLOGIQUE DE LA PREMIERE ENFANCE
74 J. Rondal
LANGAGE ET EDUCATION
75 Sheila Kitzinger
PREPARER A L'ACCOUCHEMENT
76 Ovide Fontaine
INTRODUCTION AUX THERAPIES COMPORTEMENTALES
77 Jacques-Philippe Leyens
PSYCHOLOGIE SOCIALE, 2e éd.
78 Jean Rondal
VOTRE ENFANT APPREND A PARLER
79 Michel Legrand
LE TEST DE SZONDI
80 H.J. Eysenck
LA NEVROSE ET VOUS
81 Albert Demaret
ETHOLOGIE ET PSYCHIATRIE
82 Jean-Luc Lambert et Jean A. Rondal
LE MONGOLISME
83 Albert Bandura
L'APPRENTISSAGE SOCIAL
84 Xavier Seron
APHASIE ET NEUROPSYCHOLOGIE
85 Roger Rondeau
LES GROUPES EN CRISE?
86 J. Danset-Léger
L'ENFANT ET LES IMAGES DE LA LITTERATURE ENFANTINE
87 Herbert S. Terrace
NIM, UN CHIMPANZE QUI A APPRIS LE LANGAGE GESTUEL
88 Roger Gilbert
BON POUR ENSEIGNER?
89 Wing, Cooper et Sartorius
GUIDE POUR UN EXAMEN PSYCHIATRIQUE
90 Jean Costermans
PSYCHOLOGIE DU LANGAGE
91 Françoise Macar
LE TEMPS, PERSPECTIVES PSYCHOPHYSIOLOGIQUES
92 Jacques Van Rillaer
LES ILLUSIONS DE LA PSYCHANALYSE
93 Alain Lieury
LES PROCEDES MNEMOTECHNIQUES
94 Georges Thinès
PHENOMENOLOGIE ET SCIENCE DU COMPORTEMENT
95 Rudolph Schaffer
COMPORTEMENT MATERNEL
96 Daniel Stern
MERE ET ENFANT, LES PREMIERES RELATIONS
97 R. Kempe & C. Kempe
L'ENFACE TORTUREE
98 Jean-Luc Lambert
ENSEIGNEMENT SPECIAL ET HANDICAP MENTAL
99 Jean Morval
INTRODUCTION A LA PSYCHOLOGIE DE L'ENVIRONNEMENT

100 Pierre Oleron et al.
SAVOIRS ET SAVOIR-FAIRE PSYCHOLOGIQUES CHEZ L'ENFA...
101 Bernard I. Murstein
STYLES DE VIE INTIME
102 Rondal/Lambert/Chipman
PSYCHOLINGUISTIQUE ET HANDICAP MENTAL
103 Brédart/Rondal
L'ANALYSE DU LANGAGE CHEZ L'ENFANT
104 David Malan
PSYCHODYNAMIQUE & PSYCHOTHERAPIE INDIVIDUELLE
105 Philippe Muller
WAGNER PAR SES REVES
106 John Eccles
LE MYSTERE HUMAIN
107 Xavier Seron
REEDUQUER LE CERVEAU
108 Moreau/Richelle
L'ACQUISITION DU LANGAGE
109 Georges Nizard
ANALYSE TRANSACTIONNELLE ET SOIN INFIRMIER
110 Howard Gardner
GRIBOUILLAGES ET DESSINS D'ENFANTS, LEUR SIGNIFICATION
111 Wilson/Otto
LA FEMME MODERNE ET L'ALCOOL
112 Edwards
DESSINER GRACE AU CERVEAU DROIT
113 Rondal
L'INTERACTION ADULTE-ENFANT
114 Blancheteau
L'APPRENTISSAGE CHEZ L'ANIMAL
115 Boutin
FORMATION ET DEVELOPPEMENTS
116 Húsen
L'ECOLE EN QUESTION
117 Ferrero/Besse
L'ENFANT ET SES COMPLEXES
118 R. Bruyer
LE VISAGE ET L'EXPRESSION FACIALE
119 J.P. Leyens
SOMMES-NOUS TOUS DES PSYCHOLOGUES?
120 J. Château
L'INTELLIGENCE OU LES INTELLIGENCES?
121 M. Claes
L'EXPERIENCE ADOLESCENTE
122 J. Hayes et P. Nutman
COMPRENDRE LES CHOMEURS
123 S. Sturdivant
LES FEMMES ET LA PSYCHOTHERAPIE
124 A. Pomerleau et G. Malcuit
L'ENFANT ET SON ENVIRONNEMENT
125 A. Van Hout et X. Seron
L'APHASIE DE L'ENFANT
126 A. Vergote
RELIGION, FOI, INCROYANCE

Hors collection

Paisse
PSYCHOPEDAGOGIE DE LA LUCIDITE
Paisse
ESSENCE DU PLATONISME
Collectif
SYSTEME AMDP
Boulangé/Lambert
LES AUTRES, L'EXPRESSION ARTISTIQUE CHEZ LES HANDICAPES MENTAUX

Manuels et Traités

2 Thinès
PSYCHOLOGIE DES ANIMAUX
3 Paulus
LA FONCTION SYMBOLIQUE ET LE LANGAGE
4 Richelle
L'ACQUISITION DU LANGAGE
5 Paulus
REFLEXES-EMOTIONS-INSTINCTS
Droz-Richelle
MANUEL DE PSYCHOLOGIE
Hurtig-Rondal
MANUEL DE PSYCHOLOGIE DE L'ENFANT (Tome 1)
Hurtig-Rondal
MANUEL DE PSYCHOLOGIE DE L'ENFANT (Tome 2)
Hurtig-Rondal
MANUEL DE PSYCHOLOGIE DE L'ENFANT (Tome 3)
Rondal-Seron
LES TROUBLES DU LANGAGE (DIAGNOSTIC ET REEDUCATION)